DICTIONNAIRE

DES

TERMES DU VIEUX FRANÇOIS

OU

TRÉSOR DES RECHERCHES & ANTIQUITÉS GAULOISES & FRANÇOISES

Par BOREL

Conseiller et Médecin ordinaire du Roy,

*Augmenté de tout ce qui s'est trouvé de plus
dans les Dictionnaires de Nicot, Monet et de plusieurs autres,*

NOUVELLE ÉDITION

Avec addition de mots anciens omis par Borel,

SUIVIE DES

PATOIS DE LA FRANCE

Recueil de Chants, Noëls, Fables, Dictons, Dialogues, fragments de
Poëmes, composés en principaux dialectes de la France,

PRÉCÉDÉ D'UNE

Étude sur l'origine des Patois, sur les langues d'Oil et d'Oc et sur leurs limites,

PAR L. FAVRE

Membre de la Société de l'Histoire de France.

.Tome 1.

NIORT

L. FAVRE

Editeur du Dictionnaire historique de l'Ancien Langage
François par La Curne de Sainte-Palaye.

1882

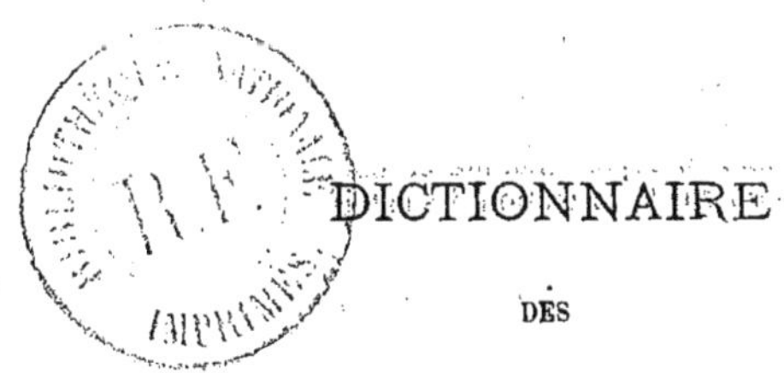

DICTIONNAIRE

DES

TERMES DU VIEUX FRANÇOIS

OUVRAGES PUBLIÉS PAR L. FAVRE :

Glossaire du Poitou, de la Saintonges et de l'Aunis, par L. FAVRE. — 1 vol. grand in-8° .... 12 fr.

Supplément au Glossaire du Poitou, de la Saintonge et de l'Aunis, par L. FAVRE. — 1 brochure grand in-8° .... 3 fr.

Histoire de la ville de Niort, depuis son origine jusqu'en 1789, par L. FAVRE. — 1 vol. in-8° .... 6 fr.

DU CANGE. — *Glossaire François,* avec addition de mots anciens et une notice sur Du Cange, par L. FAVRE. — 2 vol. in-8°. 15 fr.

Dictionnaire historique de l'ancien Langage françois, ou *Glossaire de la Langue françoise,* publié par les soins de L. FAVRE, avec le concours de M. PAJOT, archiviste-paléographe. — 10 vol. in-4°... 300 fr.

LAURIÈRE. — *Glossaire du Droit françois ;* nouvelle édition, avec addition d'anciens mots, publiée par L. FAVRE. — 1 vol. in-4°. 20 fr.

Parabole de l'Enfant prodigue, traduite en 88 patois de la France, avec une introduction sur la formation des patois, par L. FAVRE. — 1 vol. in-8° .... 5 fr.

SOUS PRESSE :

THRESOR DE LA LANGUE FRANÇOYSE, tant ancienne que moderne, auquel entre autres choses sont les mots propres de Marine, Venerie et Faulconnerie, cy devant ramassez par AIMAR DE RANCONNET, vivant Conseiller et Président des Enquestes au Parlement, reveu et augmenté en ceste derniere impression de plus de la moitié par JEAN NICOT, vivant Conseiller du Roy et Me des Requestes extraordinaires de son Hôtel.

Avec le *Recueil des vieux Proverbes de France* et les *Explications morales d'aucuns Proverbes communs en la langue françoyse.*

Cette édition sera réimprimée sur celle de 1606. — Elle formera 2 vol. in-4°, 60 fr. ; ce prix est réduit à 40 fr. pour les souscripteurs.

DICTIONNAIRE

DES

TERMES DU VIEUX FRANÇOIS

OU

TRÉSOR DES RECHERCHES & ANTIQUITÉS GAULOISES & FRANÇOISES

Par BOREL

Conseiller et Médecin ordinaire du Roy,

Augmenté de tout ce qui s'est trouvé de plus
dans les Dictionnaires de Nicot, Monet et de plusieurs autres,

NOUVELLE ÉDITION

Avec addition de mots anciens omis par Borel,

SUIVIE DES

PATOIS DE LA FRANCE

Recueil de Chants, Noëls, Fables, Dictons, Dialogues, fragments de
Poëme, composés en principaux dialectes de la France,

PRÉCÉDÉ D'UNE

Etude sur l'origine des Patois, sur les langues d'Oïl et d'Oc et sur leurs limites,

PAR L. FAVRE

Membre de la Société de l'Histoire de France.

Tome 1

NIORT

L. FAVRE

Editeur du DICTIONNAIRE HISTORIQUE DE L'ANCIEN LANGAGE
FRANÇOIS par La Curne de Sainte-Palaye.

1882

ABRÉVIATIONS :

B., — pour Burguy.
Beaum. C. B., — pour Beaumanoir, Coutumes du Beauvoisis.
Chron. St-D., — pour Chronique de Saint-Denis.
Ch. de F., — pour Chronique de Froissart.
D. C., — pour Du Cange.
E. D., — pour Eustaches Deschamps.
F., — pour Fauchet.
F. G., — pour Fontaine Guérin, Trésor de Vénerie.
F. des Amour., — pour Fontaine des Amoureux.
L. D. N. sur R., — pour Le Duchat, notes sur Rabelais.
L. G. D. F., — pour Laurière, Glossaire du Droit françois.
L. D. F., — pour   id.   id.
L. C. D., — pour Le Clerc de Douy, Glossaire de l'Orléanais.
L. C. G. F., — pour La Curne, Glossaire françois.
L. J., — pour le Livre de Jostice et de Plet.
M. M., — pour Marguerite de la Marguerite.
M. F., — pour Marie de France.
M., — pour Monet, Dictionnaire.
Mesn., — pour Mesnage, Dictionnaire.
N., — pour Nicot, Dictionnaire.
P., — pour Pasquier.
P. B., — pour Partonopex de Blois.
Perc., — pour Perceval.
R., — pour Ragueau, Glossaire du Droit.
R., — pour Roman.
R. E., — pour Robert Estienne.
Rose, — pour Roman de la Rose.
V. Charles VII, — pour Vigiles de Charles VII.
[ ], — mots intercalés par le nouvel éditeur.

AVIS

Concernant la nouvelle édition du Trésor des Recherches
et Antiquités Gauloises et Françoises.

L'auteur de cet ouvrage, Pierre Borel, est né à Castres,
vers 1620. Son père, Jacques Borel, était un érudit et
même il était poëte. Quelques-unes de ses poésies ne sont
pas sans valeur et ont eu les honneurs de l'impression ;
honneur qu'on accordait, alors, beaucoup moins facilement
que de nos jours.

Pierre Borel se consacra à la médecine, et fut reçu doc-
teur à Montpellier en 1640. Il se fixa d'abord à Castres, et
c'est dans cette ville qu'il réunit les matériaux d'un grand
ouvrage sur l'histoire naturelle qu'il fit paraître en 1649,
sous ce titre : *Antiquités, raretés, plantes, minéraux et autres
choses considérables de la ville dé Castres,* 1 volume in-8°.
Cet ouvrage, fruit d'immenses recherches et qui renfermait
des idées neuves mais bizarres, fixa sur cet auteur l'attention ;
il lui créa de nombreuses relations avec les savants de la
capitale, qui firent, auprès de lui de vives instances, pour
l'appeler à Paris.

Ce ne fut qu'en 1653 qu'il répondit à cet appel si flatteur.

Il arriva dans la capitale précédé de la réputation d'un habile médecin et d'un savant naturaliste. Aussi, la plus brillante carrière s'ouvrit-elle immédiatement devant lui. Presque aussitôt son arrivée, il fut nommé conseiller et médecin ordinaire du roi.

Ces importantes fonctions ne lui firent point perdre de vue ses études chéries. Avant de quitter Castres, il avait publié : *Historiarum et observationum medico-physicarum centuriæ*, 1 volume in-12.

A Paris, il termina une vie de *Descartes*, 1 volume in-8°. L'année suivante, il donnait la *Bibliotheca chimica, seu catalogus librorum philosophicorum hermeticorum*, 1 volume in-12. En 1655, il faisait imprimer à La Haye 1 volume in-4° qui avait pour titre : *De vero telescopii inventore, cum brevi omnium conspicillorum historiâ*.

Son *Trésor des recherches et antiquités gauloises et françoises* parut de 1655 à 1667. C'est le livre que nous réimprimons. Mais poursuivons notre liste des travaux de cet infatigable auteur. En 1656, il fait imprimer à La Haye : *Observationum microscopicarum centuria*, 1 volume in-4°. En 1657, il publie le *Discours prouvant la pluralité des mondes*, et, en 1666, le *Hortus, seu armamentarium simplicium, plantarum et animalium ad artem medicam spectantium*.

De tous ces ouvrages, un seul a conservé de l'intérêt, c'est le *Trésor des recherches et antiquités gauloises et françoises*. Ménage a réimprimé ce Glossaire, avec des additions, à la suite du *Dictionnaire étymologique*, en 1750. Nous en donnons une nouvelle édition, en y ajoutant une grande quantité de mots gaulois et de notre ancienne langue qui complètent ce Glossaire.

Borel avait introduit dans son *Trésor*, deux ou trois dissertations et des longueurs que nous avons supprimées ou abrégées, nous en tenant à la définition des anciens termes qu'on recherche dans un pareil dictionnaire.

Nous y avons ajouté une étude sur nos patois et une anthologie ou recueil de morceaux en patois des divers dialectes de la France. Ce travail a été entrepris en 1840 par un allemand, J. F. Schnakenburg, qui a fait preuve d'une connaissance profonde de nos idiomes. Nous l'avons souvent consulté avec fruit. Avons-nous fait mieux ? Les lecteurs le décideront. Nous pouvons dire que nous nous sommes livré à de longues recherches, afin de recueillir une précieuse collection de pièces patoises inédites ou disséminées dans un grand nombre de livres. A ce point de vue, nous pensons avoir fait une publication utile ; le concours que nous avons rencontré de la part de beaucoup de philologues, en est la preuve. Nous les remercions des nombreuses communications qu'ils nous ont faites, avec le plus grand empressement.

Nous avons abrité notre étude sur les patois, sous un nom aimé et honoré, sous celui de Charles Nodier, qui ne peut que porter bonheur à notre modeste recueil. Quant au Glossaire de Borel, sa réputation est faite. Nous n'avons qu'à le présenter au monde savant, qui depuis longtemps attendait une nouvelle édition de cet ouvrage si précieux pour l'étude de notre ancienne langue française.

DICTIONNAIRE

DES

TERMES DU VIEUX FRANÇOIS

OU

TRÉSOR DES RECHERCHES

ET ANTIQUITÉS GAULOISES ET FRANÇOISES

avec additions par le nouvel éditeur.

A

Aarbrer. Se cabrer, selon le Roman de Perceval :
d'où vient le mot Languedocien *s'asalbra*, c'est-à-dire
se dresser pour monter sur les arbres.

Abaco ou **Abaque.** Tailloir ; la plus haute moulure
d'une colonne en architecture, lui servant comme de
couvercle. (Monet.)

Abaeuz. [Vacans, biens vacans. (Cout. du Poitou.)]

Abai ou **Abaiement.** Aboyement, cri du chien.
(Monet.) D'où abaier, aboyer, abaieur, aboyeur.

Abaille. Abeille. (Joach. Perisonius) : *de linguæ
Latinæ origine.*

Abaiser. Apaiser. (Ovide, ms.)

Aballeurs. [Alluvions de la rivière. (L. C. D.)]

Abandon. [Cri public, proclamation, permission
générale. *Par abandon*, sans jugement. (Beaum.)]

Abandonnement. [Cession de biens. (G. C. F.)]

Abannir. [Défendre, prohiber. (G. C. F.)]

Abarrer. [Empêcher l'effet. (Littl.)]

Abassi. Abattu.

Abassin. Abyssin, qui est de la côte d'Abex, côte orientale d'Ethiopie. (Monet.)

Abateis. Forêt, selon un ancien. (Ovide, ms. en vers.)

Abater. [Abolir. (L. J.)]

Abator. [Entier, en possession d'un héritage. (Littl.)]

> Mais ne pot souffrir tel desroy,
> Pallas qui la noise abaisa
> Tant que li un l'autre baisa.

Abatre. [Diminuer, rabattre. (Beaum.)]

Abbatement. [Destruction. (Littl.)]

Abbatre. [Anéantir, rejeter. (Littl.) *S'abattre en une terre*, s'en emparer. (Littl.)]

Abbec. Amorce, appast. (Monet, Nicot.)

Abbechemant. Action de donner la becquée. (Monet.)

Abbecher. Donner la becquée à un oiseau. (Mon., Nic.)

Abéiance. [Droit suspendu. (Littl.)]

Abeliser. Charmer et ravir. (R. de la Rose) :

> Si m'abelisoit et feoit.

Ou abrutir et estourdir ; de *bellua*, beste.

Abenevis. [Droit de jouissance à volonté. (Laur.)]

Abeneviser. [Concéder. (Laur. Glos. D. F.)].

Abenfans. [Arrière-petit-fils. (La Curne. Gl. F.)]

Abensté. Absence nécessaire ou forcée. (G. C. F.)

Aberhavre. Lisez *Aber*, embouchure de fleuve ou de mer, d'où vient *havre* : du mot hebreu *habar*, associer. (Bochart en son Phaleg.)

Abeuvrage. [Redevance annuelle en argent. (L. C. D.)]

Abhorrir. Abhorrer, avoir en horreur. (Nicot.)

Abienneur. [Séquestre. (Laurière. Glos. D. F.)]

Able. [Habile, convenable. (Littl.)]

Aboilage. Droit des seigneurs sur des abeilles.

Aboile. Abeille.

Abominer. Abhorrer, avoir en aversion. (Monet, Marot. Pseaume 5.)

> Quant aux meurtriers et décepteurs,
> Celui qui terre et ciel domine,
>   Les abomine.

Aboné. [Serf soumis à un cens déterminé. (Beaum.)]

Abonnage. [Convention, droit d'abonnement. (Laur.)]

Abonner. Changer ou apprécier, et estimer des chevaux, selon Ragueau; comme aussi mettre des bornes. Voyez *Bonna*.

Abonneur. [Acquéreur. (Laurière. Glos. D. F.)]

Aborener. Dédaigner; de *abhorrere* (selon un Roman de la Rose ms.)

Abouter. [Borner, mettre des bornes. (La Curne.)]

Abouvier. Lâcher les bœufs du joug après qu'ils ont labouré, les disjoindre. (Nicot.) Ce mot est encore usité en certains lieux de Normandie.

***Abramas**. Singe; de l'hébreu *abrama*. Bochart. Voyez *Abranas*.

Abranas. [Mot gaulois: singe. *Gwrab*, en kymmryque; *Mab*, en armoricain; *Ab*, en irlandais. *Aban*, en gaëlique.]

Abrancher. [Mettre un arbre sans branches. (L. C. D.)]

Abrava. Singe. *Hesichius*.

***Abravanus**. Rian, ville d'Ecosse, dite de *Aber riani*, le havre de Rian. (Ptolémée.) Ainsi, en Espagne, *Cantabri* est dit de *aber* et *cant*, loin; et *Artabri*, peuples de la mer.

Abri. Douce température d'air. (Monet.)

Abriconer. Charlater. Ovide ms, parlant d'Ulysse et d'Iphigénie, qu'il obtint pour en faire sacrifice, dit :

> Bien sot la mer abriconner,
> Et faire esiouir de noyant.

Abridger. [Abréger. (Littleton.)]

Abrier ou **Aubrier.** Fust d'arbalète. (Monet.)

Abriever. Arriver. (R. de Perceval.)

Abrousture. Droit de pâture. (La Curne, Gl. F.)

Absconcer. Cacher ; de *abscondere*. (Nicot.)

Absoille. Absolve. (Ms. des mémoires de Paris : du trépas de M. le président Baillet, que Dieu absoille.)

Abuter. Viser.

Abuvrer. Arroser. (L. J.)

Acanner. [Injurier. (La Curne, Glos. Fr.)]

Acapit. [Certains droits qui se payaient au seigneur pour chaque mutation de propriété. (La Curne, Glos. Fr.)]

Acaration. [Confrontation. (La Curne, Glos. Fr.)]

Acasement. [Inféodation. (La Curne, Glos. Fr.)]

Acaunum ou **Agaunum.** [Mots gaulois : pierre, rocher, en vieux gaulois. *Agalen* en Kymmryque. *Agolan* en Cornique, signifie pierre à aiguiser. Dans le Valais, le couvent de Saint-Maurice a conservé le nom d'*agaunum*.]

Acaunumarga. [Mot gaulois : la marne rousse. *Marg* en armoricain ; en Gaélique *màrla*. Le mot *marle* est resté dans quelques-uns de nos patois. Voyez *Acaunum*, qui signifie pierre, rocher.]

Accarement, affrontement, opposition mutuelle de personnes face à face. (Monet.)

Accarer. Affronter deux personnes l'une à l'autre, les opposer face contre face. (Idem.)

Accensaige. [Arrentement. (La Curne, Glos. Fr.)]

Accensement. [Bail à cens. (La Curne, Glos. Fr.)]

Accenseur. [Fermier ou colon. (L. C. D.)]

Acceptance. [Acceptation, consentement. (La Curne.)]

Acceptilation. [Déclaration par laquelle on tenait quitte son débiteur. (La Curne, Glos. Fr.)]

Accessadeur. [Celui qui tient à cens. (La Curne.)]

Accesseur. [Prédécesseur. (La Curne, Glos. Fr.)]

Accessoire. Désordre. Marot. II. balades, dit :

> Adventuriers, que la pique on manie,
> Pour les choquer et mettre en accessoire.

Accise. [Imposition, taille. (La Curne, Glos. Fr.)]

Acclosagier. [Clore de murs. (La Curne, Glos. Fr.)]

Accodepot. (Rabelais.) Ou Appuirot. (Nicot.) On appelloit de ces deux manières *fulcrum* et *fulcimentum*, ce qu'on met contre un pot pour empêcher qu'il ne verse lorsqu'il est sur le feu.

Accointable. Aisé à hanter, à estre fait ami. (Nicot.)

Accointance. Familiarité qu'on a les uns avec les autres. (Idem.)

Accointer. Rechercher quelqu'un avec cointise et honnêteté pour s'en faire un ami. (Nicot.)
Accointer est aussi faire coint, rendre joli et mignon, comme accointer une pucelle, la faire cointe et jolie.

Accoiser ou **Acquoiser**. Rendre coi, apaiser. (Monet, Nicot.)

Accomparager. Faire comparaison d'une chose avec une autre. (Nicot.)

Acconduire. Amener en troupe. (Nicot.)

Acconsuivre. Atteindre quelqu'un en cheminant. (Monet.) D'où *acconsuivi*, atteint.

Accord. [Réconciliation, décision, jugement, droit seigneurial. (La Curne, Glos. Fr.)]

Accordablement. [De bon accord. (L. C. D.)]

Accordant. [Qui a rapport, qui est conforme. (Litt.)]

Accordement. [Convention, droit seigneurial. (L. C.)]

Accort. Subtil, avisé, prudent. (Monet.) De l'italien *accorto.*

Accortement. Subtilement. (Idem.) De l'italien *accortamente.*

Accortise. Subtilité, prudence. (Idem. Nicot.) Ou Accortesse.

Accourciers. Marchands, chalans. Rabelais, liv. 2. chap. II, dit : « Moyennant une sédition de Balivernesmue « entre les Baragouins et les Accoursiers pour la rébellion « des Souisses, etc. » On appelle accoursiers de la Saintonge les chalans d'une boutique où ils sont accoutumés de prendre sur taille ; d'*adcruciare*, parce que sur les tailles chaque dizaine est marquée par un coche en forme de croix.

Accours. Affluence de survenans. (Nicot.)

Accoursier. Favori de quelque seigneur. (Monet.)

Accousiner. Se faire cousin de quelqu'un, l'appeler son cousin. (Nicot.)

Accouter. Acouter, ascouter, et plus communément escouter ; de *auscultare*, ou de ἀκούω, écouter. (Nicot.)

Accoutrer. Orner, approprier une chose. (Nicot.)

Accouveter. S'accroupir sur quelque chose, couvrir, et métaphoriquement couver en parlant des poules. (Nic.)

Accrevanter. Rompre, briser avec effort. (Nicot.) Nicole Giles en la Vie du roi Philippe-Auguste dit : « Le « roy à cest cause assembla son ost et entra en la terre « dudit roy Jean d'Angleterre, par Normandie, print et « accrevant les dites places de Boulavant, Argueil, « Couches, etc. »

Accroire. Mettre sous la loi d'autrui, confier ; comme « accroire quelque argent. » (Nicot.)

Accroisseur. [Enchérisseur. (La Curne, Glos. Fr.)]

Accroué. Accroupi. Rabelais, liv. 5, ch. viii. dit : « Et « nous mena en tapinois et silence droit à la caige en « laquelle il étoit accroué. » Ce mot vient d'*accurvatus* fait de *curvare*, d'où corvée dans la signification de certaine prestation corporelle qu'à Metz on nomme crouée, et qui consiste à se courber pour remuer la terre.

Accubes. Repaires, lits, selon le R. d'Artus de Bretagne : « Ils tendirent pavillons et accubes ; » de *accumbo*.

Acée. Bécasse ; de *acceia* ; et celuy-cy de *acus*, aiguille, à cause de son long bec.

Acense. [Cens, revenus. (La Curne, Glos. Fr.)]

Acenser. Mettre à prix de cens, prendre à cens et ferme. (Nicot.)

Acenseur. [Fermier. (La Curne, Glos. Fr.)]

Acermenter. [Tailler la vigne. (La Curne, Glos. F.)]

Acertenées. Rendues certaines, assurées. Marot, 2. liv. de la Métamorphose dit :

> Elle bailla ce corbillon en garde
> Entre les mains des trois pucelles, nées
> Du roy Cecrops, sans ce qu'acertenées
> Pallas les eust de l'estrange merveille.

Accertener. Assurer, rendre certain de quelque chose. (Nicot.)

Acertes. A bon escient, affectueusement, sérieusement. (Monet.)

Acesiné. Bien en point.

> Belle, gente et acesinée.　　　　(*Perceval.*)

Acesmé. Assaisonné ; d'où vient le mot de Languedoc, *assema*. Ou couvert, armé, et orné.

> Et de ses armes acesmés.　　　　(*Perceval.*)

> La pucelle au corps acesmé
> Quand meust l'huys defermé.　　(*R. de la Rose.*)

Acesmée. Atournée et agencée. (R. de Perceval et Jean le Maire.)

Acesmement. Ajustement.

Acesmer. Orner. Voyez *Sendalles*.

Acesmes et *aschenes*, atours de femme. (Jean le Maire.) Voyez *Achesmes*.

Acesté. [Excepté. (L. J.)]

Achaison. Voyez Achoison.

Achateor. [Acheteur. L. J. p. 8.]

Acher. Agacer les dents, quand on mange quelque chose de sur.

Achesmé. Accoustumé.

> Li chevaliers fut bel et gens,
> Et aux armes bien achesmés.　(R. de la Rose.)

Achesmé ou Achemé. Orné, paré. (Nicot.)

Achesmer. Orner, parer. (Nicot.)

Achesmeresse. Celle qui fait métier de parer, d'ajuster les mariées, comme qui diroit aujourd'hui une coeffeuse : c'étoit aussi une dame ou demoiselle d'atour.

Achesmes ou **Achemes.** Ornemens. Jean le Maire dit : « Quant la déesse eut mis bas ses habits et achemes, « qu'elle eut deffeublé coiffe, guimple, attour, et autre « accoustrement de teste, fermaillets, chaines, anneaux, « bulletes, et tissus, jusqu'aux galoches dorées, demeurant « tocquée sans plus de riche couvrechef. »

Achest. [Acquest. (L. J. p. 224.)]

Achet. Achat, acquet de denrées à prix d'argent. (Monet, Nicot.)

Acheterres. [Acheteur. L. J. p. 128.]

Achier. [Lieu où sont les ruches d'abeilles. (L. C.)]

Achoise. Occasion grande.

Achoison ou **Achaison**. Disgrâce, occasion, loisir ; d'où vient le mot de Xaintonge *acheï*, pris en haine.

> Vous ne voudriez jamais trouver d'autre achaison
> De venir boire en ma maison.   (*Pathelin*.)

Achoisoner. [Actionner, inquiéter. (Beaum.)]

Achoper. [Surseoir, interrompre une poursuite. (La Curne, Gloss. Fr.)]

Achremé. Un vieillard toussilleux. (Tripault de Bardis.)

Acié. Dents acieces, agassées. (Aldobrandin.)

Acne ou **Aquené**. Homme sot.

Acoint. Familier. (Nicot.) Prochain, allié. (Monet.)

Acolcië. Alité ; de *coulcé*, coete, ou lits de plume, en Languedoc.

Acommicher. Communier, manger ensemble de même miche ou pain. Froissart dit : « Et fit le roy dire « grand planté de messes, pour acomicher ceux qui « devotion en avoient. »

Acomparager. Comparer. (Nicot.)

Acomsict. Poursuivi. (Perceval.)

Acons. Petits bateaux.

Aconsir. [Consentir. (L. J. p. 140.)]

Aconsuivre. Atteindre. (Nicot.) Voyez *Acconsuivre*.

Acoper (s'). S'enferrer soi-mesme.

Acorostre. [Accroître. (L. J. p. 133.)]

Acotepot. Appui. (Nicot.) Voyez *Accodepot*.

Acoucié. Mis au lit, allité. Voyez *Quens*.

Acouter. Ecouter ; de ει ἀκούειν, ouïr.

Acqueraux. Instruments de guerre pour jeter des pierres, etc. (Froissart.) D'où vient acquebute et arquebuse.

Acqueter. Acquerir ; d'où acqueté, acquis. (Monet.)

Acquittance. [Droit de se faire décharger par un autre d'une demande. (Littleton.)]

Acre. Mesure contenant le double de l'arpent. (Ragueau.) Mais elle est différente selon les pays. (Monet.)

Acreanter. [Promettre. (Beaum.)]

Acreuse. [Enchère. (La Curne, Gloss. Fr.)]

Acroire. Prester.

> Or Regny bieu, se j'accrois
> De l'année drap.   *(Pathelin.)*

Ce qui vient du Latin *credere* et *creditor*.

Acroissemens. [Accrues d'une rivière. (L. C. D.)]

Acroupetons. En un monceau, s'accroupir. (Fr. Villon.) Ce qui vient de croupion, et celui-ci de *vropygium*.

Actaineux. [Querelleur. (La Curne, Gloss. Fr)]

Acter. [Dresser des actes. (La Curne, Gloss. Fr.)]

Actor. [Celui qui intente une action en justice ; le demandeur. (L. J. p. 63.)]

Actourné. C'est le procureur d'une partie litigante. (Nicot.) Mot usité en Normandie, qui peut venir de ces deux mots latins, *actor natus*.

Actournée, est la procuration passée à un Actourné ; comme il se voit aux Ordonnances de l'Eschiquier tenu à Rouen le terme de Pâques 1462.

Actrayère. [Biens assis en autre justice qui viennent au roi ou à autre seigneur, soit à cause de leurs hautes justices, ou de leurs hommes et femmes de corps, par sa succession, confiscation. (Cout. gén. de France.)]

Acum. [Mot gaulois : eau ; en Kymmryque, *Ach* signifie eau ; le radical est le sanscrit *Ap*, eau. Le *p* se transforme en *c*.]

Acus. [Mot gaulois : propriété. En Armoricain, *Ac'h*

signifie chez ; en Kymmryque, *Achel* retraitre ; en Irlandais, *Agag* et *Accus*, habitation.]

Acus. [Mot gaulois : répond aux idées de propriété et d'eau ; il termine plusieurs noms propres : *Divitiacus*, *Dumnacus*. En Kymmryque, *Ach* signifie génération ; en Cornique, enfant.]

Acusement. [Accusation. (L. J. p. 214.)]

Adain. Une aisle ; d'où vient Edembourg en Ecosse, *Urbs alata*. Ptolomée : ςρατόπεδον ωτερωτόν. *Castrum alatum*

Adayer. Irriter. (Nicot.)

Adce. A ce, (selon le manuscrit en vélin du mariage de Pollion et d'Euridice, pag. 10.)

Addite. [Clause, convention. (Laurière.)]

Addouber, es anciens Romans, signifie autant que soy armer de toutes pièces et mettre en eslat de combattre.

Adecertes. Alors devray.

Adempre. [Impôt, exaction. (Laurière.)]

Adénérer. [Vendre, convertir en deniers. (Laurière.)]

Adent et Adant, en fait de mortaisos et tenons, est l'endroit de la pièce de bois qui mord et andante sur une autre pièce en s'accrochant à elle. (Monet.)

Adenter. Agrafer, selon un ancien Roman :

> Si la feru del branc que sus l'arçon l'adente.

Adentir ou **Adenter.** Enchâsser une pièce de bois dans une autre. (Nicot.)

Ader. Oiseau ; d'où vient *Birdsey*, isle aux oiseaux.

Adés. Incontinent, alors maintenant. (Pasquier) ; d'où vient sans doute le mot *adesso* italien ; comme aussi d'heure en heure (Vigenere) ; et ores (Ménage.)

> Et tout adéz en regardant. (*Rose.*)

C'est-à-dire, incontinent. Alain Chartier dit : « Car cette « femme adéz le faisoit jouer mal à point. » Ce qui vient de *ad ipsum tempus*, sous-entendant le mot *tempus*, selon Ménage.

Adeser, atoucher (Guy de Varvich) vient de *adhæreo*.

Adestre. Adroit, habile. (Nicot.)

Adextre. Favorable, salutaire. Marot, Epigramme 159, dit :

> . . . . . Dieu gard l'œil tant adextre,
> Là où amour a ses traits essuyés.

Adez. Voyez Sénéschal.

Adhéritance. [Saisine, possession, investiture. (L. C.)]

Adhériter. [Investir, mettre en possession. (L. C.)]

Adicter. [Stipuler. (La Curne, Gloss. Fr.)]

Adjeuner. Faire jeûner, traiter d'abstinence. (Monet.) « Adjeûner son cors, offenser son cors par le trop « adjeûner. » (Amyot.)

Adjour. [Ajournement. (La Curne, Glos. Fr.)]

Adjourner ou **Ajourner**. Se faire jour. (Perceval, le roman d'Alexandre, et Pasquier.) Il veut aussi dire que l'aurore ou le jour commencent. (R. de Pepin.)

Adirer. Egarer. (Nicot) ; et manquer ou être à dire, Vigenere dit : « Extrait des mémoires de Suétone qui sont « adirez. (Monet) : « Les rames de la barque estoient « adirées : Ou, son nom est adiré de l'estat des officiers » : c'est-à-dire, rayé.

Adjudicature. [Vente, adjudication. (L. C. G. F.)]

Adjust. [Forme, modèle, patron, étalon de mesure. (L. C. D.)]

Admaller. *Mannire ad mallum*, appeler en justice.

Administraresse. [Administratrice. (L. C. D.)]

Admiral. Dignité prise des Turcs, selon Henry Estienne, et vient de ἅλμυρα, ou de l'Arabe Halmirach, *Halmirarchus, maris Præfectus*, ou de l'épithète de Neptune, ἁλιμέδων.

L'Admiral (Ragueau) est ce qu'on appelle Archicubernus, Thalassiarchus ou Capitaine de mer ; et il cite pour cecy la vieille chronique de Flandres.

Monstrelet parle d'un admiral des arbalestriers. (Voyez la Popeliniere, en son traité intitulé l'Admiral.)

Admodiateur. [Fermier. (L. C. D.)]

Admodier. [Affermer. (La Curne, Gloss. Fr.)]

Admoissonner. [Affermer, en recevant le prix de ferme en grains. (La Curne, Gloss. Fr.)]

Admortier (s'). [En termes de coutume, c'est donner ses biens, à la charge d'être nourri jusqu'à sa mort. (La Curne, Gloss. Fr.)]

Adnerer. Mettre à prix d'argent, apprécier. (Nicot.)

Adnet. Diminutif d'Adam, petit Adam, *Adamulus*. (N.)

Adoler et **Adolorer.** Estre dolent. (Perceval.)

Adoncques ou **Adonc.** Alors.

Adorser. Adosser. (Monet.)

Adoulé. Dolent, triste.

Adouloir. S'adouloir, se douloir, se chagriner. (M.)

Adreiz. [Canton de terre, partie en bois, partie en terre nue. (L. C. D.)]

Advecques. Avec.

Adveiller. Causer du chagrin à quelqu'un. « Vous « l'adveillez par vos larmes. » (Monet. Nicot.)

Advenant (bien). Poli, honneste, décent. (Nicot.)
Advenant (mal). Lourdaut, grossier, rustique. (Nicot.)

Adventureux. Audacieux. (Nicot.)

Advertance. Advertissement. (Joinville.)

Advertin. Fantaisie, boutade.

Advest. Advesture, fruits pendans par la racine (selon la Cronique de Flandres, et la Somme rural.) ADVEST et DEVEST d'un héritage, la réception et le dépouillement qu'on en fait.

Advest. [Investiture. (La Curne, Gloss. Fr.)]

Advesture. [Récolte sur pied. (La Curne, Gloss. Fr.)]

Advisement. Advis.

 Je suis de cet advisement
 Que loyauté leur soit gardée. *(Destruction de Troye.)*

Adviser. Faire sçavoir, faire souvenir. (Monet.)

Advocasser. [Plaider. (L. C. D.)]

Advoé ou **Advoué** et **Voué.** Advocat, (Bouteiller, Villehardouin, et la Cronique de Flandres.) Voyez *Voüé.*

Advoerie. Advoison, bail, garde. (Ragueau.)

Advoquer. [Evoquer. (L. C. D.)]

Advoultre. Voyez *Avoutire.*

Advoyene. [Tutelle. (La Curne, Gloss. Fr.)]

Advre. Endurci ; de ἀδρος, travail.

Adwouson. [Patronage. (Littleton.)]

Ae. Age.

Ael. [Aieul. (L. J. p. 331.)]

Ægosages. *Tectosages.* [Mot gaulois ; orthographe douteuse. Les Ægons étaient un peuple Cisalpin. En gaëlique, *Aike* signifie tribu.]

Aemplir. [Remplir une formalité. (Beaum.)]

Aerder, selon Perceval. Voyez *Aherder.*

1. Aerdre. Attacher.

 Et leur fait toute vertu perdre,
 Quand à lié se veulent aërdre. *(R. de la Rose.)*

2. Aerdre. [S'adresser à quelqu'un en justice, attacher, poursuivre. (Beaum.)]

Aernmouet. Aoust.

Aerole. Une fiole. (Nicot.)

Aerpennis. Un demi-arpent ; de *aert*, terre ; et *pand*, ce qui est borné par des limites.

Aert. [Terre. (La Curne, Gloss. Fr.)]

Aerter. Arrester un cheval par le frein.

Aes. [Abeilles. (La Curne, Gloss. Fr.)]

Aesier. Réjoüir. (Perceval.) D'où vient aise.

Aesmer. Trouver, conjecturer, selon Villehardoüin, qui dit : « Et aësmerent qu'il y avoit 400 chevaliers » ; ils trouverent qu'il y pouvoit avoir 400 chevaliers. C'est un calcul qu'on fait de gros en gros : d'où vient le terme de Languedoc, *à bel Eymé*, qui signifie la même chose. AESMER signifie aussi comparer.

> Ains le pooit-on aesmer
> A chant de ferene de mer.　　(*R. de la Rose.*)

Aeurer. Prier ; de *orare*.

Afaitier un pont, le raccommoder. Voyez *Affaitier*.

Afan. Angoisse, fâcherie. (V. *Vac.*) Geoffroy du Luc dit :

> D'aquesta ingrata ieu non ay ren agut,
> Que dur afan en mon van esercicy.
> Et pensant ieu li aver fach servicy,
> Ay conouissut que non ay ren agut.

Afatornie. [Donation qui se faisait en jetant un fétu dans le sein du donataire, en signe de tradition. (L. C.)]

Afeltrée. Harnachée. (Fauchet.) Juon de Villeneuve dit :

> La molt estroit estoit gardée
> Ne vol prendre cheval ne la mulle afeltrée.

Afermement. [Affirmation. (Beaum.)

Afeublé ou **Afible.** Habillé et couvert. (Perceval.)

Afeuler. Retrousser ou empoigner avec violence.

> Il prend son chapeau, et l'afeule.   (*Coquillart.*)

Or il parle d'un homme qui est en colere.

Afeurage ou **Afforage.** Action de taxer les denrées. (Monet.)

Afeurer et **Afforer.** (Ragueau.) Mettre à certain prix, taxer, estimer : ce qui vient de *forum*, marché. Pasquier l'explique aussi pour acheter, mais mal.

Affaitier. Rendre sçavant, instruire. Voyez *Latinier*.
Affaitier. Raccommoder. Merlin dit: « Et luy demandez « de ce cuir qu'il emporte, et vous dira qu'il en veut ses « soliers affaitier, quand il seroit dépeciez. »

Affaitiez. Fin, prudent, appris. Jean le Nivelois, poëte, dit :

> Jean li Nivelois fut moult bien affaitiez.

Affan. Entente. Sordel, poëte, dit:

> Peyre Guillen tot son affan
> Mist Dieu in ley far per mon dam.

C'est-à-dire Dieu mit toute son entente à la faire pour mon dommage.

Afféager. [Inféoder, donner à fief. (La Curne, Gl. F.)]

Affebloyer. Affoiblir.

Afférage. [Droit seigneurial qui se percevait sur le produit d'un héritage. (La Curne, Gloss. Fr.)]

Afferir. Appartenir.

Afferme. [Bail d'une ferme. (La Curne, Gloss. Fr.)]

Affetée. Vive, remuante. Marot, Epig. 216, dit :

> Mignonne est trop plus affetée,
> Plus fretillant, moins arrestée
> Que le Passeron de Maupas.

Afficavage. [Redevance. (La Curne, Gloss. Fr.)]

Affictement. [Espèce de contrat. (La Curne, Gl. Fr.)]

Affier. Assûrer sur sa foi, faire foi en assûrant. (M. N.)

Affier ou Anger. Peupler l'engeance de quelque chose. « Affier des arbres dans un jardin. » (Mon.) Les préparer.

N'afiert pas bataille, pour n'accepte pas le combat judiciaire. (Rutebeuf, 1 p. 278.)

Affiner. Tuer, mettre fin à la vie.

> Achilles lé Preux combatables
> Avoit esté si destinez
> Qu'il ne pooit estre affinez,
> Fors par la plante seulement.   (*Ovide.*)

Voyez *Définer*.

Affines. Semblables, conformes ; du latin *affinis*. Marot, 2. livre de la Métamorphose, dit :

> Tout luisant d'or, et d'escarboucles fines,
> Qui du cler feu en splendeur sont affines.

Affins. [Alliés, parents. (L. C. D.)]

Affistoleur. Raporteur. (Coquillart.) Voyez *Moëttes*.

Afflater. Caresser, flater. (Nicot.)

Affoler. Blesser. (Nicot.)

> Forme d'aigle par l'air voloit,
> La face Hercules affoloit
> Au bec, aux ongles et as eles.   (*Ovide.*)

Rabelais, liv. 4. chap. 16, dit : « Vous nous affolerez de « coups, monsieur » ; et plus bas, chap. 47 : « Ha ! dist « la vieille, où est-il le méchant, le bourreau, le brigand ? « il m'a affolé. » — « Affoler une femme grosse, » c'est la faire avorter. (Monet.) [Etre en amour, en parlant des femelles des animaux. (O. do Serres.)]

Affoler. Devenir fol.

> Dites hardiment que j'affoles,
> Si je dis huy autres paroles.   (*Pathelin.*)

Affolure. Blessure. Ce mot cependant, selon une infinité de passages, ne signifie proprement qu'une enbammure à la peau, soit d'un animal, soit d'un arbre, soit d'une pomme. Didier Christol, traducteur du traité de *Obsoniis de Platine*, liv. 10. chap. de la Lamproye, dit : « Doncques ostées les dents et la langue de la Lamproye,

« et tirées les entrailles, par partie postérieure, tu laveras
« icelle en eau chaude, et garderas d'affoler la peau en
« aulcune part. »

Affonder (s'). Enfoncer.

> S'il peut, se plonge et affonde
> Souventesfois en mer profonde. (*Ovide.*)

Afforage. [Droit sur le vin qui se payait au seigneur.
(La Curne, Gloss. Fr.)]

Afforant. Appartenant, attenant. « J'embrasse l'affaire
comme afforant aux miens. » (Monet.)

Affornaige. [Droit de four banal. Il consistait en une
charge de paille. (La Curne, Gloss. Fr.)]

Affouage. [Droit de prendre sa provision de bois pour
son chauffage, dans une forêt, moyennant une redevance.
(La Curne, Gloss. Fr.)]

Affouchie. Mis à la fuchere. « Les Veneurs dient
« les sangliers estre affouchiez, quand ils s'amusent à
« fouiller la racines des fucheres. » (Nicot.)

Affouir en un lieu. S'y retirer fuyant d'ailleurs.

Affoys. Promesses.

Affrontailles. Aboutissans d'une héritage. (Nicot) :
héritage touchant du large et étendu de son front à
plusieurs héritages appartenans à différens seigneurs.

Affubler. Le même qu'affuber et afuler. (Nicot.)

Affuler. Couvrir.

Afichier ou **Aficher.** Asseurer, affermer. (Perceval) ;
ou se confier, selon le R. de la Rose.

> Celuy qui en tresors s'afiche.
> Le cuer ot en mal affiche. (*Ovide.*)

Afierer. Signifie aussi asseurer. (Aldobrandin.)

Afiert. Convient, appartient. (Nicot, le songe du
Vergier.) Les Satyres chrestiennes disent :

> Faites à mon nez l'honneur
> Qui afiert à tel seigneur.

Afistolé. Orgueilleux. Blason des fausses amours dit :

> Homme pourveu
> Qui tant a veu
> D'afistolez ;
> Bien est cornu,
> S'il s'est venu
> Prendre aux filez.

Afluber. Couvrir ; de *infulare*.

Aforceor de femme. [Celui qui viole une femme. (L. J. p. 104.)]

Aforer. Comme afeurer. Voyez *Feur*.

Afre. Espouvante : de ἄφρε, insensé ; ou de *africa* ; ou de φρεν, et α particule privative.

Aga. Vieux mot, dit par mocquerie ou blasme ; de ἄγα, envie. (Tripault de Bardis.)

> Et qu'est-cecy ? est-ce meshuy ?
> Diable y ait part, aga qu'elle prendre ?
> A Sire que l'on le puist pendre
>   Qui ment.   (*Pathelin.*)

Aga est aussi un admiratif, comme qui diroit regardez ; d'où vient qu'on disoit autrefois *agardez*, pour dire : « regardez ! voyez un peu ! »

Agache. Pie.

Agacier ou **Agacer**. Quereller, harceler. (Gauvain.) D'où vient *agace*, pie en Languedoc, à cause que c'est un oiseau carnassier, et qui criaille fort.

Agastis. [Dégât, dommage. (La Curne, Gloss. Fr.)]

Agensir. Agencer.

Aggravanter. Aggraver, accabler de fatigues, selon Marot, chant 4, qui dit :

> Par toi la vie en corps aggravanté
>   Est restaurée.

Aghais ou **Agaister**. Aquest, et aquester.

Aghais. C'est une vente faite à terme de payement,

parce que celui qui veut profiter doit acquitter le jour du terme, et ne le laisser écouler.

Agiaulx. Joyauz comme j'estime. (Rabelais, liv. 5. chap. 11.)

Aglanthier. *Ab ἄκανθα.* (Perionius.)

Agneaulx. Aneaux, au contraire de la prononciation de ce temps, où pour agneau on dit aneau.

Agravan. *Stratus ex Catholico parvo.*

Agreanter. Agréer.

Agrelier. Faire grele, attenuer, exténuer, agrelier sa voix, affoiblir sa voix. (Monet, Nicot.)

Agrère. [Champart, terrage, espèce de rente alimentaire. (La Curne, Gloss. Fr.)]

Agrérer. [Donner un fonds de terre en se réservant une part de la récolte. (La Curne, Gloss. Fr.)]

Agrestie. Rudesse.

Agretissement. Affoiblissement. (Idem.)

Agricole. Laboureur.

Agrier ou **Terrage.** Droit de champart. (Ragueau.) Ce mot vient de *ager*.

Agrimenser. [Arpenter, mesurer un champ. (La Curne, Gloss. Fr.)]

Agripeur. Mastin. (Jean le Maire en l'Amant vert.)

Ague. Sublile. Marot, dans son oraison, dit :

> Veux-tu souffrir qu'en ma pensée aguë,
> De droict et Loix encontre toy argüe.

Agueter quelqu'un. Le guêter, lui dresser des embuches. (Monet.)

Aguigner quelqu'un, lui faire signe des yeux ; c'est aussi l'épier.

Aguinier une chose, c'est la regarder avec des yeux de convoitise. (Monet).

Aguilanleu. Au guy l'an neuf, cry retenu en certaine ville de France, depuis les druydes, qui alloient couper le guy de chesne, avec une serpe d'or, en faisant une Divinité. Les enfans crient *aguilanneu* à Dreux et autres lieux, au premier jour de l'an, pour demander les étrennes, selon Duchesne, en ses Antiquitez de France. Et Ovide confirme l'antiquité de cette coustume; lors qu'il dit : « Ad viscum Druydæ, Druydæ clamare solebant. »

Agusadge. [Droit imposé par le Seigneur pour l'aiguisement des couteaux et des outils. (La Curne, G. F.)]

Ahan. Respiration forcée et pénible. (Monet).

Aguiser. Aiguiser, affiler. (Nicot).

Ahan. Peine, fatigue, lassitude. Marot, Epitre 56, dit :.

> Le vilain mot de concluer
> M'a faict d'ahan le front suer.

Ahan ou Affan, et terre ahanale, labourable ; d'où on disoit ahaner la terre.

Ahanner. Respirer fortement (Monet).

Ahemer. Labourer.

Aherder. Attacher. (Boëce ms. commenté.)

Aherdre. S'attacher, ou s'adonner. De *adhœræo*.

> Ceux qui ne si voudront aherdre,
> La vie leur conviendra perdre   *(Rose)*.

Aheriter. [Donner son héritage. (Beaum.)]

Aheurté. Opiniastré, (Nicot).

Ahonnier. Deshonorer (Monet).

Ahontage. Honte. (Ovide ms.)

Ahonter. Voyez Cointerie. Recevoir affront.

> Adonc respondit ialousie,
> Honte, i'ay paour d'estre trahie,
> Car lecherie est tant montée,
> Que trop pourroit estre ahontée   *(Rose)*.

Ahontir. Faire honte, deshonorer (Nicot.)

Ahurir. Mettre en peine, mettre quelqu'un au bout de son roole.

Ai. Lieu, d'où vient *Aimargués*, lieu fertile.

Aidance. Aide.

> Et vous li sarez en aidance   (*Ovide*).

Aie. Aide.

> Qui ia ne vous faudroit d'aïe   (*Perceval*).

Aiguillette. Courir l'aiguillette : façon de parler, dénotant une vie prostituée, parce que anciennement les Courtisanes portoient une aiguillette sur l'épaule, selon Pasquier : comme l'an 1363, les Juifs portoient une plaque d'estein par ordre du Roy, comme ils portent encore en Avignon un chapeau jaune, et les femmes un morceau de drap jaune sur la tête. Aiguillette borgne, aiguillette déférée d'un bout. (Rablais, Prol. 4).

Aile (*d'un étang*). [Côté d'un étang (L. C. D.)]

Ailliers. C'est une sorte d'oiseaux de rapine, selon la Bible Historiaux. ms.

> Si comme aigles, ailliers, et escoustes.

D'où peut estre dérivé le mot *Alerion*, dont on se sert ès armoiries.

Aillors. Ailleurs. (Perceval ms.)

Ain. Hameçon, pour haim, venant de *hamus*.

> Li un prent le poisson à l'oin.   (*Ovide*).

Ainc. Jamais. De *unquam*. R. de Bertain dit :

> Après Lot Quitekins qui ainc n'ama François.
> Cil fut fils Instamont, mout fut de grand' bufois.

Ains. De *anzi*. Mot Italien.

Ains et Ainçois. Au contraire et parfois, avant que. Comme dans la Fontaine des amoureux de Science où il est dit :

> Ains qu'en puisse à chef venir.

Et Marot : « Ainçois seront semblables au festus. »

Aɪɴs, ᴇᴛ Aɪɴçoɪs. Plustôt que. D'où vient aisné, de ains né, avant né.

Qui **Ainz Ainz**. « Qui mielx mielx ». (Villehardouin), à qui mieux mieux.

Ainznez. [Aîné, L. J. p. 221.]

Aiol. [Aïeuil, L. J. p. 62.]

Air. Force, colère. De *ira*.

> Si fiert, et fiert par grand aïr   (*Perceval*).
>
> Si va le chevalier ferir.
> Sur son Escu de grand aïr.   (*Idem.*)

Aireau. [Charrue, coutre ; du latin *arare* (O. de Serr.)]

Airer. Se courroucer. De l'Italien *adirare*.

> —— Un gran miràcol fià,
> Se Christo teco al fine non s'adira.   (*Petrarcha*).

Aisier, ou **Aaisier**. Mettre à son aise. (Perceval).

Aisceau, ou **Aiscette**. Besche. (Nicot.) D'où vient qu'en Languedoc, on dit une *aissade* et un *aissadou*.

Aisement. [Dépendance d'une habitation (Beaum.)]

Aisil. Vinaigre. (Perceval).

Aisseuil. Essieu. Marot 2 liv. de la Métamorpole dit : « D'or fut l'asseuil, d'or lui soient tout autour les deux « limons, etc. »

Aisser. Gros et grand ais épais. (Monet).

Aissins. [Mesure de blé dont les 6 font l'asnée (L. C. D.)]

Aistre. Estre vie. (Voyez *Estre*).

> Tost vous faudroit clorre vostre aistre.   (*Villon*).

Ait. Force.

> Si la par grand aïr fachié. (*Perceval*).

Aɪᴛ. Aide. « Ce m'ait Dieu », vieux serment, comme qui diroit, *sic me Deus adjuvet*.

> Qu'il dira, se Dex li aït.   (*Perceval*).

Aitre. Cour. De *atria* selon la Bible Historiaux. ms.

Aize. [Territoire, domaine avec ses appartenances. (La Curne, Gloss. Fr.)]

Al. Haut. D'où vient *altus*. Bochart, en son *Phaleg*, dit que c'est un vieux mot Gaulois. [La signification réelle de ce mot, en langue gauloise, est : production, race. Virgile avait rassemblé dans une épigramme contre le rhéteur Cimber, qui passait pour avoir empoisonné son frère, les trois mots : *Al*, *Min* et *Tau*. Voici la signification de ces mots : *Al*, race, *Min*, repos, et *Tau*, silencieux. Ces trois mots rappelaient le fratricide.

Al. Tout.

Al'abay. Aux abois.

Alachir. Défaillir. (Nicot. Monet), rendre lâche, languissant.

Alaigre. Agile, délibéré. (Nicot.)

Alaigreté. Légèreté, agilité. (Nicot.)

Alambic. De *al*, mot arabe, et ἄμϐιξ. D'où vient s'alambiquer l'esprit.

Alan. Gros chien, comme dogue. (Nicot. Monet), chien bon à la chasse.

Alangouri. Exténué, languissant. (Monet.)

Alangourir. Exténuer. « Cette maladie l'alangouri dans huit jours. » (Monet.) S'alangourir, tomber en défaillance.

Alanvitant. Sur le soir. (Perceval.) Ainsi on dit ; nuitamment.

Alauda. Légion gauloise, d'où vient l'aisle des armées selon Bochart, comme aussi la figure des casques, qui ont creste, comme les alouettes ; et à cause de cette sorte de creste, les légions de César qui en portoient, estoient appelées *Alaudæ*, selon les Estats et Empires du monde.

Alavete. Alouette.

Albergation. [Arrentement d'un domaine. (Laur.)]

Albergue. Auberge, et un droit ancien.

Albogon. Mot gaulois : le pouliot, herbe aromatique.

Albran, Halbran, Alebran, Halebran. Petit canard sauvage. (Monet.)

Albrener. Chasser aux canards sauvages. (Idem.)

Alchemie et **Archemie.** De *al*, de, en arabe, et Χυμεἴα; ou de Cham, qu'on tient en estre l'inventeur ; ou du mot grec qui signifie *salis fusio;* ou de *Chamia* vel *Chemia*, nom ancien de l'Egypte ; d'où cette science fut portée en Grece, comme je ferai voir en la vie de Démocrite, qui la transporta, et non de *Alchimus*, homme qu'on a voulu feindre l'avoir inventée.

Alcie. Haussée, ou exaltée.

Aléauter. [Légitimer. (L. J. p. 212.)]

Aleheure, pour **Alleure.** Galop.

Alein. Si-tôt.

> Vers li s'en vet, aleins qu'il puet.   (*Perceval.*)

Alemandes. Amandes fruits, et amandelier, l'arbre qui les porte. Quelques-uns croient qu'il est dit ainsi, pour être venu d'Allemagne. Perceval l'a ainsi nommé en son roman.

Alien. [Aliéner, vendre, donner, transporter. (Littl.)]

Alienec. [Acquéreur. (Littleton.)]

Alienée. Haleine, respiration. Marot, liv. 1. de la Métamorphose, dit :

> Et Zéphirus souspirant doucement,
> Soefves rendoit, par tiedes alenées.

Alerion. Oiseau de rapine, ou aiglon (selon Ménage.) Guyot de Provins dit : « Ne aigles, ne alerions ne peussent « voir si clair, etc. » Voyez *Alliers*.

Alers (li). Le voyage. (Villehardouin.)

Aleutiers, en la coustume de Hainaut, sont selon Galand, ceux qui possèdent aleux.

> En remenbrance de Dieu,
> Et del boen Iudas Macabée,
> Et à l'église S. Romain
> Donna li rois à lendemain
> Trestoute sa possession
> A sept lieues tout environ,
> Si qu'en franc-aleu le tenroient
> Cil ki le service feroient,
> Dont cy-après come proudome,
> Ne iamais service à nul ome
> Ne feissent ; mais prier Dieu
> Pour l'arme, c'est de son neveu. (*Mousk.*)

La coustume de Bazadois l'appelle *Fieufranc*, ou *Franc en alo*.

Alicter. Aliter, réduire au lit. (Monet.)

Alies. Fruits de alisier.

Femme **Alignée**. Droite et bien mise.

Aliner. Equiper des vaisseaux. (Vigenere.)

Alise. Unie.

> Visage eut bel, doulx, et alis. (*Rose.*)

*Alla. Autre : d'où vient Allobroge. Et Allam, estranger. Voyez *Broga*.

Allayer. Allier.

Alleboteurs. Grapilleurs, pauvres gens qui vont dans les vignes après qu'elles sont vendangées. Rabelais Prog. Pantag., dit : « Chevaucheurs d'escurie, alléboteurs. « n'auront celle année guieres d'arrest. »

Alleu. *Aleues* ou *Alodium*, héritage ; *Aloerium Dominicum*, le possesseur d'un Franc-Alleu, ne tenir que de Dieu quelque chose, et non d'aucun roy ou seigneur, selon la coustume d'Orléans, article 250. Celle de Meaux, article 190, l'appelle Franc-Alloy. Il vient de *alodium*, et celuy-cy, de *leudis*, subjet d'un seigneur.

Allobroges. De *al*, haut, et *bara* région, ou champ,

selon Bochart. Voyez *Bro.* Ou de *alla,* autre et *broge,* champ selon l'autheur de l'Atlas.

Allobrox. Roi des Gaules ; d'où sont dits les Allobroges. (Pezronius.)

Allotement. [Action de faire des lots. (Littleton.)]

Allumelle. Lame ou laminé. Lame de couteau. (Nic.)

Almanach. De *al.* Et μανάκος, de la lune et des mois, cercle de la lune, de μήνος.

Aloe. Loué.

> Et desloent les aloëz. (*Rose.*)

c.-à-d. ostent la louange à ceux qui sont en estime.

Aloes. Alouettes. (R. de la Rose.) Voyez *Alloué.*

Aloigné. Retardement, délay.

> Dont le diray-ie sans aloigne. (*Ovide.*)

Aloigner. Allonger. R. de Guyot de Nantüeil, dit : « Ce « fu el mois de may que le temps s'aloigna. »

Aloser, ou **Alouser.** Louer. (Artus.)

Alotte. [Tombé dans un lot. (Littleton.)]

Aloue. Alouette. (Villon.)

> Plustost passons que le vol d'une alouë. (*A. Chartier.*)

Alouser. Aquerir los, où renom. (Perceval, et le R. do la Rose.)

Alouvy. Affamé d'agir, de faire comme un loup, de manger. Rabelais liv. 4. chap. xxiv, dit : « Je suis allouri « et affamé de bien faire et de bien travailler. »

Alpage. [Droit de pâturage. (La Curne, Gloss. Fr.)]

Alpes. De *albion,* blanchir, en hébrieu ; à cause de leur neige perpétuelle, ou passage estroit. (Procope.) [Les Gaulois donnaient le nom d'*Alpes,* au sommet des montagnes. En kymmryque, *Alp* signifie rocher ; en irlandais *Alp,* montagne.

Altarage. Droit pour l'autel.

Altarge. Offertes faites en argent.

Alteres. Passions. C'étoient aussi de grosses masses de plomb, dont les anciens se servoient comme de contrepoids dans les sauts auxquels ils s'exerçoient. (Rabelais liv. i. chap. 23. et Martial épig. 49. liv. 14.)

Alterquer. Contester, rioter. D'*altercari*, d'où vient altercation. (Monet.)

Altressi. De mesme que, aussi.

Alu, ou **Aleud**, ou **Alaud**. De ἄλυτος, libre, ou de *aleudi*, isles d'Allemagne, (selon Lipse) ou de l'Alleman *Lot*, (selon Ménage et Altaserra.) C'est proprement franchise. Ainsi le Languedoc estoit dit pays de Franc-Alleu, parce qu'il se donna au roy de France avec cette clause de ne payer tailles. Voyez le livre qu'en a fait M. de Caseneuve.

Alucher. Alumer : d'où vient le mot de Languedoc, *aluca*. Mehun au Codicile, dit :

> Luxure est un pechié que gloutonnie aluche,
> Et si le fait flamber plus cler que seche buche.

Alude. Basanne colorée dont on couvre les livres. (M.)

Alues. [Alleu, terre qui ne devait aucun service féodal ni aucun cens. (Beaum.)]

Aluine. Aloine, absinthe. (Monet.)

***Alum**. De la consoude, herbe. (Apulée.)

***Aluolum**. L'herbe *pulegium* ou *pouliot*. (Dioscoride.)

Aluy. Voyez *Zerer*.

Amador. Amoureux. Peyre Guillem, poëte ancien, dit :

> Anc mays no vic amador,
> En Sordel, de vostre color,
> Quar tuit li attrendedor,
> Volon la baizar, et iazer.

Amande de Loy. [Amende coutumière. (Beaum.)]

Amanote. Assorti de manivelle, de manche pour estre manié aisément. (Monet): « bate, broche, pointue d'un « bout, amanotée de l'autre. »

Amanoté. Qui a les menottes aux mains.

Amanter, et **Amantevoir**. Raconter.

> Car l'escriture amentoit bien
> Que toute puissance est de bien.   (Rose.)

Et Mehun au Testament, dit :

> Qui leur alla de ce me vant
> Tous langages amantevant.

Amar. Aimer. Guillem. D'Agoult a fait un poëme :

> De la maniera d'amar del temps passat.

Amaritume, ou **Amaritude**. Amertume.

Amarris. La matrice ou maire.

Amases, **Amaserens**. Prés, jardins, etc. (Ragueau.)

Amati. Voyez *Appatisser*.

*****Ambacte, Ambachta**. Serviteurs, cliens. Officiers en Franctheuth. (Pontanus, Glossa Philoxeni.)

*****Ambachtman**. Client. (Lipse, César, Festus)

Ambatonner. Fournir, munir de toutes sortes d'armes. (Monet.)

Ambatre. Appliquer en clouant, ficher, planter bien avant avec force.

Ambatre quelque part, y aborder avec presse, se presser d'y entrer. (Monet.)

Ambaucher une muraille, l'enduire de quelque matiere. (Monet.)

Ambedeux. Tous deux. D'*ambo* et *duo*. (Perceval, R. de la Rose, et Villehardouin.) Alain Chartier, au liv. des Quatre Dames, dit :

> Le dernier ja mort d'ambedeux

R. de Garin dit :

> Grans fu la noise et li estors champel
> D'ambes deux parts.

Ambedui. *Ambedox* et *amedui*, c'est le mesme, à sçavoir, des deux costez, ou avec eux. R. de Garin dit :

> Abatus furent Garin et Fromondin,
> Men esciant ambedui fusent prin.

Amblayer. Ensemencer. (Monet.)

Ambler. Aller l'amble, selon Perceval. Ce mot vient du latin *ambulare*.

Amboire. Abreuver, imbiber. (Monet.)

Ambrelin. C'est proprement un Jaquemart, mot qui vient de l'Alleman *hamerlin*, petit marteau d'horloge. Rabelais liv. iv. chap. xl.

Ambubaye. Femme de mauvaise vie. (Satyres chrestiennes.)

Amence. Folie, de *amens*, fol.

Amenuissement de chief. [Déchéance d'Etat, perte de droit. (L. J. p. 250.)]

Amer. Aimer.

Amesroi. J'ameneroy.

Amesure. [On nommait *cas d'amesure*, le cas où l'on mesurait et proportionnait la peine au délit. (L. C. G, F.)]

Amesvrats. Discret. Peyre Guillem, poëte ancien, dit :

> En Sordel piùs amesurats
> De nuels autrhom quanc foc nats.

c'est-à-dire, ô Sordel, plus discret que nul autre homme qui soit nay.

Amiable. Favorable. Marot, dans son Enfer, dit :

> Bien me connoît la prudente Cibele,
> Mere du grand Jupiter amiable.

Amistié. Amitié.

Amits. Sorte d'habits ou coëffure ; de *amictus*. (R. de Guiot de Nanteuil.)

Amnuity. [Rente, revenu. (Littleton.)]

Amoillerer. [Légitimer. (L. J. p. 209.)]

Amoiner. Amener. (Gauvain.)

Amoisonner. [Donner à ferme. (L. C. D.)]

Amolier. Adoucir. Voyez *Voisine*.

Amont. Là haut. (Perceval.) D'où vient qu'on dit en Languedoc, *amon*, pour dire la mesme chose.

Amositir. Mouiller. D'où vient moiteur, et moite.

Amphistere. *Amphisene,* serpent à deux testes. Virgile dit :

> Ingeminum surgens caput amphisihæna.

Ampienne. Ampeigne, cuir de dessus le soulier. (M.)

Amplage. Proportion entre deux choses. (Monet.)

Amplier. Augmenter et amplifier. (Nicot.)

Amprandre. Entreprendre. « Il entreprenoit chose « hasardeuse s'il eut continué. » (Monet.)

AMPRANDRE. Surprendre au dépourvû. (Monet.)

Amprès. Auprès. (Monet.)

Ampris. Entrepris perplex, étant en peine de se résoudre. (Monet.)

Amprise. Devise, symbole. (Monet).

Ana. Sans.

Anaginne. Commencement, en Theut-Franc. (Pontanus, Tatianus).

Anbegine. Nous.

Ancelle. Servante, de *ancilla*. On l'escrit aussi ainsi ancelle. (Seriant : Fontaine des amoureux de Science.) Marot dit :

> Si prient Dieu, et sa très douce ancelle.

Ancerner. Entourer, enceindre. (Monet).

Ancesorie. Ancienneté. (Perceval).

Ancesors. Ancestre, comme par sincope de *antecessores*. Le Chanoine Gasse, selon Ménage, s'en sert ainsi :

> Pour remembrer des ancessors
> Les faits, les dits, et les morts.

Ancharer. Mettre les fers aux piés. (Monet).

Anche et **Ancheau.** Petite cuve, de ἄγγος. ANCHE. C'est ce qu'on met dans les haut-bois pour les faire sonner, de *Echo*. Et en Languedoc est appelé l'enchié.

Anchié. Avant que, ainçois. (Perceval.)

Anchois. Ainçois, avant que. (Perceval.)

Anclotir. Se jetter dans son terrier, dans son trou: (Monet) : « Le seul bruit des chiens, ou des chasseurs, « fait enclotir les lapins. »

Ancombre. Embarras, difficulté, empêchement, adversité. (Monet.)

Ancomber. Empêcher, embarrasser, mettre obstacle. (Idem.) Voyez *Encombré*.

Ançon, ou **Ancon :** C'est l'arme ancienne dite la Francisque, du mot hameçon, abregé. Voyez *Francisque*. Fauchet parle des ancons, armes anciennes. Et dans Villehardouin page 80, ancone, c'est-à-dire, une baniere.

Ancone. Voyez *Ancon*.

Ancuit, Aduste. Fort cuit, bruslé. Sang ancuit dans les veines. (Monet.)

Ancuser. Accuser. (Monet.)

Andels. Avec eux.

Andemantiers. Voyez *Endementiers*.

Andemné. Badin, folatre à l'excès, lascif. (Monet.)

Andever. Voyez *Endever*.

Andeux, Andui. Ensemble.

> Si sommes andui envoyez.   (*R. de la Rose*.)

Anditer. Déférer en jugement, accuser devant le juge. (Monet.)

Anditeur. Délateur. (Idem.)

Anduisson. Enduit, couche, ou l'action d'enduire. (Monet.)

Anel. Un aneau. Haisiaux, au Fabel de l'anel, dit :

> Haisiaux vos dit qu'uns hom estoit,
> Un merveilleux *anel* avoit.

Anete. Canart : et encore en certains lieux du Languedoc on dit une *anede* : ce qui vient du latin *anas*. L'Art de Rhétorique ancien, dit :

> Taste se l'*anete* pont.

Anfardeler. Trousser, lier en un fardeau. (Monet.) « Enfardeler ses ardes, » pour faire un paquet de ses hardes.

Anfermerie. Infirmerie. Voyez *Enfermerie*.

Anfermier. Infirmier. Voyez *Enfermier*.

Anforges. Gibeciere de cheval ; de l'Espagnol *Alforia*.

Anforhtanten. Craignans.

Angarder. Empêcher. (Monet.)

Angemmes. Fleur feinte, en termes d'armoiries.

Anger. Peupler, propager. (Monet) : « *Anger* des « plantes étrangeres, » c'est-à-dire, les propager, en multiplier l'espèce.

Angin. Voyez *Engin*.

Anglois. Créanciers.

> Et aujourd'huy ie fay solliciter
> Tous mes *Anglois* pour mes debtes parfaire,
> Et le paiement entier leur satisfaire.   (*Cretin*.)

> Un bien petit de prés me venez prendre
> Pour vous payer, et si devez entendre
> Que ne vy oncques *Anglois* de vostre taille,
> Car à tous coups vous criez, baille, baille.   (*Marot*.)

Il faut que ce mot soit demeuré en France depuis qu'elle fut prise par les Anglois, lesquels estant riches estoient les seuls qui pouvoient prester aux François subjuguez, leur prestant de leurs propres biens.

Angoisses. C'est un lieu de Limosin, d'où est venu le nom de poire d'angoisse, et non pour avoir mauvais goust, et estre rude au gosier, comme a fort bien remarqué Ménage.

Angoissels. Angoisseux. (Perceval.)

Angon. Ancon.

Angrand. Forcé, poussé, nécessité à quelque chose, estre en train, estre disposé à faire une chose. (Monet.)

Anguillade (donner l'). Frapper avec une peau d'anguille. (Rabelais) : « Le pastissier lui donna de l'an-« guillade si bien, que sa peau n'eust rien vallu à faire « cornemuses. » On fouettoit avec une peau d'anguille les jeunes gentilshommes Romains qui étoient en faute. (Pline liv. 9. chap. 23.) De là sans doute est venu que dans les écoles on a donné le nom d'anguille à certaine courroie dont anciennement on frappoit les jeunes gens qui manquoient à leur devoir. Les Gloses d'Isidore citées par du Cange dans son glossaire latin : « Anguilla est « quâ coercentur in scholis pueri, quæ vulgo scutica « dicitur. »

Anguillomeux. Cauteleux ; de *anguis*, serpent, parceque le serpent fut cauteleux à Eve, comme qui diroit ἀγχυλομητης.

Anhaser. Voyez *Enhaser*.

Anhater. Embrocher, mettre en broche. (Monet.)

Anhortement. Exhortation, persuasion. (Monet.)

Anhorter. Exhorter, persuader. (Monet.)

Anichilée. Anéantie. Marot, ch. 17, dit :

Arriere donc, Royne Pautasilée,
Maintenant est la gloire anichilée.

Anilles. Potences (béquilles) des personnes impotentes ou décrépites : Ce mot vient de *anus*, vieille.

Anime. Sorte d'arme ancienne (Nicot.) Armures faites de lames posées de travers, qui obéissent aux mouvements du corps. (Monet.)

Anis. Laine d'agneau ; de *agnus* ; comme qui diroit *agnis*.

Annichiler. Réduire à néant. (Gratian du Pont.)

Annilé. Fer de moulin comme deux doubles crochets.

Annone. [Provisions pour une année. (O. de Serres.)]

Annuicter. [Obtenir un délai de trois fois sept jours et sept nuits, pour payer en donnant des garanties. (La Curne, Gloss. Fr.)]

Annuzi. La face.

Anoiaux. Anneaûx.

Anormé et **Anormal.** Contre la regle commune ; d'où vient *énorme*. Jean le Maire, en l'Amant verd, dit :

Tu dois sçavoir que les fiers animaux,
Qui en leur vie ont fait cas anormaux.

Et Marot, dans sa pièce intitulée l'Enfer, dit :

Rien ne vaudroit de ce lieu le mestier,
Pour ce qu'il est de soi si anormal
Qu'il faut exprès qu'il commence par mal.

Ansials.

Ansoyne. Enseigne.

Antan. L'année passée. Voyez *Vac*.

Mais où sont les neiges d'antan.   (*Villon.*)

Ante. Tante ; de *antiqua*, ou *amita*. D'où vient le mot *ande* de Rouërgue, qui dénote la mesme chose.

Qui fut frere de sa belle ante.   (*Pathelin.*)
Voir sa belle ante ce dit-on.   (*Coquillard.*)

Anten. L'année passée. (Nicot.)

Antenide. De la chamomille, herbe.

Antenois. Chevreau d'un an ; de *antan* ou *anten.*

Antie. Ancienne. Au roman de Syperis, on lit :

> Li comuns de Paris celle cité antie,
> Sont ordonné chacun en sa Conestablie.

Froissart se sert aussi de ce terme.

> En une grand forest antie
> D'arbres et de bois planteive
> Delez un plain, ioste un pendant.   (*Ovide.*)

Antlingota. Respondant, en langage Franctheuth. (Tatian.)

Antombé. Assoupi, stupide ; antombissement, assoupissement, stupidité. (Monet.)

Antraper. Embarrasser, envelopper, embrouiller, engager. (Monet.)

Antreitu. Ordre, en Theuthfranc. (Pontan.)

Antresca. Fantaisie, selon la vie de S. Fides d'Agen. Voyez *Bresca.*

Anuble. Voyez *Derruble.*

Anvenc. Avec. (Perceval.)

Anuit. Aujourd'huy, de ce mot en huy.

Anuiter. Se faire nuit.

Aorer ou **Aourer** : Du latin *orare*, c'est-à-dire prier. (Perceval.) Alain Chartier, traité de l'Espérance : « D'aoure « et de requerre. » L'auteur du roman Charité dit :

> Bien ses que par un autre nom
> Appelle l'en l'estole orier ;
> Car d'ourer te fais labourier.

Et peu après :

> Ne dois ourer haute orison
> Sans estole, n'en olier,
> En ferm.

Mais Martins li Beguins le prend pour *adorer*, en ces termes :

> Pour la belle que j'aour,
> Qui sur toute a beauté et valour.

Et un autre du même tems dit encore :

> Car je n'aours nulle riens se vous non.

Aoré. Le Vendredi Saint, selon Ménage. (Cronique de Louis XI.) « Et le Vendredi Saint et aourné. » Et ailleurs aoré, c'est-à-dire adoré.

> Pour la belle que j'aour,
> Qui sur toute a beauté et valour.   (*Martin li beguins.*)

Aourner et **Aorner.** Orner.

Aousterelle. Sauterelle, peut-estre à cause du mois d'aoust. Dans la Bible Historiaux ms., on lit :

> Ie te raempliray d'hommes comme d'aoustercles.

Apaier. Apaiser. [Désintéresser, satisfaire.]

Apanage. De πᾶν ἅγιον, tout saint, ou plustost de *panis* pain, c'est-à-dire, ce qui est estably pour la nourriture de quelque grand. D'autres le font encore venir de *pennes*, c'est-à-dire, plumes ou draps, parce que c'estoit un revenu *ad victum et amictum*, pour s'acheter non-seulement des vivres, mais aussi des habits. Ainsi il y a des droicts pour la ceinture et les espingles de la reine, et d'autres pour le pot de vin, et épices. Voyez *Ménage*.

Apaner. Exclure, foreclorre, forbannir de quelque droit. Mot originairement Allemand. D'où vient apanager, faire renoncer à tous droits d'hoirie moyennant certaine portion de bien. (Monet.)

Aparager (s'). Se comparer à quelqu'un.

> Dont Ajax à moy s'aparage.   (*Ovide.*)

Qui répond à ce vers :

> Et se mihi comparat Ajax.

Apariage. [Apanage, dot. (La Curne, Gloss. Fr.)]

Aparlier. Apareiller.

Aparissablement. Manifestement.

Apariteurs. Huissiers ou bedeaux, nommez en latin *Apparitores*, parce qu'ils paroissoient sous les yeux du magistrat pour lui rendre service. Rabelais, 4. Prol., dit : « Ceux-ci ne sont, proprement parlant, diables d'enfer, « ils en sont apariteurs et ministres. »

Apateler. Nourrir, faire bonne chere.

Apaticher ou **Apatisser**. Imposer un tribut pour le pastis. (Ménage.) Ou comme j'estime aller manger. Juvenal des Ursins dit :

> Et délibera de soi apaticher à la garnison plus prochaine,
> Voulant avoir patis.

Item, au livre des Quatre Dames, on lit :

> Et desir tient tout appatis
> Mon vouloir qui est amatis.

Voyez *Patis*.

Apaut. [Espèce de tenement, droit seigneurial et domanial ; ferme de ces droits. (La Curne Gloss. F.)]

Apend de moy, dépend. Au R. d'Alexandre on lit :

> Que suis Euménides, qui toute l'ost apend
> A mener et à duire dessus l'estrange gent.

Apens. Pensée. (Perceval).

Apenser. Faire quelque chose de guet à pens, c'est-à-dire, après y avoir bien pensé, de propos délibéré. (Pasquier.)

Apert et **Aparent**. Aparoissent et aparoit. On dit mesme pert, pour appert.

> Bien y *pert* en ce que vous faites,
> Quand œuvres si nobles parfaites.   (*F. des amoureux.*)

Appere, c'est-à-dire aparoisse.

Apertise d'armes. Dextérité, capacité. (Froissart).

Apesart. Incube, cochemare, éphialte. (Aldebrandin). C'est une maladie, en laquelle il semble qu'on sent la nuit un grand fardeau sur la poitrine, à cause que l'estomac est affaissé, ou d'humeurs, ou de quelque lobe du foye, si on couche sur le dos : ce que d'autres ont sottement attribué aux sorcieres, veu que c'est une chose naturelle.

Apiert. [Il est prouvé, il parait. (Littleton.)]

Apincer. Acrocher, de pince, ou pincete.

Aplaigier. [Cautionner. (L. C. D.)]

Aplicant. Plaidant, à mon advis.

Aplomer. Endormir. (Pathelin et Nicot.)

Apoier. Apuyer.

Apointe. Mis en bon point. (Coquillard.)

Apostoile ou **Apostole.** Le Pape, comme qui diroit l'Apostre. (Pasquier, Hugues de Bercy.) Dans la Bible Guyot, on lit :

> De nostre pere l'Apostoile,
> Voulsisse qu'il semblast l'estoile
> Qui ne se muet, moult bien le voyent
> Les Maroniers qui s'y avoyent.

Il est aussi appelé ainsi dans Villehardouin ; et l'Apostre par Perceval. Voyez *Amits.*

Garin, vivant sous Louis le Gros dit :

> Et l'Apostoile, durement son marri,
> Par S. Sépulchre, et Iesus-Christ vos di,
> Venez avant, chil Martel, brave fils ;
> Ie vous octroy, et le vert, et le gris,
> L'or et l'argent dont les Clercs sont saisis,
> Les palefrois, les muls, et les rocins
> Si prenez tout ; tel vous octroy et quitte,
> Dont vous puissiez les soudoyer et tintre,
> Qui vous défendent vous et vostre pais ;
> Et s'il vous plaist les dismes Sires fais,
> Tres qu'à sept ans, fait-il et un demis,
> Quand vous aures vaincus les Sarrazins,
> Rendez les dixmes, ne les devez tenir.

Voyez *Gonfanon.*

Apostres. Selon Rägueau, *sunt libelli dimissorii,* c'est-à-dire, relations, du Grec ἀποσέλλω.

Apoué. Qui ne peut manger tant il est rassasié. (Monet. Nicot).

Appenser. Songer, penser. (Nicot). S'appenser de sortir, songer à sortir. Voyez *Apenser*.

Applégement. [Action possessoire. (Beaumanoir.)]

Appléger. [Donner caution. (La Curne, Gloss. Fr.)]

Applegement, contr'**Applegement**. [Suivant l'ancienne Coûtume d'Anjou, redigée selon les Rubriques du Code, il y avoit anciennement trois differens cas, où celui qui avoit possédé un immeuble pendant un an et un jour, pouvoit intenter la complainte possessoire ; sçavoir le cas de *nouvelle eschoite*, le cas de *force* et de *dessaisine*, dont Beaumanoir fait neanmoins deux cas differens, et le cas de *trouble* ou de *nouvelleté*.

Dans les deux premiers cas, le complaignant se reconnoissoit dessaisi, et agissoit pour acquerir ou pour recouvrer la saisine et la possession.

Et dans le dernier cas il soûtenoit qu'il étoit saisi, et agissoit pour être maintenu et conservé dans sa possession et sa saisine. (Laurière, Gloss. D. F.)]

Applomer. Voyez *Aplomer*. Applomé de somme, accablé de sommeil. (Nicot.)

Appréage. [Droit de pâturage. (L. C. D.)]

Appropriance ou **Appropriement**. [Quànt un acquereur d'heritage est reputé en avoir le droit et propriété par bannie ou laps de temps échû depuis son acquisition, le nouvel acquereur se fait approprier. (Laurière, Gloss. D. F.)]

Aprise. [Enquête volontaire faite par le juge et qui ne termine pas un procès. (Beaumanoir.)]

Apurer. Mettre au net une debte, et taxer une amende. (Ragueau).

Aquitaine. Province de Guyenne, qui a pris nom de la Ville d'Aqs ; et celle-ci *ab aquis*, c'est-à-dire, des eaux.

Aquitania. [Province des Gaules, d'après César. C'étaient les *Ausci*, c'est-à-dire les Euskes ou les Basques.)]

***Ar.** Ou *are*, sur, proche, vers: d'où vient Armorique, c'est-à-dire, près de la mer ; *Arelate ; Arverni*, c'est-à-dire près, de *verna*, et *garumna*.

***Ara.** lent: d'où vient *Araris*, selon Bochart, en son incomparable Phaleg, c'est-à-dire, la Saone. (Claudian.) *Lentus, Arar, Rhodanusque celer*. De-là vient possible qu'en Languedoc on appelle *arri* un asne, à cause qu'il est lent.

Arable. Terre labourable. (Nicot.)

Araire. Charrue ; d'*aratrum*. (Monet.) Ce mot est encore en usage dans le Lyonnois.

Aramie. Il semble que c'est-à-dire furie. Merlin ms. dit : « Oncques ne veistes tournoy par si grande Aramie. »

Arar. [Rivière de la Celtique qui se jette dans le Rhône près du pays des Allobroges; mentionnée par César. En Kymmryque, *Araf* signifie doux, lent.]

Aras. Maintenant. Rimbaut, vivant l'an 1208, à la Cour de Mossen Boniface, Marquis de Montferrat, fit une chanson où il change à chaque Vers de langue, pour montrer l'esprit changeant de Beatrix, sa Maitresse, sœur dudit Marquis.

Aras quan vey verdeiar.	(Provençal.)
I son quel che ben non ho.	(Toscan.)
Belle douce Dame chere.	(François.)
Danna yeux m'y rend à bous.	(Gascon.)
Mas t'am temo vuestro pletto.	(Espagnol.)

Arat. Voyez *Planarat*.

Araugta. Il apparut, en Franctheuth. (Pontan.)

Arban. [Amende pour défaut de service militaire féodal. (La Curne, Gloss. F.)]

Arbaleste. De *arcus*, et βάλλω *mitto*, c'est-à-dire, ou de *balista*, bricole ou espinade, ou arbalestée, de arc et baliste, vieille machine. (Fauchet). On disoit aussi arbalestre.

Arc à jalets, pour jaillir et jetter. (Coquillard).

Arcangelet. Espèce d'arbaleste à la main tirant à bal et à traict. (Monet): « Ce tien *arcangelet* a dépeuplé tout le terrain d'oiseaux. »

Arcenac. Dit de arx, fortereste, ou des arcs qu'on y tenoit.

Archal. Fil d'archal ; comme qui diroit d'arichal, de *auricalchum*.

Archarage et **Archairage**, ou **Arquairage.** Droict par lequel on est tenu de faire un Soldat ou Archer au Seigneur ; comme qui diroit Archerage. Il y a des Actes anciens à Viviers près de Castres, où il est parlé de ce droict d'Arquairage.

Arche. Grand coffre, d'où vient le mot *arque* en Languedoc, qui dénote la mesme chose, du Latin *arca*.

Archecapelain. Chancelier. (Ragueau.)

Archegayes. Machine de guerre, qu'on jettoit sur les ennemis. (Froissart).

Archelet. Petit arc.

Archerot. Petit porteur d'arc. Dubartas dit:

Qui d'un nain, d'un bastard, d'un *acherot* sans yeux,
Font non un Dieutelet, ains un Maistre des Dieux.

Archie. Voûte ou trait d'arc.

A deux archies, ou à mains.　　(*Gauvain.*)

Ainsi les Romains disoient *ad secundum vel quartum, etc. lapidem.*

Archiere. Carquois ou bandouliere.

Ia nel pour besasse pour l'*archiere*,
Ne pour l'arc, ne pour le brandon.　　(*Rose.*)

Selon la Colombiere en sa Science Héroïque, c'est aussi le flan ou trou des murailles par lesquels on jettoit les flèche. On en voit encore ès vieux bâtimens.

Archifve. De ἀρχεῖον, ou *archa*, coffres à tenir papiers.

Architriclin. Maistre d'Hostel, de ἀρχιτρίκλινος.

Archoier. Tirer de l'arc. (Perceval.)

Arcoier. Se dit, lorsque les lances fléchissent pour se couper. (Perceval).

Arcon. Arçon de cheval. (Gauvin). Il signifie aussi un archet de violon.

> Si portent l'arçon et la lyre.   (*Ovide.*)

***Ard**. Naturel : d'où vient *Bernard*, c'est-à-dire naturel du fils ; *Reinard*, nature sincere ; *Godard*, nature divine ; *Gifard*, libéral de nature. Or ces mots sont communs à l'Alleman et au Gaulois.

***Arden**. Forest : d'où vient les *Ardenes* et *Diana Ardonia*.

Ardones. Eaux qui s'écoulent ès prez, sans qu'on les voye, de ἄρδω.

Ardure. Colere.

> Tant ès Iuno plene d'ardure   (*Ovide*).

Il signifie aussi amour. Gautier d'Espinois, parlant de l'Echo, dit :

> Ne la daigna Narcissus regarder,
> Dont sécha toute de *ardure*.

Il signifie aussi desir, selon le R. de la Rose :

> Et preste par la grande *ardure*,
> D'avoir conquerre et arrabler :
> C'est celle qui semont d'embler,
> Rober, tollir et baratrer,
> Et par faulseté mesconter.

Ardre. Bruler. Ronsard, Odes livre premier, Ode 1, dit :

> Bien que le feu Gregeois nous arde, etc.

Marot, livre 2 de la Métamorphose, dit :

> Les cygnes blancs qui de leur mélodie
> Solemnisoient les fleuves de Lydie
> Ardoient, etc.

Arecomici. [Surnom des Volcæ de Nimes ; il signifie en celtique : ceux qui habitent au pied des montagnes. (César, VII-8.)]

Areger (s'). S'arrenger.

> Et s'arregerent li couroy,
> Moult bellement l'un de les l'autre.   (*Merlin.*)

Aremorici [En face de la mer. En Kymmryque, *Ar*
signifie près de; *Morig*, mer. (*Pline*, César.)]

Arer. Labourer, de *arare*.

Arescuel. Le manche.

> Une lance rude à merveille,
> Luy ont eus en poing d'estre mise,
> Et il la par l'arescuel prise.   (*Perceval.*)

Ce mot semble dénoter escorce, et venir du mot de Languedoc *aresclé*, c'est-à-dire, escorce.

Aresgner. Arrester un cheval par les resnes.

> Si à son cheval aresgné.   (*Perceval.*)

Arfara. Emporter, en Theut-Franc. (Pontan).

Arfuor. Il s'en alla.

Argent. Je ne mets pas ce mot pour sa rareté, mais
seulement pour remarquer sa rareté parmy les Anciens:
car Perceval, pour faire voir qu'un cheval duquel il parle,
estoit de fort grand prix, dit, qu'il valoit cent livres. Ainsi
on lit que le dot des filles de Roy n'estoient que de dix
milles livres. Et j'ay veu des Inventaires anciens, où le
sac de bled est mis à cinq sols, un cochon à huit deniers,
etc. Mais cette rareté d'argent leur estoit autant utile
que notre abondance, puisque les choses se vendoient
moins : et j'estime qu'en cela ils estoient plus heureux
que nous, avec toute nostre découverte des Indes, d'où
on nous apporte l'or et l'argent en cette abondance. Et
Je croy que quand on en trouveroit mille fois au delà
de ce que nous en avons, que ce ne seroit qu'à nostre
dam ; et que nous reviendrions à ce siécle auquel il falloit
amener un chariot pour porter cent escus.

Argire. Soldat Grec. Dans Ronsard, Ode 1, on lit:

> Tandis que le feu tournoit
> Forcenant parmy la Ville,
> Et que l'*Argire* s'ornoit
> De la dépouille servile, etc.

Arguer. Argumenter.

> Objete, et soit, et puis argüe.   (*Ovide.*)

Arhuob. Il exalta.

Ari. Sec. (Nicot). D'où vient le mot aride.

Arinca. [Froment. En kymmryque, *Rhygg* signifie seigle et *Aran* en Irlandais, pain. (Pline.)]

***Aripennis**. Arpent. (Pasquier.)

Armé. Voyez *Blasonner*.

Armeries. Œillets, selon Coquillard. du Latin *armeriæ*. — ARMERIES. Betoine, herbe. (Monet.)

Armes antiques. Voyez *Cotterel*.

Armesin ou **Armoisin**. Simple taffetas à faire doublure. (Monet.)

Armet. Voyez *Heaume*.

Arminete. Instrument de Menuisier, dit de alermin, *scalprum*, en Arabe, selon Ménage.

Armoiries. Armes, parce qu'on en mettoit la figure sur les boucliers, etc. On dit aussi porter pour armes, parce qu'on les portoit sur la cotte ou bouclier.

Armoisie. Harmonie.

***Armor**. La mer, ou sur la mer, selon le grand Atlas.

***Armorique**. Maritime. C'est la Bretagne, de *armor*.

Armoye. Blasonné, c'est-à-dire qu'on porte pour armoiries. Froissart, vol. 4. chap. 18, dit : « Et delez lui « estoit Messire Jean le Barrois, à Pennon armoyé de ses « armes. »

Arné. Esrené ou errené, qui a les reins rompus. (Monet et Nicot.)

Arner. Érenner, ou éreinner, rompre les reins. (Nicot).

Arpent. Mesure de terre ; comme qui diroit *arvipennis*. Il vaut cent verges, et la verge 26. pieds, selon Ragueau. Ou de *aripennis*, selon Pasquier.

Arquebuse et Haquebute. De arc à buze, c'est-à-dire, à trou, du mot Italien *bouzo*, c'est-à-dire, trou.

Arquemie. Pour alchimie. (Coquillart. Et Villon en ses Repuës Franches.)

Arquerage. Voyez *Archarage*.

Arquoy. Je ne sçai ce que ce mot dénote au vray. Il me semble pourtant, qu'il veut dire, se quarrer les mains au costé.

> Quand ils voyent ces pucelettes
> En admenez, et en *arquoy*.   (*Villon.*)

Arraisonner. Entrer en pourparler, en conférence avec quelqu'un, s'entretenir. (Monet.) Marot, au 50. Rondeau, dit :

> Je l'*arraisonne*, elle plainct et regrette.

Arraler (s'en). S'en retourner. (Villehardouin.)

Arramir. Promettre. (Ragueau.) De *adrhamire jurare*, selon les constitutions de Charlemagne :

> Molt les oyssiez *arramir*,
> Serement faire, et foy plevir,
> Que par morir ne li falront,
> Tel fra comm' il fera feront.   (Vieux poëte.)

Arraper. Empoigner, saisir avec violence, d'*arripio*. (Monet.)

Arrayer. Aller essayer, ou rencontrer.

> Se danger pourray *arrayer*.   (R. *de la Rose*.)

Arrerailles. [Semences de printemps. (O. de Serr.)]

Arresser. Dresser, roidir. (Nicot.)

Arrestoison. Arrest. (Idem.)

Arresuer. Interroger. (Perceval.)

Arriere. Retardé. Voyez *Cape*.

Arriereban. Voyez *Here*.

Arriers. De rechef, ou arriere, selon Perceval.

> Souvent boit et renfante *arriere*,
> Tant que plus clair est que cristal.   (*F. des amoureux.*)

Arrofo. Il s'écria, en Theutfranc. (Tatian.)

Arrouces. Arroches, herbe.

Arrouter. Assembler. Voyez *Roie* et *Roux*.

> Un des autre del *arrouta*.   (*Perceval.*)
> Au tref Garin furent tuit *arrouté*.   (*Garin.*)

Arroy. Train, sorte, ou maniere.

> Car quoy ? qui vous auroient craché
> Tous deux encontre la paroy,
> D'une maniere, et d'un *arroy*
> Estes-vous, et sans différence.   (*Pathelin.*)

Ce mot signifie aussi, selon Nicot, équipage, ordonnance militaire.

Arruner. Ranger. (Nicot.)

Ars. Arc. Roman de la Rose dit :

> Au Dieu d'amours deux *ars* tourquois.

Ars. Aussi brûlé, de *ardeo, arsus*. Item, *adultus*, avancé en âge. — **Ars**. Epaule de cheval ou autre bête semblable. (Monet.)

Arsili. Voyez *Ussiers*.

Arsoir. Hier au soir. Marot, Elégie 12, dit :

> Le juste deuil rempli de fascherie.
> Qu'eutes *arsoir* par la grand'resverie.

Arstantenti. Le levant.

Arsure. Brulure. (Mehun.) C'est-à-dire, de ardre, brûler, du latin *ardere*.

Arter. Idem. L'Epitaphe des Mathurins de Paris contient ces vers :

> Mon vouloir estoit de monter
> A honneur, par labeur et soin :
> Mais fortune n'a peu *arter*,
> Et m'est le pied grislé (glissé) bien loin,
> Et la branche qu'avois au poing
> S'est esclaté tout soudain.

> Peu trouve d'amis au besoin,
> Qui n'est rusé, fin, et mondain.

Artez. Arrestez.

> Quand en un lieu estoient *artez*.   (*Vig. de Charles VII.*)

Artien. Qui vaque aux arts dans l'Université. (Monet.)

Artiller. Rendre fort, fortifier, garnir d'outils ou d'instruments de guerre. Dans le R. du Chevalier au Barisel, on lit :

> Près de la marche de la mer
> Avoit fait son Castel fermer,
> Qui moult estoit bien batillez,
> Si fort, et si bien *artillez*,
> Qu'il ne creinoit, ne roy, ne comte.

Alain Chartier, Hist. de Charles VII, dit : « Si les habilla, « remonta, arma et artilla le roy au mieux qu'il peut. » Et de-là le nom de notre Artillerie, auquel sens aussi je croy que l'auteur du Bestiaire a appelé le Goupil, *Artilleux*, en ces termes :

> Le Goupil est moult artillos,
> Quant il est auques famillos.

C'est-à-dire inventif, et plein d'artifices.

Artillerie. Machines de guerre anciennes, comme catapultes, beliers, dards, perrieres, mangoneaux, etc. Froissart se sert de ce mot.

Artilleur, Artillier. Intendant de l'artillerie. (M.)

Artilleuse. Artificieuse.

> Elle est hardie et *artilleuse*,
> Et trop en ire studieuse.   (*R. de la Rose.*)

Artilleux. Idem :

> Ie suis avec les orgueilleux,
> Les usuriers, les *artilleux*.   (*R. de la Rose.*)

Artillos. C'est le même qu'artilleux. Voyez *Goupil*.

Artisien. Artisan.

Artos. Pays; dit de ἄρτος, *panis*, à cause de sa fertilité.

Arverni et **Areverni**. [Les Arvernes. M. de Jubain-
ville tire le nom d'Arverni du gaulois *Arvo*, champ et par
extension campagnards. Le glossaire d'Endlicher donne
à ce mot le sens de : place-toi devant, oppose-toi, *ante
obsta*. Cet *ante obsta* se rapporterait aux montagnes qui
forment une barrière pour l'Auvergne, du côté de l'Est.
En kymmryque, *Wara* ; en irlandais, *Fearann* ; d'où
Al-verann, les hautes habitations.]

Asals. Assauts. Assisrent, c'est-à-dire assiégerent.

Asardre. Assarroient, c'est-à-dire, assaillire, assail-
lirent.

Asçavanter. Rendre sçavant, informer, instruire. (M.)

Ascendre. Monter, de *ascendere*. Voyez *Teudis*.

Asé. En Languedoc un asne, et l'estomac des cochons,
ou le gros boyau, de *omasus*.

Asia. [Le seigle. Le basque a *Asia* semence et *Haz*
nourrir. En gaulois, *Aase* signifie croître, pousser.]

Asparages. Asperges, de *asparagus*, selon le traité
de Plutarque du mariage de Pollion et Euridice, ms. en
velin, enrichi de très-belles miniatures appartenant à
M. Cl. Martin Med. Or il dit: « La coustume fut jadis en
« Boëtie, que les bonnes et honnestes Matrones approu-
« chantes pour devoir coucher la nouvelle mariée, luy
« faisoient ung chappelet sur sa teste de branches d'aspa-
« rages aspres et mal gracieux, voulans dire qu'il falloit
« endurer les rudesses du mary. »

Asperague. Asperge.

Aspresse. Aspreté.

Asprir. Rendre aspre. (Monet.)

Assassiner. De l'hébrieu *schaas*, voler, ou de Chassins,
voleurs près d'Antioche. Voyez *Chassins*.

Asseier. Assiéger.

Assené. Conventionnel. (Ragueau.) C'est le dot ou bien
accordé à la vefve par contract de mariage.

Assener. Adresser, atteindre, frapper, assurer son coup. (Monet) : « Il faillit le chien, et assena le maistre « du chien. » [Partager, en assignant de quoi vivre. (La Curne, Gloss. Fr.)]

Assens. [C'est un émolument qui provient des forêts et bois de haute-fustaye, comme les pasnages et glandées. (C. de Bretagne.)]

Assentateur. Flateur, complaisant.

Asseoir. Donner l'assaut.

Assermenter. Faire prester serment à quelqu'un. (N.)

Asservagir. Rendre serf. (Nicot.)

Assiement. Session. (Nicot.)

Assieux. [Essaims d'abeilles. (L. C. D.)]

Assins. Assassins. Voyez *Avoutrie*.

Assint. [Emplacement d'une maison. (L. C. D.)]

Assis. Assiégez.

Pierres **Assises.** Enchâssées.

Assist. Assiégea une ville. Dans la Bible Historiaux ms. on lit :

Sennacherib *assist* à la parfin Ierusalem.

Assistrent, veut aussi dire s'assirent. (Perceval.)

Assoager. Voyez *Assouvager*.

Assoir. Assiéger. Idem.

Assomé. Endormy. Somme, c'est-à-dire, sommeil, venant de *somnus*.

Il est un petit applommé
Hélas il est si *assommé.* (*Pathelin.*)

Assondrer. Il semble qu'il dénote asseurer, ou absoudre. Mehun, au Codicile, dit :

Mais passer ne pouvons se cil ne nous *assondre.*

Assorber. Engloutir. Voyez *Flatir*.

Assoté. Affolé après quelque chose, qui aime trop, de ἄσωτος. (Tripaut, de Bardis.) Pathelin dit :

> Quel drap est cecy, vrayement,
> Tant plus le voye, et plus m'*assote ;*
> Il m'en faut avoir une cotte.

Assouvager. Soulager, appaiser. (Aldebrandin, medecin ancien.) *Assoager* dénote la mesme chose.

> Mais moult m'*assouagea* l'ointure.   (*R. de la Rose.*)

C'est-à-dire, le liniment.

Assouver. [On dit qu'un étang *assouve*, quand il produit de lui-même du poisson ; ce qui arrive quand une rivière passe dedans. (C. de Nevers.)]

Assus. Mettre assus une trahison à quelqu'un, c'est lui imposer. (Nicot.)

Asteles. Fragmens de lance ; de *hasta*, c'est-à-dire lance. (Perceval.) Et de-là vient le mot de Languedoc, *estèles*, c'est-à-dire coupeaux : et *estela*, c'est-à-dire garnir une jambe cassée, de petites pieces de bois, qu'on y attache, pour faire que les os se reprennent plus aisément ; parce que cela empesche la jambe de remuer en aucune sorte.

Astine. Querelle. Ovide ms. parlant de la querelle d'Ajax et d'Ulysse, dit :

> Agamemnon vit la *astine,*
> Qui peut monter à grand haïne.

Atager. Attacher.

Ataine, querelle ; et **Ataineux**, querelleux. Au Doctrinal de Coilessie, on lit :

> D'une autre gent me sui merveillé mainte feiz,
> Ki font grans *ataines*, outrages, et desreiz.

D'où vient le mot de Quercy, *taïne*, c'est-à-dire, riote.

Ataineuse. Longue, ennuyante, rioteuse. Alain Chartier, dans son Quadrilogue, dit : « Longue fu et trop « ataineuse qù'il n'affioit, la contention de ces deux. » De *adtineare*, selon Ménage.

Atant. Alors. (Ronsard et Marot.) Voyez *Conroy*.

Atarge. Mot du Bolonois, une retraite pour ceux qui s'estant trop retardez ne peuvent entrer dans la ville.

Atargier. Tarder, se retarder.

Atayné. Riote.

> Au milieu j'aperçeu hayne,
> Qui de grand courroux et d'*atayne*,
> Sembloit estre bien tanceresse,
> Pleine d'yre et gengleresse. (R. de la Rose.)
>
> Pour leur joye tristesse,
> Pour leur paix *atayne*. (Mehun Codicile.)

Atené ou **Attené**. Appaisé.

> Si sont courcez ou *attenez*. (Villon.)

Athaver. Tuer ; de θάνατος, mort. D'où vient le mot de Languedoc, *ataüt*, c'est-à-dire une biere.

Athle. Qui est en langueur ; de ἄτλως.

Atincté. Bien ajusté.

> Sera aujourd'huy *atincté*
> Comme un duc, comme un conestable. (Coquillard.)
>
> Besoin sera que ie l'*attincte*,
> Comme si ce fut pour un comte. (An des sept Dames.)

Atinia. [C'est l'orme gaulois, arbre haut et touffu. En kymmryque, *Attyfu* signifie bourgeonner de nouveau. En irlandais, *Attin* a le sens de jonc épineux.]

Ator. Atour, ornement.

Atourner. Orner ; de τορεύω *orno*.

Atournez. Solliciteurs de Procès. (Ragueau.)

Atre ou **Astre**. Le foyer. (Nicot.)

Atretal. Tout de mesme. Voyez *Autretel*.

Atrobament. Invention, selon l'Histoire des Albigeois : d'où vient encore le mot de Languedoc, *atrouba*, c'est-à-dire trouver : et *Lous Troubadous*, de Provence, c'est-à-dire les Poëtes.

***Atta.** Fournaise ; d'où vient *Athanor*, four secret de Chimie.

Attedier. S'ennuyer ; de *ad* et *tædium*.

Attedier. Ennuyer ou fâcher. (Nicot.)

Attenerir. Attenuer. *Catholicum parvum.*

Attenir. Estre parent ; d'où vient le mot de Languedoc, *atagné*, c'est-à-dire, estre allié ou parent. [Ce mot a aussi le sens d'entretenir. (Beaumanoir.)]

Attiner. Irriter, provoquer. (Nicot.)

Attinter. Ajuster, parer. (Nicot.) Femme bien attintée, bien parée.

Attraire. Attirer, gagner par présent. (Nicot.)

Attrampance. Température, modestie, tempérance. (Nicot.)

Attrampement. Modération. (Monet.)

Attramper. Tempérer, moderer, gouverner. Marot, dans sa description du Temple de Cupidon, dit :

> Devant l'image Cupido
> Bruloit le Brandon de détresse
> . . . .
> Qui son ardeur jamais n'*attrampe*.

Attraïère. [Droit du seigneur haut-justicier d'*attraire* à lui un héritage vacant par deshérence. (L. C. D.)]

Au. Du.

> Au col *au* Chevalier le mis.   (*Perceval.*)

Avachir. Devenir poltron.

Avallage. Descente du vin en la cave. (Nicot.) D'où vient avaler, descendre.

Avallo. [Pomme. Ce mot *avallo*, se trouve dans beaucoup d'anciens chants bretons. En kymmryque *Afal*, signifie pomme ; *Afallon*, pommeraie. La ville d'Avalon a porté le nom d'*Abalo*.]

Avanger. Avancer. Rabelais, liv. I. ch. 32, dit : « Avec « icelles nous n'avangerons que trop à manger nos muni- « tions. » Ce mot est particulier à la Basse Normandie, à l'Anjou et au Maine, et vient du latin-barbare inusité *abantiare*.

Avanie. Affront.

Avant. Cy-après. (Vigenere.)

Aubain. Nay hors du royaume. (Ragueau.) De *advena*, estranger.

Aubeinage. [Droit de deshérence. (L. C. D.)]

Aubiliere. Selon toute apparence, une espèce de licou ou museliere, composée de cinq pièces, d'un cuir blanc comme le cuir de cheval. (Le Duchat dans ses notes sur Rabelais.)

Auber ou **Auberc**. Harnois. (Merlin ms.) V. *Hauberg*.

Auberge. Retraite ou demeure ; de *heribergium*. — **Aubergé**. Armé.

Aubergeon. (Idem.)

Aubour. Le bois blanc, ou qui n'est pas du cœur de l'arbre ; ce qui vient de *alburnum*.

Aucteurs. Vautours ; de *autour*. (Ovide ms.)

Aucunpou. Quelque peu.

Audous. En Languedoc, qui ne fait point de douleur en traitant une playe ; de α, et ὀδύνη, c'est-à-dire sans douleur.

Aveaux. J'estime que cela veut dire ayeux, de *anus*. Coquillard, au Monologue des Perruques, dit :

Rendre me faut par mes aveaux,
En quelque vieille morte-paye.

Aveille ou **Avette**. Mouche à miel. (Nicot.) Ce mot est d'usage en Touraine, et semble venir de *avicula* ou *apicula*.

Aveindre. Tirer dehors. (Nicot.) Ce mot n'est guère connu en Languedoc.

Avelets [Les enfans des enfans, *nepotes, neptes.* (Laurière, Gl. D. F.)]

***Aven** ou **Aviton.** Riviere; d'où vient ce mot *Eau*, et *Gandarum, Genabum, Aou,* riviere de Bretagne; et *Agousl,* riviere de Castres en Languedoc.

Avenages. [Sont les evenes que les sujets doivent à leur seigneur de cens, rente, ou devoir annuel, pour le pascage de leur bétail ès forêts et usages du seïgneur, ou autrement. (Laurière, Gl. D. Fr.)]

Avenc. Avec. (Merlin.)

Aver et **Avere.** Avare. Perceval, et l'Autheur du Songe du Verger s'en servent.

    De leur *avere* hypocrisie.   (*Ovide.*)

    Ne te fay tenir pour *aver :*
    Car ce te porroit moult grever.   (*Rose.*)

    Fols sont les *avers,* et les chiches.   (*Rose.*)

De-là vient le mot de Languedoc, *nousé abarre,* c'est-à-dire noix, de la coquille de laquelle on a beaucoup de peine à tirer le noyau.

Average. [Droit pour exemption de corvées de charrettes. (La Curne.)

Avers. [Cheptel. (Littleton.)]

Avertin. Défaut de veuë; de *vertigo.*

Avertin. Phrénésie. (Nicot.)

Avertineux. Phrénétique. (Nicot.)

Avesprement. Le soir.

Avesprir. Commencer à faire nuit. (Monet.)

Aveugleté. Aveuglement.

Auferrant. Voyez *Ferrant.*

Aufons. Nom propre, Alfonse. « Coustumier de
« Poiclou : Sachiez que nostre tres-chier Sires *Auflons*,
« fiuz du roy de France, Coens de Poictiers et de Tolose,
« esgardé et conficrré nostre profit. »

Aviander (s'). Se repaitre. (Nicot.)

Aviaux. J'estime que ce mot dénote les pieres des
chemins.

> Frens nes crosses vous poniaux,
> Et saillir hors de vos *aviaux*. (*R. de la Rose.*)

> Et en autres dons ensement,
> Dont tu peux faire tes *aviaux*,
> Et te déduire, se tu viaux. (*Ovide.*)

Par ce dernier il semble qu'il entend par faire les aviaux,
se réjoüir, faire la vie.

Avier quelqu'un, l'envoyer ou le mettre en voye et en
chemin. (Le Duchat dans ses notes sur Rabelais.)

Avier. Donner la vie, avier le feu, c'est-à-dire l'allumer.
(Monet.)

Avignon. Derechef, quelque chose après ; de ἀνενιών.

Aviler. Devenir à moindre prix.

> Il me semble que tout *avile*. (*Pathelin.*)

Aviler. Mépriser. (Nicot.)

Aviné. Yvre ; de ἔνοινε.

Avironné. Environné.

Avision. Vision. (Aldebrandin.)

Avison. (Idem.)

Biens **Avitins.** Du patrimoine des ayeux.

Aulchun. Aucun.

Aulnois. Un lieu complanté d'aulnes.

Aulre. Autre.

> Si je n'eusse ioüé du croc,
> Et vescu d'*aulre* que du mien,
> Par S. Jaques ie n'eusse rien. (*Pathelin.*)

Aumaille. Brebis; et mesme se prend pour d'autre bestail, et mesme pour biens.

Aumaire. Armoire. (Perceval.)

Aumoner quelqu'un, lui faire aumone.

Aumosniere et **Aumoniere.** Petite bourse ou gibessiere; comme pour tenir les aumosnes.

> Et pend au ceint une *amoniere*,
> Qui moult est pretieuse et chiere;
> Et cinq pierres y met petites,
> De rivage de mer eslites;
> Dont pucelles aux marres iouënt,
> Quand belles et rondes les trouvent.　　(*Rose.*)

Il entend en cet endroit une fonde; car les aumoniesres des bergers où ils mettent leur déjeuner, sont faites comme les fondes : on les appelle en Languedoc une *espertinierre*, du mot *esperti*, qui veut dire *le gouster*, et tous deux viennent de *vesperum*. Parfois aumosniere dénote une bourse.

> Et en l'*ausmoniere* li mit
> Unes lettres, etc.　　(*Gauvain.*)

Aumusse. Vient de *amicio*. Voyez *Chape*.

Avocassie. Art de plaider.

Avoiement. Entrée en droit chemin. (Monet.) [Aveu, déclaration. (L. J. p. 56.)]

Avoier. Mettre en chemin, s'avoyer, se mettre en route. (Nicot.)

Avoislage. C'est le profit des ruches à miel, ou le droict du seigneur, ou du roy. (Ragueau.) De *apislegium*.

Avoistre. Voyez *Avoutre*.

Avoitrée. Femme qui a fait une fausse couche. (N.)

Avoitrement. Avortement. (Nicot.)

Avoitrer. Avorter, faire une fausse couche. (Nicot.)

Avole. Ne croyant que sa folle teste; de ἀϐϵλης, sans conseil.

Avomes. Nous avons. (Perceval.)

Avorter. Haïr. (Ragueau.)

Avoutire. Adultere.

> Le tor cuida que vache fust,
> Quand vid de cuir couvert le fust :
> Ha ! quel reproche, honte ai du dire !
> O Pasiphe fit *avoutire !*　　　　　　(*Ovide.*)

Il veut dire que le taureau creut que la vache de bois couverte de cuir, dans laquelle Pasiphaé estoit, fust une véritable vache. Et Mehun, en son Codicile, dit :

> Luxure confond tout, là où elle saoultre :
> Car maint droit heritier desherite tout outre,
> Et herite à grand tort maint bastard, maint advoultre.

Avoutre. Illégitime ; de *aduller*, de *advoultre*, ostant le *d*, et prononçant *u* en *ou*, comme plusieurs Nations font. Avoistre, est la mesme chose.

Avoutrie. Adultere.

> D'assins et de faux tesmoignages,
> D'*avoultries* en mariages.　　　　(*Mathiolus.*)

> Si, com la flabe le raconte,
> Reprochoit à Minos la honte,
> La vilenie et le diffame,
> Et l'*avoutrie* de sa femme.　　(*Ovide.*)

Auques. Aussi. (Fauchet.) D'où est venu *avecques.* Habbert, au R. des sept Sages, dit :

> Une histoire *auques* ancienne.

Auqueton. Pour hocqueton. (Perceval.)

Aurilhage. [Droits sur les essaims trouvés dans la forêt. (L. C. D.)

Aurilleux. Temps aurilleux, c'est-à-dire, comme en avril.

Avron. Aveneron, fole avoine. (Monet.)

Aus. Eux.

Autel. Pareil, semblable chose.

> Si craindront qu'*autel* ne lor face.　　(*Ovide.*)

Si estoit bien d'*autel* âge
Comme samie, et d'*autel* courage.   (*R. de la Rose.*)

Autelle. Telle, semblable.

Trestout en *autelle* maniere.   (*R. de la Rose.*)

Priere est si grand chose,
le n'en sçay nulle *autelle.*   (*Mehun, Codicile.*)

Autier. Un Autel.

Auton ou **Autant.** Vent du midi. (Monet.)

Autresi. Aussi pareillement. (Perceval.)

Autretant. Autant. (Verger d'honneur.) De-là vient le mot de Languedoc, *atrestant.*

Autretel. De mesme.

A tous disoit que ses fil ere,
Autretel disoit la bregiere.   (*Ovide.*)

Auver. Avoir. (R. de la Rose.)

Auwen. En cette année.

Aux. Eux.

Auxi. Aussi.

Ax. Aux.

Axiex. Aussi. Godefrois de Leigny, dit :

Des iex, et du cuer la convoye :
Mes *axiex* fu corte la ioye.

Ayal. Ayeul.

Aye. Aide.

Aymant. Diamant.

Et tu plus durs d'un *aymant.*   (*Ovide.*)

Quoy que ce mot signifie la pierre qui attire le fer, on l'a pris pour le diamant ; et mesme quelques naturalistes lui en donnent le nom latin, l'appellans *Androdamas.*

Aziman. Aimant, pierre, en vulgaire de Languedoc.

B

Baat. Baaillement. On lit au ms. des mémoires de Paris :

> Comble d'ennuy, vuide de tóus esbats,
> Et de douleur, portant sanglots et *baats*.

Bacaudes. Voyez *Bagans*, et *Bagardæ*.

*****Bacchar**. L'herbe *asarum* ou cabaret; *megiserus*. (Dioscoride.)

Bacele. En ancien langage François, signifie Chatellenie. (Nicot.) Bacele. Voyez *Bachele*.

Bacelier. Voyez *Bachelier*.

Bacelote. Selon l'Art de Rhetorique, livre ancien. Il y a apparence que cela veut dire une jeune fille, comme qui diroit Bacheliere :

> l'ay mis mon cœur en une lourde,
> Qui est tres-belle et *bacelotte :*
> Maïs elle a la mamelotte (le tetin)
> « Aussi grosse que la cahourde » (citrouille).

*****Bachardæ et Bagaudæ**. C'estoient les paysans souslevez sous Diocletian, selon Eusebe, Cronic. a. 289. Ce qui vient du breton *Beichiad*, c'est-à-dire des Bouviers. Voyez *Bagaudæ*.

Bachelage. Apprentissage pour se rendre chevalier.

Bachele ou **Bacele**. Chatelenie ou seigneurie tenuë par un bachelier, qui n'a encore droit de chevalier ny de baniere. [Il fallait quatre *bacheles* pour former une baronnie. (La Curne, Gloss. Fr.)]

Bachelerie. Jeunesse. Le R. de Garin dit :

> Diz mil furent en la soc mesnie,
> La flor de France, et la *bachelerie*.

[Bachelerie, était uue espèce de fief nommée *baculariæ*, dans la coutume d'Anjou. (La Curne, Gloss. Fr.)]

Bachelier. On appelloit bachelier, celui qui a vaincu un homme en tournoy, pour la premiere fois qu'il s'est battu en sa vie, selon le poëte intitulé le Bachelier d'armes ; dit ainsi de *bacillus*, baston, parce qu'on leur donnoit une branche de laurier : ou bien c'est un mot abregé de *bache vallier*, comme le récite Fauchet, et se dit de tous mestiers, ou professions. Mais j'estime qu'il vient plus vray-semblablement de *baccæ lauri*, à cause du rameau de laurier qu'on leur donnoit, comme on fait encore à ceux qui passent maistre ès arts, après leur philosophie. Les anciens prenoient le mot de bachelier, pour jeune adolescent, et qui commençoit d'entrer en l'âge de virilité. Alain Chartier, Traité de l'Espérance, dit : « Mesmes entendement ce jeune et advisé bachelier. » Et le R. de Monseigneur Thiebault de Mallli, en la description du Jugement Général, auquel nous ressuscilerons tous en la forme d'une plaine adolescence, contient ces vers :

> Tous seront d'un aage,
> *Bacheler* et leger.
>
> A Montagu en fet morant aler,
> A bien LX. qui tui son *bacheler*,
> Por le Chastel et la Ville garder.　　*(Garin.)*

Bachevaleureux. Chevaleureux, c'est-à-dire guerrièr. (Froissart.)

Bachinon. Une tasse de bois ; d'où vient bassin.

Bacinets. Sortes d'armes anciennes, selon Monstrelet : « Y avoit six bannieres, et deux cens bacinets, six cens « bibaux, ou petaux. » Au mesme, vol. I. chap. 79, on lit : « L'archevêque de Sens, en lieu de mitre portoit un « bacinet, pour dalmatique un haubergeon, pour chasuble « la piece d'acier, et en lieu de croce une hache. » Fauchet dit que ces bacinets sont des chapeaux de fer (et non un escu, comme d'autres ont dit), assez legers, que portoient les soldats, qu'on appelloit de ce nom, à cause de cela ; comme nous disons parfois, ils estoient cent cuirasses, pour cent hommes armez de cuirasse.

Baciquoter. Tromper. (R. de la Rose.)

Back et Beker. Vaisseau à boire. (Pontanus.)

Bacler. Fermer derriere avec un baston ; et vient de *baculus*.

Bacon. Poisson salé ; ou du lard, selon Ménage. J'estime que ce mot s'employe à tout ce qui est séchée à la fumée, qu'on appelle aussi *boucané*.

Baculer. Battre ; de *baculus*, baston.

Badée ou **Bée**. Gueule béante. (Monet.)

Badelaire. Turquois. C'est une espée courbe, ou cimeterre, selon Nicolas Gilles, et Froissart.

Bader ou **Béer**. Avoir la gueule béante. (Monet.)

Baer. Ouvrir la bouche. Gilles de Viez-Maisons, poëte ancien, dit :

> Je ne voy point comment on peut *baer*,
> Ne atendre à plus haut musardie.

Baffrai. Voyez *Beffroi*, c'est-à-dire eschauguete.

Bagans. Bergers en Gascon. Fauchet dit que ce sont des païsans du temps d'Elian, dits *Bagaudes* ou *Bacaudes*, *à castro Bagaudorum*, qui se rebellerent contre leur prince.

***Bagarda**. Sorte de soldats anciens (selon Bochart.) Voyez *Bagans*.

Bagardæ. Voyez *Bachardæ*.

Bagoages. [Ce sont Maletoltes. (Laur., Gl. D. Fr.)]

Bague. Joyeuse, agréable. Marot, au Dialogue des deux Amoureux, fait dire à un des amoureux :

> Elle est par le corps bien plus dure,
> Que n'est le pommeau d'une dague.

L'autre répond :

> C'est signe qu'elle est bonne *bague*, etc.

Et dans sa premiere Epistre du Coq-à-l'âne :

> Oultre plus une femme éthique,
> Ne sçauroit être bonne *bague*.

Il entend ici qu'une femme éthique est un fort méchant

meuble ; ainsi que dans son Epistre au roy pour avoir esté
dérobé :

> L'estomach sec, le ventre plat et vague,
> Quand tout est dit, aussi mauvaise *bague*
> (Où peu s'en fault), que femme de Paris, etc.

Baguenaude. Ancienne sorte de poësie toute mascu
line, dont la rime estoit mauvaise. (Pasquier.)

Bailé. Voyez *Bals*.

Baillage. [C'est l'étenduë de la jurisdiction et du
ressort du bailli. Baillage, ainsi que Coquille l'a remarqué
sur l'art. 25. du chap. i. de la coûtume du Nivernois.]

Les **Bailles** de murs, c'est-à-dire les cortines. (Villehardoüin.)

Bailles. Barricades, selon Froissart : « Il fit charpenter
« des bailles, et les asseoit au travers de la ruë. » Ou bien
il entend simplement des barrieres, et palissades, comme
il le semble par cet autre passage du mesme autheur :
« Il fut pris entre bailles, et la porte. » Or on avoit
acoustumé de faire une palissade au de-là de la porte de
la ville ; et encore on le pratique ès petits lieux.

Baillet. Paillet, couleur de paille. (Monet.)

Baillette. [Bail à fief nouveau consenti par un
seigneur. (Laurière, Gl. Fr.)]

Bailli. Voyez *Baillif* et *Bajule*. C'est la charge de
seneschal d'à présent. Or ce mot de *Bailli* vient de βɛλή,
conseil.

Baillie et **Mal-Baillie.** Mal renommée. (Perceval.)
Et selon Fauchet, mal-baille, c'est-à-dire, qui s'est mal
gouverné. — Baillie. Puissance. Ovide ms. où Ajax dit à
Ulysse, touchant les armes d'Achille qu'il disputoit avec
lui :

> Ja tant com'jaye ou corps la vie,
> N'auras des armes la *baillie*,
> Moies seront et doivent estre.

Et Thibault de Champagne, selon Pasquier, dit :

> Autre chose ne m'a amour mery,
> De tant que i'ay esté en sa *baillie*.

Donc *baillie* veut dire domination, régence, garde, puissance, gouvernement et authorité.

> Pieça fut morte, ou mal sortie,
> Selle ne fut en ma *baillie*.　　(Rosc.)

Baillistre. [Ascendants qui ont la garde des mineurs. (L. C. D.)]

Bailliveaux. Rejettons des forests ; de *bacili*, petits bastons ou verges, comme nous avons dit sur le mot *Bachelier*. On les appelle aussi des *étalons*, et des *lais*, de l'âge d'une ou de deux coupes, c'est-à-dire, laissé depuis deux coupes d'un taillis.

Baine. [Droit sur le poisson. (La Curne, Gloss. Fr.)]

Baioniers. Arbalestriers, (selon la Cronique de Flandres) ; parce qu'à mon advis, on faisoit de meilleures arbalestes à Bayonne qu'ailleurs ; comme à present on y fait de meilleures dagues, qu'on appelle des bayonnettes, ou des bayonnes simplement. Ainsi le nom des pistoles et pistolets, prirent nom de la ville de Pistoye.

Baiser le verroul, [la serrure de l'huis, ou la porte du fief dominant (Auxerre art. 44), est un signe de l'homage que le vassal fait à son seigneur feudal au manoir du fief dominant, en l'absence du seigneur, en lieu de la bouche et des mains que le seigneur presente à son vassal en recevant serment de fidelité. (Laurière, Gloss. D. Fr.)]

Baisselete. Servante ou fille : et *bassier*, c'est-à-dire, jeune enfant.

Baiule. Gouverneur ; d'où vient le mot de Bailly, (selon Fauchet), qui veut aussi dire garde, et administrateur, (selon Loiseau, Guy de Varvich.)

> —————— Cœur failly,
> Qui de tout duel est Bailly.　　(R. *de la Rose*.)

Bakkar ou **Bakchar.** [Digitale pourprée, plante. Ce mot est gaulois. En Irlandais, *Bachar* désigne la même plante.]

Balade. Epigrame ancien tout d'une cadance.

Baladeur. Baladin, danseur.

Balatron. Gourmant. (Satyres Chrétiennes.)

Balbutier. Bégayer.

Balcanifer. Portant l'estendart des Templiers.

Baldechinum. Drap fait de fil d'or et de soye.

Balé. Galerie ; d'où vient qu'on appelle en Languedoc un *balé*, une sortie ou avance, comme un balcon.

> Elle est dehors araonnée
> D'un *balé* qui vet tout en tour ;
> S'il qu'entre li *balé* et la tour
> Sont li rosiers espés planté,
> Où il ot roses à planté.   (*R. de la Rose.*)

Baleries. Danses. Voyez *Citoles*.

Baleures. J'estime que ce mot dénote les jouës, ou machoires. Froissart dit : « Perçoient bras, testes et « *baleures*. » Il est cependant plus vray-semblable que cela signifioit le tour de la bouche. Lancelot du Lac, vol. 2 dit : « Lors getta au Geant ung entredeux, si amere- « ment qu'il lui coupa le nez et toute la beaulierre, en « telle maniere que les dents lui paroissoient de tous « côtez et dessus et dessoulz. »

Baligaut. Maussade, impertinent. (Monet.)

Baliser. Décombrer un passage, le nettoyer, le rendre pratiquable. (Monet.) — BALISER. Planter des enseignes, des marques sur les bords d'un dangereux passage d'eau, pour enseigner la route aux navigeurs. (Monet.)

Balises. Marques, enseignes, poteaux, pour indiquer la route aux passans. (Idem.)

Balissage. [Droit seigneurial. (La Curne, Gloss. Fr.)]

Baliste. Grande machine, ou pièce de bois balancée, en sorte que le plus gros bout tire à bas par un contre-poids, qui faisoit lancer par l'autre de très-grosses pierres. (Munster.) D'autres l'appellent un Mangonel.

Baloyer. Voyez *Oriflamme*.

Bals. Joyeux. Voyez *Baus*.

Bals de l'Empire, vice-empereur, lieutenant. (Villehardoüin.) D'où vient Bailé, et Bailli, c'est-à-dire, lieutenant du juge. *Baus* dénote la mesme chose que *Bals*.

Baltée. Baudrier, (selon le vieux autheur de la Nef des folles.)

Bamlevir. Blesmir, devenir pasle.

Ban. Conseil de gens de guerre. (Item), appel et semonce qui est faite par le roy à la noblesse, de venir à guerre, et cry public ; d'où vient bannir. Voyez *Herisban*. Il vient de πᾶν.

Banage. [Droit du seigneur sur la vente du vin. (C. G.)]

Banarban. Charrois, etc. que les vasseaux sont tenus de faire pour leur seigneur.

Banars. Gardes des fruits : en Languedoc on les appelle *Bandiers*.

Bancloche. Alarme sonnée par la cloche. (Froissart.)

Bandée. [Ban de vendange. (Laurière, Gloss. D. Fr.)]

Bandes. C'estoient des soldats qui portoient des bandes ; d'où vient qu'on dit encore de vieilles bandes, pour de vieilles troupes de soldats.

Banderole. Voyez *Bannerolle*.

Bandon. Licence, permission. (Nicot.) Voyez *Landon*.

Bandouilliers. Ce sont des voleurs du païs de Foix, et des Monts Pyrennées ; dits ainsi de ce qu'ils vont en bande : ou selon quelques-uns, comme qui diroit, ban de voliers. De-là est venu le nom de la Bandouliere de nos Mousquetaires qui les ont imitez en cela.

Banie. Banage, banalité, droit de ban : de-là vient aussi four banal, où on se rend au son du cor, ou autre cry.

Banié. Abandonné.

Baniere. C'est-à-dire, aussi commune. Le Codicile de Jean de Mehun, dit :

Mort est à tous commune, mort est à toùs *banniere*.

Banissement. Proclamation ; et *bannir*, proclamer. (Perceval.) Voyez *Ban*.

Banlèvres. Les lévres. Voyez *Hurichez*.

Banlieu. Dite de *Bannileuga*, est la juridiction d'un lieu, comprenant le païs auquel elle s'estend.

Bannerct. Gentilhommo de marque, ayant droit à la banniere, ou de lever banniere, cornette, estendart, ou compagnie de soldats; c'est aussi le porte-enseigne.

Bannerolle ou **Banderole**. Pétite banniere.

Bannier. Trompette, et avertisseur public ; celui qui crie publiquement quelque chose. Guillaume Guiart, qui vivoit sous Philippe le Bel, dit :

Pour le *Bannier* qui en l'Ost crie,
Que tout homme de sa patrie
Face tant commant qu'il la tranche,
Qu'il soit seigniez d'escherpe blanche,
Pour estre au ferir Couens.

[Ce mot, dans les anciennes coutùmes, signifie : Qui a droit de banalité; sujet à la banalité ; commun. (Laurière, Gloss. D. Fr.)]

Banniere. Enseigne à laquelle on se doit ranger au ban ou cry public ; de *Banier*, c'est-à-dire, commun. Voyez *Baniere* et *Gontfanon*.

BANNIERE de France, ou cornette blanche, differente de l'oriflamme ; car c'estoient une banniere semée de fleurs de lys. Ce mot est dit, selon quelques-uns, par corruption de *panniere*, et de *pannus*, c'est-à-dire, drap, parce qu'on les faisoit de drap au commencement ; mais je croy qu'il vient de *ban*, cry public.

Les bannieres des barons et capitaines particuliers estoient les pans, pennons, ou pannonceaux, morceaux d'estoffes, dits ainsi de *pannus*. Le fanon gonfanon se mettoit au bout des lances des rois, et des particuliers.

BANNIERE de S. Denis, appellée oriflamme, est la seconde

sorte d'estendart dont on s'est servi anciennement dans les armes des rois de France. Voyez *Oriflamme*.

Le troisiesme estendart très-ancien estoit la croix blanche, ou autre cornette parsemée de fleurs de lys, appelée Banniere de France, à laquelle a succédé la cornette blanche. Celle-ci estoit portée ordinairement ès armées ; mais l'oriflamme n'y estoit portée qu'ès grandes nécessitez. Par fois on les y portoit toutes deux, comme à la bataille de Bovines, où l'un estoit appellée « signum Regale », et l'autre, « Souveraine Banniere du roy. » Celle-cy fut portée par Gilles de Montigny, à la bataille de Bovines. Guill. le Breton l'asseure.

> Galon de Montigny porta,
> Ou la cronique faux m'enseigne,
> De fin azur luisant l'enseigne,
> A fleurs de lys d'or aornée,
> Près du roy fut celle jornée,
> A l'endroit du riche estendard.   (*Guiart.*)

Villehardoüin, liv. 4, dit : « Quand le tyran Murzufle ut « deconfit, l'estendard royal fut pris avec une banniere « qu'il faisoit porter devant luy, en laquelle estoit repré- « sentée une image de Nostre-Dame qu'il avoit en grand « respect. » Cela fait voir la figure qui y estoit représentée.

> A la fenestre derreniere,
> Du roy de France la *banniere*
> A fleurs de lys bien apertes,
> Par les villes maisons ouvertes.   (*Guiart.*)

Ost **Banny.** Armée de vasseaux appellez pour aller à la guerre, ou se trouver au lieu assigné.

Molin **Banquier.** [Quand les sujets sont tenus de cuire, moudre ou pressurer, au four, molin ou pressoir de leur seigneur, lequel les y fait appeller à cor et à cry. (Laurière, Gloss. D. Fr.)]

Baptoyer. Baptiser, (selon Jean de Mehun en son Testament.)

Bar. Barbeau ; d'où vient qu'on parle ès armoiries des bars adossez.

***Bara.** Pain, (selon Bochart, en son docte Phaleg), comme aussi champ, et région.

***Baracacæ.** Peaux de bouc : et ce mot vient de *berach* ou *barcha*, c'est-à-dire, bouc en langue Syriaque ; d'où vient aussi le desert de Barca, qu'on ne peut passer sans porter sa provision d'eau à cause de son aridité, et on porte l'eau en ce païs-là dans des peaux de bouc : de-là encore pourroit venir le nom d'un Dieu des Indiens, qu'ils appellent *Biracoca*.

Barage. Droict domanial qui se leve à Paris et ailleurs ; dit ainsi à cause de la barre qu'on met sur le chemin, (selon Ménage.)
C'est aussi (selon Rabelais), une espece de dixme ou droit qu'ont les moines mandiants de subsister aux dépens du public, en se faisant donner leur part de tout ce qui se consume dans les lieux où ils sont.

Barakakai. [Mot gaulois qui signifie peau de chèvre. En irlandais *Barrchas*, poils crépus.]

Barat. Calomnie, tromperie, et mensonge, (selon Ragueau.) [Barat est expliqué par litige, controverse, dans le Grand Coutumier de France p. 343.]

Barate. Bruit, comme *Barat*.

Barateaulx. Trompeur.

Barater. Tromper. (Pasquier.)

> Et loix apprennent tricherie,
> *Baratent* le siecle, et engignent ;
> Ils ne compassent pas, ne lignent
> Leur vivre si comme ils devroient,
> Et com'ils es escrits le voyent. (*Bible Guyot*.)

Baratre. Lieu inaccessible ; dit ainsi du grec βάρατρον.

Baratresse. Trompeuse. (Voyez *Ardure*, et *Tollir*.

Barbacane. Voyez *Poncel*.

Barbaude. Cervoise, biere. (Monet.)

Barbaudier. Brasseur. (Idem.)

Barbe. Oncle, ou personne establie pour la conduite des autres, pour ce qui regarde le salut : c'est pourquoi on appelle *Barbes*, les pasteurs des églises des valées d'Angroigne et de Pragela, qui sont les restes des Albigeois et anciens Vaudois, selon Perrin en leur histoire. — Barbe d'Aaron. C'est une herbe que les Latins appellent *arum*, (selon le Jardin de Santé.)

Barbelote. C'est un insecte qui se tient dans les fontaines. (R. de la Rose.)

Barbocane, Barbacane ou **Barbecane.** C'est une défense et couverture de bois, faite contre les ennemis. Le R. de Perceval, parlant d'un lieu mal remparé, dit :

> Ne mur, ne *barbocane* faite.

C'est aussi un creneau, (selon Vigenere.) Mais j'estime que c'est un parapet de bois crenelé, afin d'estre à couvert en tirant les flèches.

Barbotine. Absinthe de mer, (selon l'Espleigney) : ce qui vient du mot *abrotanum*, transposé.

Barbute. Homme d'armes ; dit ainsi, à cause d'un habillement de teste ayant mentonniere.

***Bard.** Poëte, chantre, historien faiseur de généalogies. Ces bardes chantoient les faits des héros, et estoient differens des druydes.

***Bardac** ou **Bardal.** Une allouette, (selon Turnebe et Bochart.)

Bardcan. Barracan. (Monet.)

Bardd. [Chanteur gaulois. En kymmryque, *Bardd*, poëte ; en cornique, *Barth*, musicien ; en armoricain, *Barz*, poëte.]

Barde. Signifie aussi homme fort, ou fils ; du mot Syriaque *bar*.

***Bardes,** parmy les anciens Gaulois, estoient les chantres et poëtes, ou faiseurs de romans, qui chantoient les louanges des heros, comme les Chanterres. (Voyez le mot *Roman.*) Or ce mot vient de l'Hebrieu *parat*, c'est-à-dire, chanter, (selon Bochart.)

Bardiac et **Bardocucul.** Habit des Xaintongeois,

qui couvre la teste et le corps, (selon Faucher.) C'est ce que nous appelons une cape, dont on use fort en Bearn.

***Bardiacus et Bardo.** Crestes de coq, (selon Bochart, en son docte Phaleg.)

***Bardoculles.** Manteau des anciens Bardes, (selon le grand Atlas) : d'où vient *une barde* et *barder*.

Bardou. Lourdaut; de βαρδὺς, c'est-à-dire lent.

Bards. Sorte de chiens, que Fouilloux, en sa Venerie, appelle Greffiers.

Bardus. « Druidis filius, Musicæ et Carminum inventor « apud Gallos. »

Bareter. Tromper, comme barater. Bareté, trompé. Barretières, trompeur.

Barge. C'est-à-dire barque ou esquif, (selon Perceval et Froissart.) Voyez *Gloute.* — Barge. Fosse à recevoir les goutieres des couvertures. (Monet.) Debarger une fosse, c'est en abattre les bords.

Bargnage. Voyez *Barnage.*

Barguigner. Chicaner. (Pasquier. Huon de Mery.)

Barillage. [Droit sur les barriques à mettre le vin. (La Curne, Gloss. Fr.)]

Bariquelle. Nasselle. (Monet.)

Barisel. Capitaine de Sergents.

Baritoniser. Chanter, selon un livre ancien, intitulé l'Art de Rhetorique, qui dit :

> Pan oncques mieux ne *baritonisa,*
> Diapason au son de ses musetes :
> Pithagoras oncques n'organisa
> Diapante, de si douces busetes.

Barlanc. Le jeu du Berlanc, (selon Villon, poëte ancien.)

Barlang ou **Berlong.** Quarré long.

Barlon. Plus long d'un côté que de l'autre. (Nicot.)

Barnage ou **Bargnage**. Baronage, ou corps de la noblesse. Voyez *Baron*.

> Si fit sa pleinté à son *Bargnage*.   (*Perceval*.)

Et ailleurs :

> Li rois si demande à son *Bargnage*,
> Pour conseil guerre qu'il feroit.   (*Id.*)

Voyez aussi *Vassal*.

Barnage ou **Bornage**. Bagage, hardes de voyage. (Monet.) Voyez *Bernage*.

Barnez. Noblesse, (selon Fauchet.) Le R. de Renaud de Montauban, dit :

> Ie vous donray un fief, voyant tout mon *Barnez*,
> Chamberlan de ma chambre tousiours mes en ferez.

Et Ovide ms. commenté et moralisé, in-fol. parlant des Grecs qui vont au siege de Troye, dit :

> Mouvoir ne veulent iusqu'à tant
> Que tous li *barnez* sont venus.

Barno. Fils libre.

Baron. Haut-seigneur, qui vient du vieux mot *ber*, ou *bers*, dénotant la mesme chose ; d'où vient *Bernage*, *Barnage*, et *Fief de haut Ber*. Le Jugement d'Amour s'en sert, lors qu'il dit :

> De courtoisie, et de Bernage.

Parfois pourtant, baron veut dire un homme du commun, venant du langage gothique, selon quelques-uns : mais tout homme noble estoit baron, (selon Ragueau, Villehardoüin et la vieille Cronique de Flandres.) On dérive de-là le mot latin *patronus*. Les autres font venir ce mot *baro*, de *barrus*, Elephant, à cause que les barons sont ceux qui ont du pouvoir. Mais sa veritable origine est de l'Espagnol *varo*, c'est-à-dire un jeune homme vigoureux, vaillant, et noble : et je trouve que c'est ainsi qu'il a esté pris dans les vieux romans, comme aussi pour homme, et pour mary.

> Si me recevez à *Baron*.   (*Ovide*.)

Et ailleurs :

> Penelope tel duel demaine,
> Pour son *Baron* qui l'en emmaine.

Et l'histoire des Albigeois : « Una ceascuna mollerage le seo Baron. »

Ce qui semble estre demeuré à nos païsans de Languedoc, qui sont appellez *Seigné* par leurs femmes, c'est-à-dire Seigneur ; ce qui vaut autant que Baron : de-là vient aussi le mot Moscovite, *Boiaron*, c'est-à-dire, Noble ; si au contraire les susdits ne viennent de luy.

Barquerole. Barquette, petite barque. (Monet.)

Barquerot. Batelier de barque, ou d'autre vaisseau. (Monet.)

Barrendeguy. [Bois clos et fermé où le bétail ne peut entrer au temps du glandage. (C. G. II p. 723.)]

Barres. Se prend au plurier pour exceptions et défenses, par lesquelles on s'eschape de la demande. (Nicot.) Les Notaires au pays de la Normandie usoient anciennement de ceste close ès contracts qu'ils passoient : « Renonceront chacun pour soi à toutes actions, « exceptions, barres, et défenses, etc. »

Barret. Voyez *Birret*.

Barrez. Il y a eu des Carmes, ou plustost des Religieux de S. Jean, appellez *Fratres Barati*, ou *Clatrati*. J'en ay parlé dans mes Antiquitez de Castres, à la page 28. du 1. livre, et à la page 7. du 2. livre, et marqué qu'il y en avoit un Couvent près de Castres, au lieu appelé la *Barradiere*, à cause d'eux. Guillaume de Villeneuve dit :

> De pain aux sacs, pain aux *barrez*
> Aux poures prisons enserrez ;

C'est-à-dire, prisonniers enserrez.

J'en ay aussi parlé au long dans la suite des sus-dites Antiquitez, que j'ay preste à mettre au jour. Ils ont eu ce nom, selon quelques-uns, pour avoir eu des habits bigarrez et barrez de couleur ; d'où vient qu'on appelle barret, un bonnet d'enfant, qui est couvert de diverses passements, ou fait à bandes ; ou bien des barreaux de leurs grilles, parce qu'ils estoient Reclus : et cette derniere opinion semble la meilleure à quelques-uns, parce qu'elle convient aussi à leur autre nom de *clathrati*, parce que *clathrum* est une grille, ou chassis. Mais Pasquier conserve pourtant l'autre, disant que les Carmes avoient jadis des habits bigarrez ou barrez de blanc et de noir : ce qui sont les habits appellez *Virgatæ vestes* ; d'où vient ce mot *bigarrer* et *barrer*, par sincope. Et mesme je trouve que les gens d'Eglise portoient la pluspart de ces habits, et l'ay déjà remarqué en un endroit de ce Livre où j'ay parlé du portrait d'un Abbé, qui est chez M. Conrard Secrétaire du Roy, qui est ainsi party de noir et de rouge jusqu'au bonnet, comme le sont encore les Eschevins et Consuls de diverses Villes de ce Royaume ; et je l'ay confirmé ailleurs par ces deux Vers anciens :

> Li Chaperons partis, longue robe vergie,
> Sont li aornement dont bobande Clergie.

Mais au Concile de Vienne tenu sous Clement V. il fut défendus aux Clercs Tonsurez de porter habits de deux couleurs ; et l'article de ce Concile les appelle *Vestes virgatas*. Je trouve encore que les Sergens anciens portoient des manteaux bigarrez, sans lesquels ils ne pouvoient exploiter, selon Pasquier. Et les Bourreaux mesmes de l'Albigeois sont vêtus de cette sorte ; comme si on avoit voulu leur donner un habit déja aboli et hors de l'usage des hommes : et je ne sçay si leur nom n'en vient point ; et si comme on appelloit les premiers, *Barrez*, on ne les auroit pas appellez *Bourreaux*, changeant l'*a* en *o*, comme on fait en Quercy et ailleurs, où pour dire un enfant, ils disent un enfon, etc.

Il est à noter que les Carmes susdits, dits ainsi du Mont-Carmel, furent obligez de bigarrer ainsi leurs habits, par les Turcs, ou de quitter ce Mont où ils ont commencé, parce que le blanc est une couleur qu'ils portoient, qu'il n'est permis de porter qu'aux Princes de ce païs-là.

Barroyer, Barroyements. [En la Somme rurale, ce sont les induces et delais que les parties litigantes prennent pour proceder en la cause, ou pour l'instruction d'icelle.]

Bascauda. Panier. *Bascade*, c'est-à-dire corbeille, dite en Anglois *basket*. (Martial lib. 14 Epig. 99.) [Mot gaulois : vase de cuvette. En gaélique écossais, *Baskaid* signifie panier, corbeille.]

Baschin. Bassin.

Basme. Baume. (Jean de Mehun Continuateur du R. de la Rose.) Guillaume de Lorris dit de lui :

> Dont le tombeau ne sent que *basme*.

Basoche. De *Basilica* ; c'est-à-dire, Palais Royal. Les Praticiens font encore tous les ans un Roy de la Basoche, ayant retenu cette coustume ancienne, à cause qu'ils se divertissent en le créant.

Basquine, Verdugale, ou Hocheplis. C'estoit une robe fort ample qui se tenoit ouverte et estendue au moyen d'un cercle. *Vasquine*, est aussi ce que les Damoiselles vestent entre la chemise et la cotte.

Basquiner. Ensorceler ; de βασκαίνω, qui signifie la mesme chose : ce qui semble venir de Vascons, ou Basques, où on asseure y avoir eu tousiours beaucoup de Sorciers.

Basse. La base du pilier, ou pied d'estail.

Basse-noise. Façon de parler bas. (Nicot.) « Il lui dit en basse-noise » ; il lui parla tout bas.

Basseur. Bassesse, humilité. (Nicot).

Bassier. Pupile, selon Monfaucon, ancien poëte :

> L'aage isnel court, va volant mainte parts ;
> De *bassier* qu'il estoit, il est devenu gars.

Bassouer. Faufiler, bâtir, coudre à grands points. Rabelais, liv. 1. chap. 2, dit :

> Et pourroit-on à fil de poulcmart,
> Tout *bassouer* le maguasin d'abus.

Ce verbe a esté fait apparemment de ces deux mots Espagnols, *basta*, faufilure, et *saga*, corde ; *bassogar*, bassouer.

Bastage. [C'est le devoir que le Seigneur peager prend d'un cheval basté sans charge, ou chargé, pour raison du bast, outre le peage, pour raison de la marchandise. (Laurière, Gl. D. F.)]

Bastardiere. Pepiniere, ou petit espace de terre

labourée, où l'on éleve des Plantes, jusqu'au tems de pouvoir les transplanter. (Nicot.)

Baste. Fourberie, tromperie, souplesse. (Nicot.)

Bastille ou **Bastide.** Fort ou Chasteau, (selon Froissart et Allain Chartier. Ce sont aussi des Redoutes de bois, en forme de Tours, qu'on faisoit construire devant les Villes qu'on assiégeoit pour les dominer. Il y a à cause de cela plusieurs lieux, en Languedoc, appellez la Bastide. Voyez *Lé*.

Tour du **Baston.** C'est-à-dire du bas ton ; parce qu'on promet tout bas, et dit à l'oreille à celuy avec qui on traite, que s'il fait reüssir l'affaire, il y aura quelque chose pour luy au de-là de ses pretensions. — Baston. Espée, arquebuse ; en un mot toutes sortes d'armes d'escrime. De-là vient que pour distinguer les espées d'avec les arquebuses, les fusils et les pistolets ; les Ordonnances de France appellent ces derniers des bastons à feu.

Basy. Mort, selon la Farce de Pathelin. On appelle encore en Languedoc un *bas*, une fosse ou tombe.

Batable. Que l'on peut battre. Ville batable, qu'on peut battre d'artillerie. (Nicot.) On appelle homme batable, un querelleur, parce que ses querelles lui attirent souvent des coups.

Bataillieres. Vaillant, venant de batailler, c'est-à-dire, combattre : et celuy-cy de *batuere*, c'est-à-dire, s'escrimer avec un baston, (selon Fauchet.)

Bataillereusement. En bien combattant. (Ovide ms.) Et *bataillereux*, c'est-à-dire, bon soldat.

Mes **Batant.** A grand'course.

Batardaille. Race de bâtards, de fils naturel, de concubine. (Monet.)

Bateillesches. [Ville qui n'avait point droit de commune et qui n'avait ni maire ni échevins. (Beaum. C. B.)]

Batel. Bateau. (Perceval.)

Rhetorique **Batelée.** Sorte de Vers anciens, dont Jean

Molinet est Inventeur, selon un vieux Livre appellé « l'Art de Rhetorique. »

Batillé. C'est-à-dire, bastillé et bastionné. V. *Artiller*.

Bau. Largeur, ouverture en parlant d'un navire. (Nicot.) Un Navire de tant de piés de *bau*, c'est-à-dire, qui a tant de piés de largeur et d'ouverture.

Bau. Baus de l'Empire, c'est-à-dire, establis pour commander à l'Empire, (selon Villehardouin.)

Bauboyer. Bégayer, (selon Alain Chartier), dans son Traité de l'Espérance : « Et faisoit sa langue bauboyer. »

Baube. Begue; du mot Latin *balbus*; à cause de quoy on trouve en de vieilles Croniques ces mots : « Louis le Baube, avant Charles le Simple. »

***Baucades.** C'estoit une sorte de mutins Gaulois, qui s'estoient eslevez sous Diocletian.

Baucale. Vaisseau à rafraichir; d'où vient bocal, et brocal, dit ainsi du Grec βαυκάλις.

Baucent. C'est une sorte de cheval. Voyez *Quastele*.

> Sor un beau destrier *Beaucent*.   (*Perceval*).
>
> Sor un *Beaucent* de Cornoüaille.   (*Gauvain*.)
>
> Sor palefroy *Beaucent*, et sor, etc.   (*Idem*.)

Bauche. Assise, couche, en parlant des murailles. (Nicot.) D'où viennent ces mots embaucher, et débaucher.

Baude ou **Baulde.** Hautain, fier, (selon le R. de la Rose.) Voyez *Ribauds*, et *Saffre*. Au Livre dit de la Diablerie, on lit :

> Leurs filles se trouverent *baudes*,
> Putes, paillardes et ribaudes.

Ou riant, selon Villon :

> Portant chere hardie et *baude*.

Baudement. Gaillardement, gayement, bravement. Rabelais, liv. I. chap. 4. dit : « Tant baudement que « c'estoit passe-tems celeste les voir ainsi soi rigouller. »

Et dans l'Histoire du Duc de Bretagne Jean IV. de Dom Guy-Alexis Lobineau, tome 2. page 703, on lit :

> Quand Jehan se fust avisé,
> Et refraichi, et repousé,
> Si se leva moult *baudement*
> Et fist crier, etc.

Bauderie. Joye, et *baux*, joyeux, selon Duchesne, en ses notes sur Alain Chartier. Le R. de Charité dit :

> Prestre se tu pour ta Presterie
> Es baus, bien pues par *bauderie*,
> En plour tourner ton Chantuaire.

Baudet. Un asne.

Baudir ou **Esbaudir.** Réjoüir. (Nicot.)

Baudrier, dit *brugne* ou *hauber*, est une courroye large pour pendre l'espée, et vient de *Baudroyeur*, qui est un homme qui endurcit le cuir, le maniant. Voyez *Brugne*.

Baudroyer. Courroyer, préparer les cuirs. (Monet.)

Baudroyeur. Courroyeur. (Idem.)

Bave. Moquerie. Coquillart dit :

> Nous devisasmes là de *baves*.

Et Villon, ès Repeuës Franches, dit :

> Qui sçavez si bien les manieres,
> En disant mainte bonne *bave*,
> D'avoir le meilleur de la cave.

Baver. Se moquer, faire des folies, des sotises, balbuter. (Nicot.)

Baverie. Moquerie. *Badverie*, niaiserie. (Nicot.)

Bavernes. Moquerie ; de *baver*.

Baufrer. Manger avidement. (Monet, Nicot.)

Baufreur. Glouton. (Idem, Nicot.)

Bauleries ou **Baulierres.** Voyez *Balerres*.

Baus, Bals ou **Bault.** Voyez *Bauderie*, selon le R. de la Rose, c'est-à-dire, joyeux :

> Je fu liez, *baux*, et ioyanx.

Baut. Baille. Perceval dit :

> Voire voir, Sire commandéz,
> Fet Gauvain, Sire qu'on me *baut*
> Mes armes, se Iesus me faut.

Bay. Fauve, venant de *Phœus ;* et celuy-cy de φαίος.

Bayard. Spectateur, avide, attentif. (Nicot).

Bayarde. Spectatrice, attentive. (Nicot.)

Bazoche. De βαζολέω, je parle. Voyez *Basoche.*

Beance. Félicité, (selon le R. de la Rose); de *beatus,* c'est-à-dire heureux.

Beante. Bonté. Voyez *Séance.*

Bec de fleuve. Un Conflan. (Monet.)

*Bec et Beccum. Un bec de coq, et autrefois signifioit un fils de Tolose. (Vitell. 18.)

*Becco. Herbe dite *rostrum avis,* (selon le grand Atlas.)

*Beccus. Bec, en vieux Gaulois; d'où vient le mot de *bégue, béquer, rebéquer :* et le mot de Montauban, *bécudels,* pour dire des pois chiches, à cause qu'ils ont une pointe comme un bec.

Bechu. Qui a le nez long, ou aquilin.

Becquerelles. Brocards, selon les Rebours de Mathiolus :

> Puis il parle des maquerelles,
> Des barats, et des *bequerelles,*

Bedaine. C'est un gros ventre. Or ce mot vient de *bedon,* qui veut dire un tambour, ou cloche. V. *Dondaine.*

Jetter **Bedaines,** c'est-à-dire, des boulets : c'estoient certains instruments de guerre gros et courts, appellez

Bedaines et Bebondaines : d'où est venu le terme de grosse dondon, et de bedaine, pour ventre. S. Amant dit :

> A vous qu'avecques ma *bedaine*,
> A cloche-pied ie sauterois.

Bedeau. C'est une maniere d'Huissiers ès Colleges, qui font faire place avec une verge, dits ainsi de l'Hebrieu *badal*, c'est-à-dire séparer, d'où vient aussi le mot *baailler*, car on l'a conservé encore en Languedoc, où on dit un *badal*, pour dire un baaillement. Or en cette action les lévres se séparent extraordinairement ; voire tellement, qu'on en a veu plusieurs qui se sont disloqué les machoires, qu'il a fallu leur remettre par aide des Chirurgiens.

Bedeaux. Signifient aussi des bas Sergens à Masse ou à Verge, (selon Ragueau.) Quelques-uns font venir ce mot de *Bideaux*, sorte de païsans.

Bedegar. C'est l'espine blanche, (selon le Jardin de Santé) : et selon les Modernes, c'est une esponge qui se trouve sur l'esglantier ou rosier sauvage, qui est fort propre aux dissenteries : on l'appelle rose de *Bedegar*. On l'appelle en Languedoc, un *Garrabié* : et on a là un quolibet où on appelle ceux qui n'aiment personne, amoureux comme un *Garrabié* ; à cause que c'est un abrisseau fort épineux et peu aimable ; ou s'il s'attache aux choses, c'est pour leur faire du mal. Et pour cette mesme raison, on a appellé le *Rubia*, plante épineuse qui s'attache aux habits, φιλάνθρωπος.

Bedier. Sot. (Henry Estienne en l'Apologie pour Hérodote.)

Bedon. Sorte de cloche, ou plustost de tambour, (selon Jean le Maire.)

> Leurs cloches, *bedons*, menestriers.   (*Coquillart.*)

Et ailleurs, il nomme les tambours, tabourins ; et semble entendre un haubois, par le mot de *bedon*.

Bedondaine. Voyez *Bedaine*.

Bedoner. Battre du tambour. (Nicot.)

Bedouau. Un bléreau, ou taisson.

Bée. Baye, sorte de fruit, et de couleur. — Bée. Gueule de cheminée, bouche ouverte, béante. (Monet.)

Béer. Rendre bien-heureux ; du latin *beare*, baailler. (Monet.)

Befroy et **Berfroy, Beffroit** et **Beffray.** C'est proprement la charpente, qui porte une cloche dans un clocher : mais pourtant par fois il dénote une couverte de cuir bouilly ; et par fois est employé pour tocsain, comme aussi pour clocher, ou eschauguete. Perceval dit :

> Lors à une cloche vueuë,
> En un petit *berfroy* la ved.

Observation sur Joinville, page 371 : « Les Anglois qui « séeoient devant la Réole, et qui y furent plus de neuf « semaines, avoient fait charpenter deux béfrois de gros « mesrien à trois estages, séant chacun sur quatre « rouelles, et estoient ces béfrois au lez devers la Ville, « tout couverts de cuir boulu, pour défendre du feu et du « trait, et avoit en chacun estage cent archers. »

Et Froissart dit : « Firent d'alx béfroys de merrein à « trois estages, assis sur quatre rouës. » C'estoient des Tours de bois qu'on faisoit pour découvrir ce qui se faisoit dans les Villes assiégées, ou pour asseoir des machines, qui pûssent agir de haut en bas.

Par fois ce mot est pris pour prison, parce qu'on mettoit ordinairement les prisonniers dans les Tours ; et on le pratique encore en divers lieux, (selon Pasquier.) Le R. de Guerin de Montbrune dit :

> Si avient qu'un Sergiens qui à Cour reperoit,
> Fut pris de larrecin, des anneaux qu'il ombloit ;
> La vieille vint à lui en la prison tout droit,
> Si luy dit, mon amy, le tien corps mourir doit :
> Mais si faire voulois ce que l'on te diroit,
> Te scrois délivré, et mis hors de *béfroit*.

Ménage croit que sonner le beffroy, c'est-à-dire l'effroy, et le fait venir de *bée*, et *effray* ; comme qui crieroient à haute voix sur une Tour, qu'il est temps de courir aux armes : ce qui pourroit estre, et avoir esté pratiqué ainsi anciennement, avant l'invention des cloches ; et on en use en cette sorte en Turquie encore aujourd'huy, pour advertir le peuple de l'heure qu'il est.

1. 11

Pour faire voir que ce mot a aussi esté pris pour cloche, voicy un passage de Fr. Villon en son Testament :

> Le gros *beffray* qui est de voirre,
> Quand de sonner est à son erre.

Begué ou **Vegué**. Sergent. (Ragueau.)

Begueter. Mugir comme une chevre ; du Grec βήχιον, ou βήχειον. Rabelais, liv. 3, chap. 26, dit : « Et lui dist « becquetant, et soy-grattant l'aureille gauche. » Pierre Saliat, dans sa traduction d'Hérodote, dit :

> Quand Barbares sur mer seront,
> Pont de cordes, jettez d'Eubée,
> Chévres qui là *begueteront*.

Beguin et **Besgard**. Hypocrite.

Beguines. C'est une sorte de Nonnains, dits ainsi de Lambert le Bégue, ou de Louys le Bégue, roy de France. En Languedoc un *begui*, c'est-à-dire, un bonnet ou coeffe : et je ne sçay si leur étymologie ne viendroit pas de-là, à cause de leur habit, quoy qu'on l'attribue à autre chose, comme nous avons remarqué. Et ce mot de *begui* pourroit encore venir de bégue, puis qu'on l'attribuë aux enfans, qui sont tous bégues au commencement. *Goudouli*, advocat et poële Tolosain, qui est allé du pair avec les excellens poëtes Latins et Grecs, parlant de Cupidon et de son dard, dit :

> Quin cop aquelle gourmalade,
> Qu'incares porte le *begui*,
> Me dessareg sul casaqui.

C'est-à-dire, quel coup cet enfant amoureux, qui encore porte le bonnet, darda sur mon juste-au-corps.

Behistre ou **Behitre**. Tempeste. (Nicot.)

Behorder. Parler trop, caqueter, passer le temps, (selon Perceval) : d'où vient une *bourde*, c'est-à-dire un mensonge.

Behourd. Une jouste.

Behourdier. Choc de lances. (Fauchet.)

Béjaune et **Bec Jaune**. Sot. Pathelin dit :

> Ce trompeur là, est bien *bec jaune*.

C'est-à-dire oison, parce qu'ils ont le bec jaune.

Les clercs de Basoche prennent des lettres de bec jaune, c'est-à-dire d'*initié :* car on appelle ainsi ès escolles les institutaires, selon Ménage, de *Bejanus*. Et en Escosse, *Sembejanus* dénote ceux qui estudient pour la premiere ou seconde année ; et par abus ce mot s'est appliqué pour dire Novice en quoy que ce soit : ainsi on fait payer aux provinciaux, qui n'ont pas esté à Paris, le bec jaune à la derniere hostellerie de leur voyage.

Béjaunage. Apprentissage. (Nicot.)

Béjaunise. Se prend métaphoriquement pour niaiserie, lourderie, sotise, simplicité, de ce que tout apprentif est simple, niais et neuf dans le métier qu'il essaye d'apprendre.

Beille. Bègue. *Perionius*. Et *beiller*, bégayer.

Bel ou **Sel**. *Citonium indum* (selon Hortus sanitatis.)

Beleau. [Bisayeul. (L. C. D.)]

*****Belenus**, Dieu des anciens Gaulois, est Apollon, qui vient à mon advis, de *bel*, ou *baal* des Hebrieux, ou de *abellio* des Phœniciens ; car ils ont eu les mesmes Dieux, (suivant Bochart, Ausone, et les Estats et Empires.) [L'Apollon des Gaulois. En Irlandais, *Beal* signifie le soleil.]

*****Beleriu**. Dernier promontoire, d'où vient que *pell* signifie dernier en Breton.

Belge. C'est-à-dire Dieu ; et luiteur en langue Syriaque.

Belin. Sot, et mouton : d'où est venu Belier.

> Et n'ont pas teste de *belins*.   (*Villon*.)

> Qui de la toison de *belin*,
> En lieu de manteau sobelin.
> Sire, Ysengrin affluberoit
> Le loup qui mouton sembleroit.   (*R. de la Rose*.)

Dans le Verger d'honneur, on lit :

> Avoir qu'à point, tant soit beugle, ou *belin*.

Beliner. Filouter quelqu'un, le déniaiser. (Le Duchat, notes sur Rabelais.)

***Belinundia.** L'herbe Apolinaire ou Jusquiame.

***Belinus** ou **Belenus.** Apollon.

***Beliocande** ou **Belliocoiandum.** C'est l'herbe Mille feuille. (Dioscoride.) [En Irlandais, *Bileogach* signifie feuillu.]

Belistre. Un voleur, ou un Soldat miserable ; et ce mot vient de *balista*, parce qu'anciennement les Arbalestriers débandez dégéneroient en voleurs, comme font à present nos Soldats débandez.

Belitraille. Troupe de canaille, de gueux, de mendians. (Nicot.)

Belitre. Gueux. « A Velitris urbis Apuliæ. » (Bouillus.)

Belitrer. Gueuser, mandier. (Nicot.)

Belitrerie. Mendicité, action de mandier son pain.

Bellessa. Beauté. Voyez *Eschivar*.

Beloce. C'est ou quelque petite monnoye, ou autre chose de petite considération. Mehun, au Codicile, dit :

Qui pour l'amour sa femme ne donne une *beloce*.

Belve. Beste sauvage, venant du mot Latin *bellua*, selon le Livre. Les Menus propos de Mere Sotte de Pierre Gringoire dans ces vers :

Dégéneré de bien peu de valuë,
Et converti en forme de beluë.

Bender. Mettre en inquiétude. Marot, xvii. Epigramme, dit :

Si l'esveillez, croyez qu'elle ouvrira
Ses deux beaux yeux, pour les vostres *bender*.

Benderet. Chef de bande.

Benefice. [Fief ou cession de terre. (La Curne, Gl. F.)]

Beneison ou **Beneiçon.** Benediction. (Le Songe

du Verger, et Perceval.) De *beneir*, c'est-à-dire benir :
d'où vient *beneie*, c'est-à-dire benisse, et *beneet*, benit.

Beneistre. Aussi benir.

Beneviser. [Limiter, mettre des bornes. (Laurière,
Gloss. D. Fr.)]

Benevreté. Bon-heur. (Boëce.) On dit aussi beneurté,
de *beneuré*, c'est-à-dire bien-heureux.

Benisson. Bonne priere qu'on fait pour quelqu'un.
(Nicot.) Voyez *Beneison*.

***Benna, Banneu.** Sorte de Chariot des anciens
Gaulois, selon *Festus* : d'où vient le mot *Combennones*,
c'est-à-dire, compagnons de chariot. [En kymmryque,
Ben signifie chariot.]

Benneau ou **Bennel.** Un tombereau, (selon Monstrelet, liv. i. chap. 43.) venant de *benna*, cy-dessus
expliqué.

Benny. Bany, proscript.

Benoier. Benir.

Benoiste. Benie. Marot, dans sa Salutation Angelique,
dit :

> *Benoiste* certes tu est entre
> Celles dessous le Firmament.

Benus. Ebene, (selon Perceval.)

Ber. Seigneur, d'Haltebe, c'est-à-dire grand Seigneur.
(Villehardoüin, page 15.) D'où vient le mot de Baron,
selon un grand Ovide ms. Historié, in-fol. écrit en velin,
avec de belles miniatures, qui m'a esté communiqué par
M. Conrart ; duquel la curieuse Bibliotheque est extrê-
mement bien pourveuë de Livres anciens, tant manuscrits
qu'imprimez. Or le susdit Ovide, parlant d'Hector, dit :

> Li *ber* se sent à mort playé.

Beraigne. [Stérile, improductif. (L. J. p. 192.)]

Beranguiere. Bassin de chaise percée. (Monet.)

Berbere. Espine-vinete ; du Latin *berberis*.

Berbix et **Brebis**. C'est la même chose ; il vient de *vervez*. (Ménage.)

Berche. Sorte d'artillerie ancienne, dont on se sert encore ès Navires.

Berelis. Mirobalans-bellerics. (Despleigney.)

Berfroy. Voyez *Befroy*.

Berlong. Voyez *Barlang* et *Barlong*.

Bernage. Suite d'un Grand, équipage, train : d'où vient le mot de Languedoc, *fa barnatgé*, c'est-à-dire, faire desordre. Voyez *Baron*.

Berne. Sorte de saye : d'où vient le mot de *berner*. (Ménage.)

Bernicles. Sorte de gehenne des Sarrasins, décrite par Joinville.

Berruyer. Qui est du pays de Berry.

Bers. Berceau.

Bersault. Bute.

> A mon cœur d'ont il fit *bersault*,
> Bailla nouvel et fier assault.   (*Ovide*.)

Bertourder. Tondre irrégulierement : d'où vient bertauder.

Bertresché. Fortifié. (Froissart.) Un Chasteau si bien bertresché.

Bes. Deux, de *bis*, c'est-à-dire, deux fois : d'où vient le mot besson, c'est-à-dire *bes hom,* ou deux hommes ; besicles, de *bis oculi*, c'est-à-dire deux yeux ; besace, c'est-à-dire deux sacs ; besaguë, c'est-à-dire deux fois aiguë, ou à deux trenchans ; et balance, de *bis* et *lanx*.

Besane et **Beseine**. [Ruche. (L. C. D.)]

Besans. Monnoye ancienne d'or, valans cinquante livres la piece, dont la rançon du Roy S. Louïs fut payée, (selon Ragueau.)

> Li Rois offrit trente *besans*.   (*Perceval*.)

Ce mot vient de *bes* et *as*, c'est-à-dire deux as ; ou de la Ville de Bisance, c'est-à-dire Constantinople, selon quelques-uns : sur quoi il est bon de remarquer que du tems des Croisades, le Soudan donnoit de chaque teste de Chrestien qu'on lui apportoit, un besan qui valoit un double ducat : et du depuis nos Rois en offrent treize à leur sacre ; et meme Henry IV. en fit faire treize exprès, à cause qu'on n'en trouvoit plus.

Besas et **Ambesas**. Deux as, ou deux points seuls en deux dez : c'est un terme de trictrac. Voyez *Bez*.

Beschevet. Double chef, chevet de lict.

Bescu. Voyez *Bez*.

> Bastons *bescus* comme bistardes.　　*(Coquillard.)*

Il semble que ce mot signifie, à deux pointes aiguës. Blason des fausses Amours dit :

> Il n'y a camus ni *bescu*,
> S'il veut ses engins assorter,
> Qu'il ne fasse cornes porter.

Besial. [Terre ou lande commune à plusieurs. (Laur., Gloss. D. Fr.)]

Besiat. C'est un mot de Languedoc, qui signifie mignard. Goudouli s'exprime ainsi :

> Petits rieux dont l'argen besiadomen gourrine.

L'excellence de cette expression Gascone est si notable et délicate, qu'on ne la sçauroit bien exprimer : c'est-à-dire pourtant à peu près :

> Petits ruisseaux dont l'argent,
> Murmure mignardement en coulant.

Et ailleurs il dit :

> La besiadure de notre atge.

C'est-à-dire, la mignardise de nostre siecle.

Besogner. Travailler.

Besson. Jumeau qui est né d'une même portée avec un autre, (Nicot.) On appelle encore en Languedoc et en Provence fruits bessons, ceux qui viennent doubles, comme une amande bessonne, lors qu'il s'en trouve deux dans une même coque.

***Bestes** Enheudées. [Ce sont des bêtes retenuës par des liens qu'elles ont aux pieds de devant. (C. de Bret.)]

Bestiage. Bestail. (Ovide ms.)

Bestors et **Bestorte.** Traversé ou traversée de chemins obliques. Ovide ms. parlant du labyrinthe, dit :

> Et tant fit les chemins *bestors*, etc.

Bestourné. Renversé, selon « le Songe du Verger », qui parlant d'un insensé, l'appelle *bestourné d'entende-ment.*

Bestourner. Renverser.

> Mes or vendent les jugemens,
> Et *bestournent* les errements.   (*Rose.*)

Et ailleurs, l'auteur le prend pour tourmenter :

> Souvent de mychemin retourne,
> Et tous nous tempeste et *bestourne.*   (*Rose.*)

Et Alain Chartier, au Quadrilogue, dit : « Dont vient cette « usance qui a si bestourné l'ordre de Justice. » Et le mesme dit ailleurs : « Par leurs paroles épouvantables et « tresperçans le cœur et la pensée, m'avoit ja ces trois « derroyées et seditieuses deceuresses bestourné le sens, « et aveuglé la raison. »

Et un vieux Livre intitulé, Des Flateurs et des Habits, dit :

> Moult va li siecle *bestournant :*
> Car che derriere va devant,
> Et che devant si va derriere.

Et encore Alain Chartier, au Quadrilogue, dit : « Cette « envieillie et enracinée nourriture de pompe et de délice, « tant avez bestourné et ramoly les courages François, « que cette subversion, etc.

Besugue. Une marque du jeu : d'où vient le mot de Languedoc *besugueia*, c'est-à-dire, s'occuper à des choses de petite conséquence.

***Betilole.** C'est l'herbe *personata*, Bardane. (Apulée.)

***Betonica.** L'herbe *serratula*, (selon le grand Atlas.) Ce mot Gaulois s'est latinisé.

*__Betuela.__ C'est-à-dire, de *boullay*. [En Khymmrique, *Bedwlwyn* signifie bois de bouleaux.]

*__Betula.__ Bouleau. C'est un mot Gaulois, qu'on a aussi latinisé, (selon Pline.)

__Beuvailler.__ Boire sans cesse, boire à tout propos. (Nicot).

__Beuverie.__ Se prend toûjours en mauvaise part, et signifie excès, débauche de vin. (Nicot.)

__Beuvrage.__ Breuvage, ou toute sorte de boissons, comme vin, biere, cidre, etc. (Nicot.)

__Bialté.__ Beauté, de biaulx, c'est-à-dire beau.

__Bians.__ [Sont des corvées tant d'hommes que de bêtes. (C. du Poitou.)]

__Biains.__ [Corvées. (L. C. D.)]

__Biarda.__ Fuir promptement. C'est un mot de Langue-doc. Goudouli, en son Ramelet moundi, s'exprime ainsi :

> Un gous que ruffabo le nas,
> Que me faguet *biarda* defore.

C'est-à-dire, un chien qui fronçoit le nez, qui me fit sortir dehors. Ce mot vient, à mon advis, de *via*, c'est-à-dire, voye.

__Biau, Biax, Biaulx__ et __Biaux.__ Beau. (Perceval. Guill. de Nangy, et Pasquier.) Li Quens de la Marche, qui a fait beaucoup de vers, compare sa mie au rubis, en sa dixième Chanson, selon du Verdier, en sa Bibliotheque Françoise, l'appellant, biaux doux rubis.

__Bibaux.__ Voyez *Petaut*.

__Bibleurs.__ Faiseurs de bruit.

> A *bibleurs*, meneurs de hutin.   (*Villon*.)

Je ne sçay s'il ne faudroit pas ribleurs, et qu'on eust mis bibleurs par erreur : ce qui me le fait croire, est le mot *ribla*, qui en Languedoc veut dire « battre le pavé. »

__Bibotun.__ Commandemens.

Bibracte. [Mot gaulois, nom de localité. En gaëlique écossais, *Braigh* signifie sommet.]

***Bichenage.** [C'est un droit sur tous grains et sur toutes autres choses qui se vendent au boësseault au marché, et non à autre jour. (C. de Bourgogne.)]]

Bicoquets. Sorte d'attifets de femme. (S. du Vergier.)

Bideaux. Soldats à pied. (Ragueau et Froissart.) Monstrelet les appelle bibaux.

Bidelle. Manche à bidelle, sorte de manches des anciens. Voyez *Bindelle.*

Bidet. Petit pistolet de poche ; comme on appelle aussi bidets, les petits chevaux.

Bief ou **Biel.** Canal d'eau pour faire moudre un moulin. (Monet).

Bienveigner. Souhaiter, célébrer la bien-venuë. Marot, chant xvii, dit :

> — — — Si i'ai prins hardiesse
> De *bienveigner* une Dame si haute,
> Ne l'estimer présomption, ne faute.

Bienvienner. Souhaiter à quelqu'un une heureuse arrivée, le bien recevoir à son arrivée. (Nicot.) Voyez *Bienveigner.*

Biffe. Sorte d'injure. Dans l'Antithese des faits de Jesus-Christ, on lit :

> Hypocrisie aprés la belle *biffe,*
> Vouloit aussi qu'il fût nommé Pontife.

Bigne. Bosse, coup d'avanture. Villon dit :

> Et une fois si se fit une *bigne,*
> Bien m'en souvient, à l'estal d'un boucher.

En Languedoc on dit une *borgne,* c'est-à-dire une enfleure, qui peut-estre vient de *bigne.*

Bigot. De par Dieu, ou superstitieux, et hypocrite ; de *by god,* mots Anglois, qui dénotent la mesme chose.

Bihay. De travers : d'où vient biais.

Bilan. Marchand ; de *bilanx*, balance ; et celuy-ci de *bis* et de *lanx*, parce qu'il y a deux coupes à une balance.

Bille. Baston, dit de *vilis*, c'est-à-dire, chose vile, comme le billon, ou monnoye de peu de consequence.

> Qu'oncques ne fu barril, ne *bille*,
> De forme si bien arrondie. (*Rose.*)

Billettes. C'est quelque sorte de Nonnains.

> Doit-elle frequenter pourtant,
> Les Cordeliers, et les *Billettes*. (*Coquillard.*)

Bimauve. Guimauve. (Nicol.)

Bindelle. Sorte de manches anciennes.

> Cousant mes manches à *bindelle*. (*Rose.*)

Birrasque. Bourrasque, orage.

Birrete ou **Birete.** Voyez *Barret*. C'est un bonnet d'enfant, dit aussi barret en Languedoc, à cause qu'il est barré de passemens.

Bis, Dieu. (Rabelais, Prolog. 4.) « Vray Bis, je vous en « remercie », pour déguiser le jurement, au lieu de *Dis*, qui en Gascon signifie Dieu.

Bisa. Vent de midy.

Biscopheshein ou **Bisschoffshoff.** La Maison de l'Evesque. (Pontanus.)

Bise. Noirastre, grise. Villon dit :

> Et ne soyez au moins plus endurcy,
> Qu'en un desert la forte *bise* roche.

Et les Rebours de Mathiolus :

> Se les femmes blanches et *bises*,
> Hantent voulentiers les Eglises.

Ce mot vient de l'Alleman *bisa*, (selon Lipse.) Le R. de la Rose l'employe aussi pour grise, lors qu'il dit :

> Après tous deux se tint franchise,
> Qui ne fu ne brune, ne *bise*.

Bisnots. [Corvées pour le binage. (La Curne Gl. Fr.)]

Bisse. Couleuvre.

Bistarde. Voyez *Bescu*.

Bithiuwanta. A cause de quoy. (Pontanus.)

Bivoie. La garde extraordinaire d'un camp.

Blachie, **Blanhiz** et **Blakie**. Valachie ou Bulgarie, païs Septentrional.

Seigneur **Blaier**. [Auquel appartient au dedans de sa Justice, emende contre ceux qui menent ou envoyent leurs bêtes pâturer en vaine pâture, s'ils ne sont ses justiciables : lesquels aussi payent certaine redevance pour la blairie et permission de vaine pâture és terres et prez dépoüillez, bois et autres heritages non clos ne fermez aprés les desbleures levées des dits prez et terres. (C. de Nivernois.)]

Blairie. Droict Seigneurial sur le bled; dit autrement *bladade*, sur tout en Languedoc, ou du mot *blat* ou *blad*, c'est-à-dire bled. Il se prend aussi pour un pays abondant en bled. (Nicot.)

Blanc. Monnoye ainsi dite, à la difference des sols qu'on appelloit nerets. — BLANC. Danger. Voyez *Meschine*.

Blance. Blanche.

Blandir. Amadouër, blandices, c'est-à-dire flateries, du Latin *blandior*, je flatte. (Gauvain.)

> Vueilles Seigneur, ces lévres blandissantes,
> Tout au travers pour iamais inciser.   (Marot.)

Blandys. Caresses.

Blaquie. Valachie. *Blaquiens*, Valachiens. (Pasquier.) Voyez *Blachie*.

Un **Blaqui**. Un Bulgare. (Villehardoüin.)

Blason. Est pris pour l'image ou figure de l'escu d'armes, et pour ses couleurs, et par fois pour l'escu mesme.

> Et se couvrent de l'or *blasons*.   (Perceval.)

Ce mot vient de *laus*, loüange, et de *sonare*, résonner,

y adjoustant un *b* devant. Il s'employe aussi pour médisance, ou diction Satyrique.

Blasonner. Loüer.

> Ie l'ay armé, et *blasonné*,
> Si qu'il le m'a presque donné.   (*Pathelin.*)

Le blason de la Rose, c'est-à-dire, sa loüange. C'est un ancien Poëme à la loüange de la Rose.

Blasser. Fomenter quelque chose. (Nicot.)

Blastenge. Ressentiment.

> Indignation de *blastenge*.   (*Ovide.*)

Bléage. [Redevance en blé. (L. C. D.)]

Bliaus. Sorte de juste-au-corps. Voyez *Sebelin*.

> Et l'or *bliaus* forrez d'ermine.   (*Pathelin.*)

> Bordé à or li *bleaut* fu,
> Qu'il ot sor le hauber vestu.   (*Pathelin.*)

De-là vient peut-estre le mot *brisaut*, sorte de chemise que les païsans de Languedoc mettent sur leur habit.

Blidida. Exultation.

Blocage et **Blocaille.** Muraille.

Blocal, Blocul ou **Bloquil.** C'est-à-dire, barricades : d'où vient un *blocus*, et bloquer une Ville. (Nicot.) Des-Essars, au 3. livre de Josephe, dit : « Vindrent donner « jusques aux tentes et pavillons des Romains, arrachant « les peaux tenduës sur le blocul à la faveur desquelles « ils esperoient combattre. »

Bloi. Bleu. *Bloye*, bleuë. (Perceval.)

> Fors qu'il avoit *bloye* là chieux.   (*Ovide.*)

Bloise. Il bégaye, de *blez*, c'est-à-dire, bégue en Languedoc.

Bloquer. Arrester, conclurre un marché avec quelqu'un. (Nicot.)

Bloye. Belle.

> Une pucelle, gente, et *bloye*.   (*Perceval.*)

Ce mot est dit par syncope de *beloye*, mot de Languedoc : d'où vient aussi le Gascon *beroye*, c'est-à-dire, belle.

Boage, Boude. [Sorte de redevance qu'on payait au seigneur pour chaque bœuf, qui s'appelait aussi droit de cornage. (Laurière, Gl. D. F.)]

Boban. Somptuosité et vanité : d'où vient bombance. Voyez *Fief*.

L'Epitaphe d'Armoise de Lautrec, que j'ay mis en mon Livre des Antiquitez de Castres :

> Armoise de Lautrec recluse,
> Da Saix dans cy caveauot cluse,
> Veuïllant li Paradis aquerre,
> A tots *bobans* fot aspre guerre.
> Isabel do Paris, clamée
> Sui qui plore ma bien-amée,
> Li monument envoltér fis.
> O de par Diex à tos vos dis
> Que disiez li *De profundis*.
> L'an mil deux cens quarante et dis,
> Armoise absconsa, faits et dits.
> Diex vueil emberguer li delits,
> Et partier li Paradis.

Bobancier. Vain.

> Combien qu'il soit *bobancier*.　　(*R. de la Rose.*)

> Tant la treuve orgueilleuse et fiere,
> Et surcuidée et *bobanciere*.　　(*Idem.*)

Bobander. Se paoner, piaffer, selon un ancien Poëte qui dit :

> Li chaperons partis, longue robe vergie,
> Sont li aornement dont *bobande* clergie.

Bobeliner. Ferrer des souliers, les garnir de clous. (Nicot.)

Bobelineur. Savetier. (Nicot.)

Bocal. Diminutif de bois, pris pour forest, comme si l'on disoit petite forest : d'où vient *bocquet* et *bosquet*, qui signifie la mesme chose. (Nicot.)

Boce. Bosse, enfleure. (Aldobrandin.) De *bocia*, c'est-à-dire, fiole.

Boche. Bouche. (Perceval.) — **Boche.** Enfleure, bosse.

Bochu. Bossu. (Perceval.)

Bocquet. Bondes ou écluses d'une riviere ou d'un étang. (Nicot.)

＊Bod. Profondeur : encore en Languedoc, c'est un trou en terre, mais petit.

Bodincus. Profond. (Pline.)

Bodon. Bouton. (Perceval.)

La **Boudaine.** Le ventre. (Coquillart.) D'où vient bedaine, et boudin, dits ainsi de *botulus*.

La **Boudine.** La colique. Despleigny parlant de l'herbe *cuscuta*, et en racontant ses vertus, dit : « Et peut « guerir de la boudine. »

Boe. Boue : d'où vient éclaboter, c'est-à-dire, couvrir de boue qu'on fait rejaillir. Il veut aussi dire du bois.

Boel. Boyau. Voyez *Répondu.*

La **Boele.** Les intestins ou boyaux : dite du mot *voye*, parce que ce sont les voyes pour les viandes et excrémens.

> Par les flans la si porfendu,
> Que la *boële* li chei.   (*Ovide.*)

Boem. Ensorcelé : d'où pourroit venir le nom des Boëmes ou Egyptiens, qui se meslent de sortileges et divinations.

Boen. Bon. (Perceval.)

Boësselage. [Redevance en blé. (L. C. D.)]

Bofus. Sorte d'estoffes. Perceval, parlant des Tisserans, dit : « Ains tissent pailes et boffus. »

Boffume. Bouffi, en colere.

> Se Maistre Olivier se *boffume,*
> Ou s'il veut faire le vereux.   (*Coquillart.*)

Bogen. Arc.

Boggue. Sorte de drogue, ou arbre. Despleigny, parlant de l'usage de l'argent vif pour la verole, dit :

> Le feu puisse bruler la *bogue*,
> Le chasteignier, et la chasteigne.

Bohade. [Corvée due au seigneur pour voiturer son vin et sa vendange. (Laurière, Gloss. D. Fr.)]

Bohourd, Behourt, ou **Bouhourt.** Tournoy de plusieurs Chevaliers tournoyant en foule ou en bataille. (Nicot) : « Les Chevaliers issirent du Chasteau, et s'en « allerent outre la marine, où ils firent lever un Bouhourt. »

Boiasses. Femmes de peu, artisanes.

> Soit Clerc, soit Lays, ou homme, ou femme,
> Sire, Sergens, *Boyasse*, ou Dame.   (*Rose.*)

Bois. Lance. Voyez *Lance.*

Boisdie. C'est-à-dire tromperie, raillerie. Jean Monjot d'Arras dit :

> Il li convient sa folie,
> Sa guille, et sa vilenie,
> Ses medis, et ses maux tós,
> Guerpir, puisque sans *boisdie*
> Se met en vostre baillie.

Perceval l'employe pour dire artifice, ruse, et meschanceté. Et la Bible Historiaux ms. dit de Caïn qui tua Abel : « Et l'occist par boisdie et trahison. »

Boisdeux. Traistre, dissimulé.

Boiseor. Idem.

> Le cuer ot *boiseor* et faux.   (*Ovide.*)

Boitouser. Boiter. (Nicot.)

Boiture. Une bevete ou collation.

> Qui boivent pourpoint et chemise,
> Puisque *boiture* y est si chere.   (*Villon.*)

Bologne (Godefroi de). C'est Godefroi de Bouillon, car il étoit Comte de Bologne.

***Bolusselon.** *Hedera nigra Apuleii.*

Boncon. C'est le nom des bales qu'on jettoit avec les arcs.

> Si Cheron est une montaigne
> Dedans un bois en une plaïgne,
> Si haute que nulle arbaleste
> Tant fust fort, ne de traire preste,
> Ne treroit ne *boncon*, ne vire.   (*R. Rose.*)

Boniere. Mesure de terre. (Ragueau et Somme Rural.)

***Bonna**. Borne, limite, selon Glaber Rodolphe : de βενὸς, bute.

Bonneau. [Haie. (L. C. D.)]

Bonnier. [Fermier. (La Curne, Gloss. Fr.)]

Boquelle. [Droit de gite. (La Curne, Gloss. Fr.)]

Boques. Voyez *Bocques*.

Boquet. Voyez *Bocal*.

Borc. Bourg. (Perceval.)

Borde. Métairie ou grange. (Perceval.) C'est proprement ce qu'on appelloit *villa :* de sorte que maintenant les villes ont pris le nom des maisons champestres. Niçod, en ses Cantiques, dit :

> N'és-tu plus or recors,
> De la *borde* araigneuse
> Dont jadis te mit hors ?
> Une bien plus poudreuse
> T'atend encor, ingrat,
> De son bien des adonc
> Tu luy as fait un rapt :
> De luy ne l'obtins onc.

On dit en Languedoc *borio*, pour borde ; de *boaria*, c'est-à-dire, lieu à tenir bœufs. Anciennement on disoit une *bourde*, pour dire une logette ou maisonnette, et buron. Lancelot du Lac dit :

> Ne trouverez meshuy ne *bourde*, ne maison.

D'où vient le mot de *bordel*, c'est-à-dire, un lieu misérable.

> Et tout fu mis à dampnement,
> Fors la *bourdete* seulement.   (*Ovide.*)

Par sa suite il apert que ce n'est qu'un lieu couvert de chaume.

Bordelage. [Droit seigneurial sur le revenu des bordes ou métairies. (Laurière, Gloss. D. Fr.)]

Borderie. Métairie. (Monet.)

Bordier. Métayer de la Borderie. (Idem.)

Borreau. Périonius dit qu'il ignore d'où vient ce mot. Quelques-uns l'ont voulu faire venir de *Bourres*, parce, disent-ils, qu'il réduit les hommes comme en bourre, c'est-à-dire, à néant. Voyez *Bourreau* et *Tollart*.

Bors. Bourg. (Perceval.)

Bos. Idem.

> N'y a nul qui de faim ne muire,
> De ceux qui ont en bas esté.   (*R. de la Rose.*)

De ce mot vient *sabot*. Voyez *Gant*.

Bosches. Bois et forests. (Perceval.) Et on dit encore en Languedoc, *tous bosqués*, et *bousquets*.

Boschu. Bossu, selon un Livre ancien intitulé, L'Incarnation de Jesus-Christ : « Ha serpent boschu, « Prodigieux tort, Par ton faux recort, etc. »

Bosquiline. Terre pleine de bois et d'eaux.

Bot. Trou en terre ou fossette à jouer aux noix, de *buttum :* d'où vient *pot*, à cause de sa cavité : d'où vient aussi *sabot*. Il veut aussi dire *difforme :* d'où vient qu'on dit *pied-bot*, pour *contrefait :* et de-là vient une *botte*, à cause qu'elle rend le pied gros et mal fait.

Botage. [Droit seigneurial sur le vin qui se vendait en détail. (Laurière, Gloss. D. Fr.)]

Boterel et **Botereaulx**. C'est-à-dire, crapaut, la Bible Historiaux, parlant des reptiles, dit :

> Lesardes et *botereaux*,
> Qui se trayent de leurs piez.

> *Botereaulx* et couleuvres,
> Visions de deables.   (*Mehun, Codicille.*)

Huon de Mery, au Tournoyement de l'Antechrist, parlant
des pierres, dit :

> Mais celle qui entre les yeux
> Au *boterel* croit, est plus fine ;
> Qu'on seult appeller crapaudine.

Boterel signifie aussi un vautour, venant de *vultur*,
comme qui diroit, *volterel*.

> Commant le gesier Titius,
> Se hastent hoterel manger.   (*Rose.*)

Botrusses. Sorte de viande espicée, selon le Livre de
la Diablerie : « Boudins, andouïlles, et botrusses. » Ce
mot vient possible de *boterel* crapaut, à cause de leur
grosseur et rondeur.

Botte et **Bot.** C'est-à-dire, crapaut ; comme aussi
boterel, à cause qu'il s'enfle et rend difforme, comme
nous venons de dire.

Bouban ou **Boubance.** Voyez *Boban*.

Boucaut. Certain vaisseau ou tonneau, de βυκίον.

Bouchaille. [Clôture. (N. C. G. t. iii p. 1214.)]

Bouchel. Un baril à vin.

Bouciquaut. C'est-à-dire, qui est mercenaire, et
fait tout pour argent, selon le Songe du Verger.

Bouclier, escu, targe, pavois, rondelle, sont presque
la mesme chose. Le premier est dit ainsi, à cause des
boucles et bosses de fer, dites *bubullæ, bullæ,* et *umbones,*
dont on les couvroit, afin que les dards n'y peussent avoir
si facile prise. On les joignoit les uns aux autres par-
dessus la teste, quand on vouloit approcher un mur pour
le saper : et cela s'appelloit faire la tortue, et ainsi on
faisoit un mantelet sans peine. C'est ce que le Poëte a
entendu, lorsqu'il dit : « Junctæque umbone phalanges. »
Il y avoit aussi de grands boucliers qu'on faisoit porter
devant soi par un homme, parce qu'ils auroient trop pesé
à un homme armé, et qu'ils estoient si grands qu'ils

pouvoient couvrir tout le corps : c'est pourquoi Homere décrivant celui d'Ajax, dit qu'il estoit ὅτι πύργον. La Rondelle estoit un Bouclier rond et large. L'Escu estoit la mesme chose avec le Bouclier, et estoit large d'enhaut, descendant en pointe : il estoit de bois, couvert de cuir bouilly, à la façon des Grecs ; car celui d'Ajax estoit couvert de sept cuirs. Ovide, Métam. liv. 13, dit : « Surgit « ad hos clypei Dominus septemplicis Ajax. » Voyez *Targe*.

Boucon. Poison pris par la bouche. (Monet.) *Bailler le boucon*, c'est-à-dire empoisonner.

Boudoutsona. Boucher de plusieurs bouchons. C'est un mot Tolosain, qu'on voit dans l'Eloge des Poësies de Goudouli :

> S'el musc de tant de belles flous,
> N'ou se pot pas fa trouba dous
> A calque esprit de medisenso,
> Pel segur un vilen raumas,
> Pres dins la neit de l'ignourenso,
> Li ten *boudoutsounat* lou nas.

> Si le musc de tant de belles fleurs
> Ne peut se faire trouver doux
> A quelque esprit de mesdisance,
> Asseurement un mauvais rheume,
> Pris dans la nuit de l'ignorance,
> Luy tient bouché le nez.

Or ce Poëte entend parler du Livre excellent de Goudouli, intitulé « Lou ramelet Mondi, » c'est-à-dire, le bouquet Tolosain.

Boudoutsou. Nain, ou autre chose fort petite.

Boue. [Etable à bœufs. (L. C. D.)]

Bove. [Etendue de terre qu'une paire de bœufs peut labourer en une année. (La Curne, Gloss. Fr.)]

Bovel. Boyau.

Bouffage et **Bouffard.** Qui mange fort, de βέφαγος.

Bouffez. Chassez. Villon parlant des morts, dit : « De « cette vie sont bouffez. »
De-là vient le mot du bas Languedoc, *s'esbouffa*, ou *s'espouffa*, c'est-à-dire, s'en aller subitement.

Bougam. *Bissinus*. C'est aussi une herbe, comme qui diroit *gramen bovis*.

Bougeon. Sagette qui a une teste. D'autres l'appellent un *materas*; d'où est demeuré le nom de *matras* aux fioles qui ont le fonds rond et le col long, qui sont les œufs ou thalames philosophaux des Alquimistes.

Bouges. Haut de chausses, à ce qu'il semble par ce passage de Villon :

Ie donne l'envers de mes *bouges*,
Pour tous les matins les torcher.

Bougres. Dit par abus de Boulgres, c'est-à-dire, Bulgares ou Boulgares, peuple de Bulgarie. (Villehardouin).

Bougrie. La Bulgarie. Le mesme parlant de leur Roy, l'appelle *le Roy de Bougrie*.

Bouhourder. Renvoyer en foule, en bataille. (Nicot.) Voyez *Bohourd*. — Bouhourder. Voyez *Bourder*.

Bouhventi. Faisant signe qu'il y consent.

Bouhvitum. Ils accordoient.

Bouirac. Carquois de flèches. Jacques Borel, mon pere, en sa Pastorale ms. en langage vulgaire de Languedoc, parlant de Cupidon, dit :

Trai lou trait del *bouirac* lou meu bel Cupidou,
Et peis agacholo, tiro li calque flecho,
Que fasco dins son cor uno tant grando brecho,
Commo aquello que tu me fegos l'autre iour :
Pei veiren que sera; n'ou m'auscs poun amour :
Ai pou que n'as pas d'els, mai tu sios sans aureillos,
Se al sou de mon planch aros nou te reveillos.

Bouler. Bouillir.

Ceux fustent, batrent, lient, pendent,
Heurtent, hercent, escorchent, foulent,
Nayent, ardent, grillent, et *boulent*.   (*Rose*.)

c'est-à-dire, noyent, grillent, et bouillent.

Boules. Ce sont globes de plomb, que les Anciens tiroient avec fondes et arcs, selon Fauchet. Ce mesme mot en Languedoc, prononcé autrement, dénote les bornes d'un champ.

Boulie. [Colombier. (L. C. D.)]

Boulteis. Combat ; de *velitatio*, ou *volutatio*.

Boune. Borne, de βᾰνὸς *cumulus*.

Bounourdi premier et second, c'est le premier et second Dimanche de Carême. (Nicot.)

Bouque. Bouc : d'où vient qu'en Languedoc on appelle les chévres *bouchos*, en les flatant.

Bouqueran. Estoffe faite peut-estre de poil de chévre, comme le camelot du chameau. Bible Historiaux en l'Apocalypse, dit : « La grande putain a pouvoir de soy « vestir de bouqueran blanc. »

Bouquet. Chevrau, (Bible Historiaux.) C'est un diminutif de bouc.

Bouquin. Vieux livre, de *bouch*, qui en Allemand signifie un livre. Ainsi nous avons attribué en France tous le mots Allemands qui nous ont resté, à des choses de peu de considération ; comme de *ross*, qui veut dire cheval en Allemand, nous avons donné le nom de *rosse*, aux méchans chevaux.

Bourde. Baston à grosse teste, crosse, ou potence.

Bourdelage. Paillardise. (Bible Historiaux.)

Bourder. Caqueter, railler, se moquer, dire des bourdes, c'est-à-dire, des sornettes. Songes du Verger dit :

> Autrement brief son harnois bouhourder
> Nul ne pourroit : car certes, sans *bourder*,
> N'y voise nul, s'il ne pense lascher.

Bourdon et **Bourdonasse.** Voyez *Lance*.

Bourée, ou **Bourrée.** Feu clair, comme de paille, ou genest et petites busches, (selon Coquillard.) C'est aussi une poignée de verges de saules, etc. (selon Monet.) D'où peut-estre est venu le mot de *bourreau*, parce qu'il fustige avec ces verges.

Bourg. Ville sans closture, de πύργος, tour : d'où vient le mot de Bourgogne, à cause de sa grande quantité de

Tours et Villages. Nous remarquerons en passant, quoy que ce ne soit pas de notre dessein, une curiosité des Bourguignons, à sçavoir qu'il sont appellez *salez*, à cause que, selon de Serres, une garnison de Bourguignons fut tuée et salée à Aigues-mortes, Ville maritime du Bas Languedoc.

Bourgage. [Ce sont les masures, manoirs et heritages qui sont és Bourgs, et qui sont tenus sans fief, du Roy ou d'autres Seigneurs du Bourg : et qui gardent et payent les Coutumes des Bourgs, et les rentes aux termes accoutumez, sans qu'ils doivent autre service, ne redevance. (Laurière, Gloss. D. Fr.)]

Bourguignotte. Voyez *Heaume*.

Bournal. Rayon de miel. (Nicot.)

Bourne. Borne.

Bouron. Cabane. Voyez *Surquanie*.

Bourrabaquin. Grand verre à boire, de la figure d'un canon de mousquet. Ce mot vient de l'Espagnol *borracha*, qui signifie un flacon de cuir.

Bourras. Mauvaise estoffe, comme qui diroit de la bourre.

Bourreau. Voyez *Bourée*, où j'en ai donné l'étymologie véritable, que personne n'avoit encore remarquée : car Ménage avoue en son Dictionnaire étymologique, ne l'avoir pû trouver. On le pourroit aussi faire venir, comme Guido Patin, Docte Médecin de la Faculté de Paris a remarqué, de *burrus*, roux ; parce que les rousseaux sont ordinairement violens : ce qui est une qualité qui est requise aux bourreaux, ou à cause qu'il est vêtu en divers lieux de couleur rouge et jaune. Il peut fort bien venir de βόρος, c'est-à-dire, carnassier. Voyez *Tollart*.

Bourrée. Mot venu des Goths, comme aussi *bourrette* et *bourrard*, un canard, encore en Normandie. C'est aussi feu clair. Voyez *Bourée*. « Le coteret et la *bourrée*. (Vill.)

Bourrelet. Ou bourlet. Voyez *Chaperon*.

Chausses, pourpoints, et *bourrelets*,
Robes, et toutes vos drapilles,

> Ains que cessez vous porterez,
> Tout aux tavernes et aux filles.   (*Villon.*)

Bourrique. Qui maintenant signifie un asne, autresfois vouloit dire un cheval, venant du vieux Latin *burricus*, et celuy-cy de *burrus*, roux : d'où vient les mots de *bourre* et *bourrer*. On appelle aussi en Languedoc un asne, *bourriquou* et *bourriquet*.

Bousie. [Toît à bœufs. (L. C. D.)]

Boutargues. Œufs de poissons, de ὠὰ τάριχα. (Ménage.)

Bouteillage. [Redevance d'une bouteille de vin due au seigneur par chaque tonneau de vin. (Laur., Gl. D. F.)]

Bouter. Pousser. (Perceval.) D'où vient le mot de Languedoc *buta*, qui signifie la mesme chose.

Bouteril. Nombril. (Aldobrandin.) D'où vient *Boutarigue* et *Boutiole*, mots de Languedoc, qui veulent dire la vessie.

Bouterolle. Le fer du bout du fourreau des espées.

Bouticle. Boutique, de ἀποθήκη.

Boutine ou **Boudine.** Nombril. (Nicot.)

Bouton. Sorte de fruit.

> Pommes, poires, noix et chataignes,
> *Boutons*, et meures, et prunelles,
> Framboises, frezes et cenelles.   (*R. de la Rose.*)

C'est le fruit du rosier sauvage, ou églantier, ou bien les meures des ronces.

Boutonnier. Ronce, selon Hortus Sanitatis, de βάτος, *rubus*, *sentis* : et cettuy-cy, de ἄϐατος, comme qui diroit inaccessible, à cause de ses épines.

Bove. Étendue de terre qu'une paire de bœufs peut labourer en une année. (La Curne, Gl. F.)

Bouvelet. Veau : c'est comme un diminutif de *bouveau*.

Boyau. Pour voyau, voye étroite et longue. On appelle aussi ainsi les allées des maisons à Paris : de-là est venu

Bozines. Trompettes : d'où vient le mot de Languedoc *bonzina,* faire un bruit semblable aux taons et bourdons. Ce qui vient de *buccina ;* et cettui-cy de *bucca,* et de *cano.*

Brac. Court, du Grec βραχὺς.

Braccæ. Brayes : d'où est venu brayette : c'estoit l'habit des anciens Gaulois de la Gaule dite *Braccata :* dites aussi *Bragues,* et *Brachæ,* (selon Bochart et le grand Atlas.) Ce qui est une maniere de haut-de-chausses courtes. Ovide en parle : « Pellibus et laxis arcent mala frigora « braccis. »

Brachet. Bracelet : comme aussi une sorte de chiens de chasse, qu'on appelle ainsi, à cause qu'ils ont les pieds courts. Merlin dit : « Si vit venir une bische, et son « *brachet* après, qui la sivoit molt isnelement. »

Brachile. Bracelet.

Brachmonet. Le mois de Juin.

Braconier. Je ne sçay ce que c'est, si ce n'est un coupeur de bois, à cause du mot précédent. Froissart s'en sert disant : « Que chascun troussast derriere soi, en « guise d'un *braconier.* »

Bracons de cedre. Appuis, consoles, ou potences. (Bible Historiaux.) Ce qui vient de branche d'arbre.

Bragard. Homme proprement et galament habillé ; de *bragues,* sorte de courtes culottes de toile, qu'on portoit par netteté, comme on porte aujourd'hui des caleçons. (Le Duchat, Notes sur Rabelais.)

Bragues. Courtes culottes. Voyez *Bragard.* Marot I. Ep. du Coq-à-l'âne, dit :

> Davantage qui ne se *brague,*
> N'est point prise au temps présent.

Brahin. Stérile. Voyez *Brehagne.*

> Camoyers, qui *brahin* estre doevent,
> Y florissent, et fruit rechoevent.   (*Rose.*)

Brai. Boue en Langue Gauloise : d'où est venu *braïum* et *breïare,* eau : que l'on écrivoit tantôt *brai* et tantô *bré,* employant *braïum* dans la signification de terre grasse, limon ; et le verbe *breïare* dans celle de *breïer, braïer, broïer, pétrir ;* parce qu'en broyant et pétrissant, on fait une espèce de limon. Rabelais, liv. I. chap. 32, dit : « Ils vous brayeront de la fouace. »

Braies. Terme de fortification. [Revêtissement d'un rempart ou d'une terrasse.] Inscription qui est à l'entrée du Pont du Bois de Vincennes, sur une table de marbre noir, enchassé en un chassis de fer, contre la muraille :

« Qui bien considere cet œuvre, Si comme se monstre
« et descœuvre, Il peut dire que oncques à tour Ne vit
« avoir plus noble atour. La tour du Bois de Vinciennes
« Sur toutes neufves et anciennes A le prix. Or sçaurez
« en çà Qui la parfist ou commença. Premierement
« Philippes (Loys) Fils Charles Comte de Valois, Qui de
« grand prouesse habonda, Iusques sur terre la fonda,
« Pour s'en soulacier et esbatre L'an mil trois cens
« trente trois quatre. (1337.) Après vingt et quatre ans
« passez, Et qu'il estoit ja trespassez, Le Roy Iean son fil
« cest ouvrage Fist lever jusqu'au tiers estage. Dedans
« trois ans par mort cessa ; Mais Charles Roy son fil lessa,
« Qui parfist en briéves saisons, Tour, pons, *braies,*
« fossez, maisons. Nez fut en ce lieu délectable, Pource
« l'avoit plus agréable. De la fille au Roy de Bahagne,
« Et ot à espouse et compagne, Ieanne fille au Duc de
« Bourbon Pierres, en toute valeur bon, De luy il a noble
« lignie, Charles le Delphin et Marie. Mestre Phelippe
« Ogier tesmoigne Tout le fait de cette besoigne A
« hesverons. Chacun supplie Qu'en ce mond leur bien
« multiplie, Et que les nobles fleurs de liz, Et sains cieux
« ayent leur deliz. »

Bram. Grand cry, en Langue Gothique ; de βρέμειν. D'où vient le mot de Languedoc *brama,* crier fort : d'où vient aussi qu'on appelle la voix des asnes et des cerfs, de cette sorte. Un *bramairé,* un crieur. Ce mot est employé dans une excellente Satyre faite à Alby, contre un qui avoit écrit en François. Elle commence ainsi :

Avez l'ausit aquel cridaire,
Que de la poou qu'à de *brama,*
Quite la lenguo de sa maire,

Bran. Son de farine. (Monet.)

***Branæ**. Sorte de froment fort blanc. (Pline, liv. 18. chap. 7.) D'où vient qu'on dit *vrauk*, c'est-à-dire, bled en Breton ; et le nom de *bran*, c'est-à-dire, son.

Branc. Voyez *Brans*. (Nicot.)

***Brance**. Une sorte de froment très-pur, dit *scandalum* par Pline. C'est aussi une sorte d'espée.

Branches. Pour hanches. Voyez *Faëtis*.

Brandir. Secouer : ce qui vient de ce que les Cavaliers remuoient et secouoient leur brand d'acier, ou espée : d'où vient le mot de Languedoc, de *brandissals*, c'est-à-dire, de secousses ; et *brandoula*, c'est-à-dire, se secouer et agiter, comme aussi pendiller.

Brandon. Torche, et branche d'arbre ; parce que des branches du *tæda* ou sapin on faisoit des torches : car ce bois brûle sans le couvrir de cire ni raisine, parce qu'il en a en soy, comme tous les arbres coniferes. Guillaume Cretin dit :

> Laisseras-tu en deuil et ennuy celles
> Que les *brandons* et vives estincelles
> De Cupidon atouchent de si près ?

Brandoner L'HERITAGE. [C'est quand on fait saisir ou arrêter les fruits pendants par les racines, en signe de quoy on pique dans la terre un bâton garni de paille. Comme aussi on attache à la porte d'une maison saisie un pannonceau aux armes du Roy. (Laurière, Gl. D. F.)]

Brans, Brance, et Branc. Espée. (Perceval). Le R. de Renaud Nouveau dit :

> Messire noble ne se feint :
> Orgueil le *branc* d'acier li ceint.

Voyez le mot de *Fauchon* et *Latinier*.

> Mon branc ie met ius du fourreau.　　　(*Villon*.)

Braque. Petit chien de chasse, comme aussi un tripot.

Braquemart. Espée ou couteau court, dit ainsi de βϱαχὺς, ou βϱοχεῖα, et μάχαιϱα.

Braquet. Petit chien de chasse.

Brassin. Affaire. Mehun, en sa complainte de Nature, dit :

> Soit Philosophe, ou Médecin,
> Il n'entend rien en tel *brassin*.

Brayel. Calçons. Bible Historiaux dit : « Et mit sang de Bataille en son *brayel* et en ses chausses. »

Brayes. Sorte de fortification ; d'où vient une fausse *braye*. Voyez *Braies*.

Brayt. Cry : ce qui vient de braire.

Bré. De la poix ; de *Bretia*, ou *Brutia*, région fertile en poix.

Brebiage. [Droit sur les brebis. (La Curne, Gl. F.)]

Bredaille. Ventru, qui a une grosse pance. (Nicot.)

Bredalle. Grand ventre, grande pance. (Nicot.) Mot d'usage en Picardie.

Bref. Songe du Verger dit : « Les fromis sentans la « pluye à venir, portent le *bref* en leurs tavernes. » Je ne sçay ce que c'est, s'il ne veut dire du bled.

Brehagne, **Braheigne**, et **Brehenne**. Une femelle ou terre stérile. (Ragueau.) De l'Anglois *barraine*, c'est-à-dire, stérile. Voyez *Refoillir*.

Brebaigneté. Stérilité.

Brei. Brez, sorte de chasse où on prend les oiseaux avec une chouette.

Breil, ou **Breuil**. Grand bois où les bestes fréquentent. Voyez *Breuil*.

Brenage. [Droit payé au seigneur pour la nourriture de ses chiens. (La Curne, Gloss. F.)]

*Brennin**. Fort, d'où vient *Brennus*, ancien Capitaine Gaulois. Il y en a eu de ce nom deux très-vaillans, l'un prit Rome, et l'autre Delphes (Bochart.) [*Brenn*, en gaulois, signifiait roi, chef.]

Bresca. C'est un rayon de miel : d'où est venu le mot

de *bresque*, en Languedoc. Dans la Vie de Saint Fides d'Agen, on lit :

> Canczon audi qes bellantresca,
> Dols e suaus es plus que *bresca*,
> Et plus que nuls pimens qu'on vesca.

C'est-à-dire, enten une chanson et belle fantaisie, douce et souefve comme rayon de miel, et plus que nulle espicerie qu'on mange.

Brester. Clabauder, crier ; de *bray*, c'est-à-dire, grand cry.

> Ne pour crier, ne pour *brester*. (*Pathelin*.)

Bretaine. Bretagne.

Bretesche ou **Bretesse.** Un marchepied, ou coridol. (Perceval.)

> Mainte pucelle ilvec avoit,
> Dessus la *bretesche* montée. (*Gauvain*.)

C'est aussi quelque lieu eslevé ès forteresses, comme un parapet, ou creneaux.

> Quand en haut en croix seriez,
> Pour prescher dessus la *bretesches*. (*Rose*.)

Bretheles. Sorte de hote ; de βρίθω, c'est-à-dire, je charge.

Bretole.

> Dont l'un s'enfuit à la *bretole*,
> L'autre au moustier, l'autre à l'escole. (*Rose*.)

Brettes. Bretonnes, ou femmes de Bretagne. (Villon.)

*****Bretus.** Annuel. Voyez *Vergobretus*. Enfantement.

Breunche. C'est la lie de l'huile : ce terme est encore en Anjou.

Bribe. Pain mandié. (Nicot.)

Briber. Mandier, gueuser. (Nicot.)

Bribeur. Mandiant, trucheur. (Nicot.)

Bric. Trebuchet, cage à prendre des oiseaux. Marot dans son Enfer, dit :

> Pour prendre au *bric* l'oiseau nyce et foiblet,
> Lequel languist ou meurt à la pipée.

Bricole. Sorte de fonde. Voyez *Fonde*.

Bricons. Coquins, malautrus.

Bricumus. [Mot gaulois désignant l'Armoise, plante. En Kymmryque, *Brygu* signifie croître.]

Bries. Lettres, ou brevets. (Merlin en ses Prophéties.)

Briffer. Manger goulument, et des deux costez ; de βρέφος, un enfant, à cause que les enfants mangent beaucoup, parce qu'ils ont la faculté digestive plus forte ; ou de *bifaux*.

Brig et **Brug**. Un pont ; et selon d'autres un donjon, ou tour, comme *berg* : d'où vient le mot d'*allobriges* ; de *al*, c'est-à-dire, tout ; *lo*, c'est-à-dire, haut ; et *brige*, c'est-à-dire, tour.

Brigade. Compagnie, bande ; d'où vient brigand, et brigue, c'est-à-dire, menée secrette.

Brigandine, ou **Brugne**. Armure ancienne faite de lames de fer jointes, servant de cuirasse. (Fauchet.)

Brigands. C'estoit une sorte de soldats anciens à pied, dits ainsi de *bragantes*. Lipse dit : « Duo millia « bragantum », ou bien de *brig*, ou de *brine*, ou *brigne*, c'est-à-dire, riote ; ou enfin de *brigade*.

Brigindoni. [Nom d'une divité gauloise des montagnes. En Kymmryque, *Brig* signifie sommet.]

Bril. Lueur éclatante, éclat de lumiere. (Monet.)

Brimballer. Branler de côté et d'autre. Marot, Epig. 58, dit :

> Tetin qui *brimballe* à tous coups,
> Sans estre esbranlé ne secous.

Brimbelettes. Babioles, jouets d'enfans ; d'où vient Bimbelottier, Marchand de *brimbelettes* : de l'Italien *bimba*, qui signifie une poupée. *Bimbelot* est aussi certain jeu d'enfans, et c'est ce que signifie ce mot dans le Dictionnaire Fr. Ital. d'Ant. Oudin. (Le Duchat, Notes sur Rabelais.)

Brimborion. Vient de *Breviarium.*

Brindestoc. Bois à sauter, dit de l'Alman *springstok.*

*****Brine.** Riote. Voyez *Brigand.*

Brinser. Briser.

Brion. Mousse de chesne. (Espleigny.)

Brique. Un carreau à paver; dite de *imbricare*, et de *imbrex;* et ceux-cy de *imber.* Voyez *Bryche.*

Brique. Lopin. Voyez *Embricona.*

Brito. Peint: d'où vient Britannus, parce qu'ils se peignoient le corps de *voesde* ou *pastel.* Pour cette même raison les Poitevins furent dicts *Picti.*

*****Brive, Briva** ou **Briga.** Passage ou pont. (Fauchet.) D'où vient *Briva Isaræ*, c'est-à dire, Pontoise, selon l'Itinéraire d'Antonin ; *Samarobriva*, pont sur Some ; *Durobriva, vadum fluminis* ; *Durocobriva*, c'est-à-dire, pont sur eau rouge ; *Briva Odera*, c'est-à-dire, pont sur le fleuve Oder en Bretagne ; et Brive la Gaillarde, Ville de Guyenne.

Brix. Rupture : d'où vient briser, et bresche. (Ménage.)

Bro. Région ou champ ; *bara* et *broga*, sont la mesme chose. De-là vient le mot d'*Allobroges*, qui sont ceux de Dauphiné ; de *al*, c'est-à-dire, tout, et *braccæ*, c'est-à-dire, brayes ; parce que c'estoit un peuple de la *Gallia Braccata*, dite ainsi, à la distinction des autres qui portoient des sayes. Voyez *Allobroges* et *Brig*, où nous en avons donné d'autres étymologies.

Brocard ou **Brocart.** Injure ; et par fois axiome : et brocarder, injurier.

Brocerreux. Lieu plein de bois, ou brossailles ; comme aussi bois plein de nœuds.

Brocher. Brosser et avancer chemin , et mesme piquer. (Perceval.)

Brog ou **Briga**. Voyez *Bro*.

Brogi ou **Broc**. [Mot gaulois signifiant blaireau. En Armoricain Brok, blaireau.]

Broil. [Bois, forêt. (La Curne, Gloss. F.)]

Broillot. Voyez *Bruillot*.

Bronzi. En Languedoc faire un grand bruit; du Grec βϱοντή, c'est-à-dire, tonnerre.

Brosses. [Broussailles. (L. C. D.)]

Brouailles et **Brueilles**. Les intestins.

Brouer. Aller au bord ; du mot de Languedoc *bro*, c'est-à-dire, bord.

Brouete. Char à deux roues ; de *bis*, et de *rota;* comme qui diroit *birouete*.

Brouster. Manger ; de βϱώσκω, *depascere*.

Brouy. Bruslé.

Broye. Un caleçon, ou un feston selon Scobier.

Bruc. Voyez *Brig*.

Brueil. C'est un bois ou parc, selon Ménage, qui cite la Coustume d'Anjou, disant : « Et est réputé *breil* de forest un grand bois marmenteau, ou taillis », c'est-à-dire, brossailles. Il vient de *broilum, briolium*, ou *brolium*, qui dénotent la mesme chose, selon Luitprand et autres. Voyez *Breil*, et *Bruillet*.

Bruesche. Sorciere en langage de Foix ; de *verum dicens :* comme qui diroit Devineresse, ou Prophétesse. Ils les appellerent aussi des *pousounieres*, c'est-à-dire, empoisonneresses. Ou bien *bruessche* vient de *breou*, c'est-à-dire, brevet ou charme.

Brugne ou **Hauber**. Un Baudrier.

Bruillet, Broillot ou **Bruillot**. Un petit bois ou

brossaille ; dit ainsi, parce qu'on a accoustumé de les brusler, et puis de les deffricher pour y semer des bleds. Merlin dit : « Et demanda embuchement en un *broillot.* »

Bruir. Brusler. (Perceval.) De *vro ;* d'où vient bruyere, à cause qu'on les brusle pour semer du bled à leur place.

Bruman. Mari de la fille d'autruy. (Monet, Nicot.)

Brunete. Drap noir ou obscur.

> Me faut trois quartiers de *brunette.*   (*Pathelin.*)
> Et une cotte de *brunette.*   (*R. de la Rose.*)

Brunie. Cuirasse, ou casque ; de *bryn,* c'est-à-dire, casque, en vieux Saxon.

Brusq. Verd. Du Pinet, liv. 14. chap. 2. de sa Traduction de Pline, dit : « Les raisins jumeaux qui croissent à « double, sont fort *brusques* à la langue. » Il se prend aussi pour brutalité. Rabelais liv. 1. chap. 2, dit : « Ny « *brusq,* ni smach ne dominera. »
Ce mot, selon Erythreux dans son Index sur Virgile, vient de *ruscus* ou *ruscum,* sorte de myrte sauvage, dont les feuilles sont piquantes. Les Italiens l'appellent *brusco,* et les François *bruso,* en y préposant un *b,* comme à bruit que nous avons fait de *rugitus.*

Bryche. Brigue ; de βρύκα, *tegula.*

Buandiere. Blanchisseuse. (Nicot.)

Bube. Enfleure, bosse ; de *bubo,* bubon.

Buée. Lessive. (Monet. Nicot.)

Buef et Bues. Bœuf.

Buens. Bon, et bien. Christien de Troye dit :

> Qui lors estoit riches et *buens.*
> Et des grands *buens* que ont souvent, etc.   (*Idem.*)

Li Buens, Li Beaux. Comme on peut, bien ou mal. (P.)

Buer. Faire lessive. Rebours de Mathiolus dit :

> Car quoy, elles fillent et *buent,*
> Et de tout l'Hostel ont la cure.

1.   15

Buffe. Un soufflet. (Perceval.) Villon ès Repeues Franches dit : « Leur baillant une *buffe* grande. » Et Marot ès Pseaumes, dit :

> Qui de *buffes* renverses,
> Mes ennemis Mordans ;
> Et qui leur romps les dents,
> En leurs gueules perverses.

Ménage dit qu'il ne trouve point l'origine de ce mot. Je ne le sçay non plus, s'il ne vient d'une bouffée de vent, à cause du vent que cause un soufflet : et mesme il y a apparence que de là vient le mot de *buffet*, c'est-à-dire, un soufflet à feu en langage de Languedoc ; et *buffa*, c'est-à-dire, estre orgueilleux, piaffer. Voyez *Rebuffade*.

Buffeter quelqu'un, le tourmenter, et exciter. C'est pourquoy Saint Paul dit en la Traduction du Nouveau Testament : « J'avois un Ange de Satan qui me *buffetoit*. »

Buffoys. Orgueil. Voyez *Ainc* et *Envoiserie*.

Bufoy. Mocquerie.

> Et que simplement sans *buffoy*,
> Sans fallace, et sans fiction.   (*Ovide.*)

Bugle. Un bœuf. Bible Historiaux :

> Ainsi qu'on fait au *bugle*, et au pourcel.

R. de la Rose :

> Ou plus simple estre que un *bugle*

De-là vient le mot de *bugler*, c'est-à-dire, mugir.

Buisine. Un Sistre, selon le Catholicum parvum, ancien Dictionnaire : mais c'est plustost une espèce de hautbois, et comme une trompette, comme le mot le semble dénoter par son étymologie ; car il vient de *buccina*, et celuy-cy de *bucca*, et de *cano*.

Buisiner. Sonner de la trompette. Bible Historiaux en l'Apocalypse : « Et quand le septiesme Ange commencera « à *buisiner*. »

*Bulga. Sac de cuir, selon Verrius Flaccus. D'où est venu bource, bouge, et bougette. (Pasquier.) [En kymmryque, *Bolgan* signifie sac, bourse.]

Bullatique (lettre). Grosse (Antithese de J-C., etc.).

Portoit escrit en lettres *bullatiques*.

Bulle. De βυλη, conseil, parce qu'elle est faite par conseil : ou de *bullare*, c'est-à-dire, cacheter des lettres ; de *bulla*, c'est-à-dire, ampoule ou vessie que l'eau forme : et mesme on a appellé de ce nom beaucoup de choses faisans bosse, comme les testes des clous, et les marques de plomb qu'on met aux draps, dites de *bouilles*. J'estime aussi que *ampulla* en vient ; car on le prononce en Languedoc, une *emboule*. Je ne sai si le mot de *bullo*, du mesme pays, n'en vient point aussi, qui veut dire une fille orgueilleuse.

Bulletes. Voyez *Achemes*.

Bure. Estoffe velue, de couleur rousse ou grisastre ; de πυρρος, *ruffus*. De-là vient *burete*, et *burate*, et *buratin*, comme aussi *vin-bourru* : ou il vient de *bourre*, à cause que cette estoffe est velue ; et celuy-cy de *bourrique*, c'est-à-dire, un asne ; parce qu'il a un poil de cette nature et couleur.

Burg, Bourg. Ville qui n'est pas close.

Burgadium. Droit sur les maisons.

La **Burlete**, Burleter les Contrats. [Le droit de Burlete ou Bullette dans le Païs Messin, pour les biens en fond, est le quarantiéme denier des acquisitions, et pareillement le quarantiéme denier des obligations. (C. de Metz.)]

Burleter. [Sceller. (C. G. l. p. 1150.)]

Buron. Lieu de retraite ; selon quelques-uns ce mot vient de boire, comme qui diroit un *beuron*.

Buscage. [Droit d'entrée sur le bois. (L. C. Gl. F.)]

Busete. Cornet ; de *buccina*. Voyez *Baritoniser*.

Busle. Bulle, ou sceau Papal.

Dustarin. Ventru, homme à grosse pance. Coquillard, au Blason des Armes et des Dames. Et non pas *rustarins*, qui se lit dans le Monologue du Pays, autre Poëme du même Coquillard, dans la signification des jeunes gens qui voyent les Dames, de Damerets, qui pour se mettre à la mode se faisoient de gros ventres avec de ces pourpoints rembourés qu'on appelloit *poulaines :* c'est sans doute une faute d'impression.

Butage. [Droit sur le vin vendu en *bottes*, en tonneaux. (La Curne, Gloss. Fr.)]

Butor. Oiseau nocturne ; dit de *bos* et *taurus*, à cause de sa voix.

Butsineour. Un sonneur de trompette.

Buvetage. [Droit perçu sur le vin vendu au cabaret. (La Curne, Gloss. Fr.)]

Buy. Vuide. (Songe du Verger.)

Buyaille. [Droit sur les fours baneaux. (L. C. G. F.)]

Buychneten ou *Buychten,* id est *inflectebant.*

Byrrhias. Qui a cheveux rouges, de πυῤῥός.

C

Cabasser. Tromper ; de κάβαξ, *versutus.* Pathelin ; le livre appellé les Menus Propos de Pierre Gringoire, dit :

> Iournellement chacun son cas pourchasse ;
> Noises y sont, on y trompe et *cabasse.*

Il se prend aussi par fois pour affoibly, comme dans Despleigney :

> Et quand leurs yeux sont *cabassez.*

Il signifie aussi amasser, entasser argent sur argent. Rabelais, liv. 1. chap. 54 :

> Poincte esgassez n'estes, quand *cabassez*
> Et entassez, poltrons à chiche face.

Et Pathelin :

> Sainte Marie Guillemette,
> Pour quelque peine que je mette

A *cabasser* n'a ramasser,
Nous ne pouvons rien amasser.

De-là vient possible le mot de *cabas*, qui est une injure que l'on dit aux femmes vicieuses. Il pourroit pourtant venir de ce qu'on charge un cabas de joncs, couvert de plumes, aux Garces qu'on bannit. Voyez *Cabasset*.

Cabasset. Casque ; de *coba*, mot Hébrieu, qui signifie la mesme chose ; d'où vient *cabas*, parce qu'il a la mesme figure : car il semble une coëffe. Ou bien il vient de *cab*, c'est-à-dire, la teste en Languedoc ; d'où vient *cabessal*, c'est-à-dire, torchon qu'on met sur la teste pour porter les fardeaux : et tous ces mots viennent apparemment de *caput*, c'est-à-dire, la teste.

Cabat. Mesure de bled ; de κάβος. C'étoit aussi des paniers de joncs ou d'osier, dans lesquels les Notaires mettoient leurs minutes et autres actes ; ou s'en servoient pareillement pour d'autres papiers de conséquence, et même de l'argent. Rabelais, liv. 1. chap. 54 :

A vous pour débattre,
Soient empleins *cabats*,
Procès et débats.

Cabo. Cap. (Nicot.)

Cabochard. Testu, mutin. (Nicot.)

Caboches. C'estoient certains mutins de Paris, dont l'Autheur s'appelloit Caboche. (Ragueau.)

Cabochiens, et Caboches. C'est la mesme chose. C'estoient des séditieux du temps de Charles VI. Leur chef estoit un Boucher, appellé Caboche, selon Iuvenal des Ursins.

Cabre et Crabe. C'est la mesme chose. Ce mot a autrefois servi de sibolet, pour distinguer les hommes de deux Provinces vers le Languedoc ; car les uns disoient *crabe*, et les autres *cabres*, c'est-à-dire, chévre, et on tuoit les uns, et donnoit la vie aux autres.

Cachier. Chasser, selon Perceval.

Cacumine. Somnité ; du Latin *cacumen*. Despleigney dit :

> Cantharides, fausse vermine,
> Habitent en la *cacumine*
> Des fresnes, dessus la prarie.

Cad d'eau. Chute d'eau. (Nicot.) Grand cad d'eau, grande chute d'eau, comme quand il tombe de la pluie en grande abondance.

Cadastre. Livre où on escrit ce que chacun doit pour sa Taille, du mot *cadun*, qui veut dire chacun en Languedoc, parce que c'est la quotité de chacun.

Il faut remarquer touchant ce mot, qu'anciennement la Taille et les Cadastres ne s'escrivoient que sur des verges ou pieces de bois marquées avec un couteau ; comme les Tailles qu'on fait avec les Boulangers et autres Artisans, qui sont deux morceaux de bois qu'on a divisez, et qu'on rassemble quand on y veut faire de nouvelles marques ; et l'acheteur en garde une piece, et le vendeur une autre : et parce que cela est entaillé avec un couteau, on l'appelle Taille. Il y a encore des Villages en Languedoc, où il y a de grosses pieces de bois, qu'on appelle de *souqs*, c'est-à-dire, souches, qui servent de Cadastres. On en a remis pour des procès, à la Chambre des Comptes de Montpellier, ayant fallu une charrette pour les porter.

Cadeaux. Les traits et ornements que les Escrivains font autour de leurs exemples : ce qui vient de *catena*, chaisne, comme aussi *cadenat*. Ce mot signifie aussi grosse lettre, paraphe.

Cadeler ou **Chadeler.** De *capdellare*, conduire. On disoit cela des Baillifs et Séneschaux conduisans les Troupes de leurs Séneschaussées, selon Froissart, vol. 3. chap. 19. Et le R. de Guitelin, dit :

> La vertu de Dieu l'*eschadele* et gnie.

R. d'Alexandre :

> Et mande à Alexandre qu'il *chadele* les gris.

Cæcos Cæsar. [Apostrophe lancée par un Gaulois à César qu'il reconnaissait dans un prisonnier. Comme ce mot à un double sens et signifie *laisse aller* ou bien méchant. Celui qui tenait César le lâcha.]

Cafard. Flateur ; de κακαφάρα, *mala texere* : ou du mot Turc *cafar*, c'est-à-dire, renégat.

Cagasangue ou **Caguesangue**. Flux de sang. (Monet. Nicot.)

Cageois. Un Villageois. (Monet. Nicot.)

Cagnards. Ce sont des gueux qui se tiennent sous les ponts comme les canards, (selon Pasquier.) Mais en Languedoc ce mot dénote des gens qui vivent en chiens, et vient de *canis*.

Cagneux. C'est-à-dire, qui a les pieds faits comme les chiens qu'on appelle bassets ; de *canis*.

Cagot, et bon. De καγαθὸς, ou de *caasgoths*, c'est-à-dire, chiens Goths, selon de Marca ; ou de *agotes* Sarrasins. Cela signifie aussi un Ladre : et Cagoterie, Ladrerie : car il y a un serment du Seigneur de Bearn, au livre des Offices de France, où on voit ces paroles qui le prouvent : « Caperaas, Espitalées, ny Cagots, no pagaran « Talhas, etc. » Et plus bas : « Las Gleisas, et Cagotariez. » D'où peut estre venu le mot de *ladre capot*. Cagot se prend maintenant pour un hypocrite.

Caignardier. Vau-rien, homme qui mene une vie libertine et vagabonde. Le Duchat, notes sur Rabelais.

Caignon. Villon se sert de ce mot ; mais je ne le comprends point :

Ce jura il sur son *caignon*.

Cailanie. [Droit de gué. (La Curne, Gloss. Fr.)]

Cailler. Chasser aux cailles ; et cailleur, c'est le chasseur.

Caillos. Des cailloux. (Perceval.)

Caimant. Mandiant ; de caimander, mandier. (Monet.)

Cair. Chariot.

Caire. Visage ; de *caro*. Voyez *Chere*. Coquillard dit :

Quand un homme est mince de *cair*.

Calada. Paver, à Montauban : de l'Hébrieu *kala*, c'est-à-dire, une pierre.

Calandrer. Tabiser un taffetas ; à cause que la machine avec laquelle on le fait, s'appelle une Calandre, parce qu'elle fait des marques semblables à celles des plumes des oiseaux de mesme nom.

Calanger. Faire plainte criminelle. Voyez *Calengier.*

Calcable. Voyez *Calquable.*

Caldieu. Un Caldéen.

Cale. Calote ; et vient du mot *escaille.*

*****Caled.** Dur ; de *galad*, qui en Hébrieu signifie endurcir. (Bochart.)

Calenge. Plainte criminelle, blasme. (Perceval.) Et l'Autheur des Doctrinaux dit :

> Et son prisé preud'homme,
> Ia n'y mettez *calenge.*

Calengée. Criminel contre qui il y a prise de corps. (Ragueau.)

Calenger. Quéreller ; de *calumniari.* Alain Chartier, dans son Quadrilogue : « Et prins des amis ce qu'ils « n'eussent osé sur les ennemis *calenger.* » Les vieux François ont premierement dérivé *caloigner*; et de-là par quelque altération et changement de lettres *calenger.* Le R. de Charité, dit :

> Suer, dit-il, ses tu ton esoigne
> Chis hom aidier pas ne caloigne.

Et l'Autheur du Doctrinaus :

> Et l'on prise preudomme
> La n'y mettes *calenge.*

Calenger. Veut aussi dire barguigner ; et on s'en sert en Normandie.

Calengier, Chalonger, et Chalenger. Par fois veut dire blasmer, débattre, et contredire ; comme lorsque Pierre de Blois dit :

> Car je ne vois que *calengier.*

Et par fois il signifie louer. R. de la Rose :

> Il est fol qui maine dangier
> Vers celui qu'il doit *calengier*,
> Et qu'il luy convient supplier.

Et ailleurs :

> Et là veut chacun *calengier*.

Lorsqu'il signifie louer, j'estime qu'il vient du Grec καλὸς, *pulcher*; et quand il veut dire blasmer, de *calumniare*.

Caler. Se taire. Satyres Chrestiennes, disent :

> Moi cependant de me *caler*;
> Car que sert prescher et parler,
> A ventre qui n'a pôint d'oreilles?

De-là vient le mot de Languedoc, *se cala*, se taire.

Caleti. [C'est le surnom en gaulois de Mercure Vassos. Une tribu gauloise du pays de Caux portait le nom de *Cœleti*.]

Calfreter ou **Calefreter**. C'est-à-dire, calfeutrer ou calfater, en termes de marine.

Calliomarcus. [Mot gaulois qui signifie sabot de cheval, non donné au tussilage, plante médicinale; c'est le *Pas-d'âne*.]

Calocatanus. [Mot gaulois qui s'appliquait au coquelicot. En gaëlique écossais, *Kodalack* signifie somnifère.]

Calquable. Difficile à passer. La Cronique de Hainault s'en sert parlant des rivieres.

Calquas. Un carquois ancien : d'autres disoient un carcas. Et on tient que de-là vient le nom de Carcassone, Ville de Languedoc, où il y avoit un grand magasin d'armes anciennes; car on y en voit encore de pleines chambres. Voyez *Carcas*.

Calvanier, Calvainier. Valet qui sert à enlever les gerbes du champ. (Monet, Nicot.)

Calvardine. Une perruque. Coquillard semble l'employer en ce sens, en la page 16.

> Mais qu'il ait une *calvardine*,
> Avec cela c'est un grand homme.

J'estime qu'il vient de *calvus*, parce qu'elles sont nécessaires aux personnes chauves, et ont esté inventées pour eux.

Calyceius. Sorte de pierre des Alpes. (Hésychius.)

Camboritum. Courbé; d'où vient la Ville de Cambrigde, à cause de ses détours.

Cambrer. Voûter ; de *camera*, c'est-à-dire, voûte : de-là est venu le mot de chambres, parce qu'elles estoient anciennement en voûte. R. d'Aubry dit :

> Ia n'entreré en sa chambre voûtie,
> Se li quens n'est en vostre compagnie.

Cambrier. [Terme de coutume qui désigne les sujets d'un seigneur domiciliés dans sa mouvance. (L. C. G. F.)]

Cameline. Il y a un estat des Officiers du Roy, qui dit : « Il faut deux Saussiers fournissans toute verdure « pour faire sausse et *cameline*. »

Camelot. Estoffe de poil de chameau et de chévre. D'autres estiment que ce mot vient du mot Arabe *zambellot*, c'est-à-dire, du meilleur poil. (Busbeque et Scaliger.) Il y a apparence que c'est le *pannus cymatilis*.

Camines. Toiles claires et fines des Turcs. (Gase.)

Camio. Chemise en langage de Cahors. J'ai veu une excellente piece en vers de ce païs-là, touchant un amoureux transi, où il y a une Stance qui dit :

> Mous ossés se pouiriou conta ioust la *camio*,
> Et ton el ma cambiat embuno anatomio
> Que degu nou bol beiré,
> Coumo un pargan rimat la mio pel se fronzis,
> Agacho lo de prep, l'esclairé ne lusis,
> Coume d'un tros de beiré.

Camion. Brouette de Vinaigrier. (Nicot.)

Camocas. Sorte d'estoffe dont parle Pathelin.

Campart. [Voyez *Champart*.]

Campis. C'est un mot du Languedoc, qui signifie brusque, et qui se met en colere pour néant.

***Camulodunum.** Coline du Roy, ou Seigneur ; du mot Arabe *kimal*, c.-à-d. Seigneur de nation. (Bochart.)

***Camulus.** [Surnom gaulois de Mars. En Irlandais *Kam* fort, puissant.]

Camurus. Voûté ; d'où vient *camus,* comme qui diroit, nez courbé, et peu eslevé.

Canabasser. Examiner avec soin. Rabelais, liv. 2. chap. 10, dit : « Et le priarent vouloir le procès *canabasser* « et grabeler à poinct. » *Canabasser* un procès, c'est en voir et revoir les pieces avec autant d'exactitude, qu'un Ouvrier en tapisserie s'applique à compter et à recompter les fils de son canevas. (Le Duchat dans ses Notes sur Rabelais.) Et de-là canabassement, examen sérieux, *curiosa essaminatione,* dit le Diction. Fran. Ital. d'Oudin.

Canailles. Pôures ; parce qu'ils se tenoient dans des cánaux ou aqueducs ; ou de *canile,* selon Lipse : « Dice- « bantur enim pauperes canalicolæ, quòd canales cole- « rent. Festus. »

Canceler. Annuller une écriture. (Monet.)

Canchies. Avant que ; dit de ainçois que.

Candelabre ou **Chandelabre.** Chandelier.

***Candetum.** Mesure de terre de cent ou de cent cin- quante pieds, ou canton de cent Villages, ou une certaine herbe. (Grand Atlas.)

Canecosedlon. [Mot gaulois qui paraît devoir signi- fier temple ou édifice religieux.]

Canole. L'os du coude, dit *radius ;* de canne, roseau, parce qu'il ressemble à un tuyau. De-là vient aussi canon, et canelle.

Cans. Chiens. (Histoire des Albigeois de Perrin.)

Cantalon. [Mot gaulois qui désigne un objet consacré à la déesse, un temple.]

Cantii. Estans au coin ; d'où vient *Cantæ populi,* c'est-à-dire, *Kent,* en Anglois, et canton.

Canu. Chenu, qui a les cheveux blancs ; du Latin *canus*

Cap. Tête, chef commandant. (Monet.)

Capane. C'est-à-dire, cabane ; de *capana*, vieux Latin.

Capcastel. [Terme de coutume ; c'est le lieu où le château du seigneur est placé. (La Curne, Gloss. F.)]

Capcion. [Taxation. (Ord. des R. de F. t. 1. p. 158.)]

Capdet. D'où vient cadet ; comme qui diroit petit chef, ou la seconde personne de la maison.

Capdeulh. Maison noble appartenant à l'aisné. (R.)

Cape. V. *Chape*. C'est-à-dire, manteau ou couverture. Ancienne Cronique de Normandie ms. parlant du Duc Guillaume (selon M. Galand, au Traité de l'Oriflamme), tué par trahison du Comte de Flandres, dit : « Li Duc qui « ne pensoit nul mal, retourna arriere ; et quand il fut « arriéré, chils qui armez estoient sous leurs cappes, « saillirent et occhisrent. » Le R. de Rou et des Ducs de Normandie, descrivant ce meurtre, dit :

> Fancez leva l'espée, qui sous ses peaux porta,
> Tel l'en donna au chief que tout l'escervela.

Idem :

> N'a gueres meillor terre soubz la *chappe* du ciel,

Idem :

> Par les champs sont à luy à esperon venu,
> Esmuchies de l'or *chappes* rien à nul cognu.

Idem :

> En lo *chape* s'est embrechiés,
> Qu'il ne fut pris, ne encerchiés.

Idem :

> Une chape à pluie afeubla
> Sur sa *chape* se fiet chaindre,
> Et ô une chainture estraindre.

Et ailleurs :

> En braye est et en chemise,
> Une *chape* en son col a mise.
> A son cheval mout tost se prist,
> Et à la voye tost se mist.

R. de la Rose :

> Elle eut d'une *chape* fourrée,

> Si bien de ce je me records,
> Affeublé et vestu son cors.

Et le R. de Florimond :

> Toz à guise de Marchans,
> Furent vestus de *chapes* grandes,
> Desor avoient les espées,
> Celes n'ont-ils pas oubliées.

Et Joinville en l'Histoire de Saint Louis : « Le pauvre « Chevalier ne fust mie esbahy, mais empoigne le bour- « geois par sa chape, bien estroit et luy dit, qu'il ne le « laisseroit point aller. » Quelques-uns font venir tous ces mots de *capella* ou *capra* ; parce qu'anciennement les estoffes estoient de poil de chévre. Et on voit ès Livres de Moïse, que les Tabernacles estoient doublés de poil de chévre.

Capeline. Chapeau à ronde et basse tétiere et large rebras, comme ceux des Cardinaux. *Capeline* de fer ; tétiere de fer ; morions à basse coupe et courtes ailes. (Monet.) Homme de *capeline*, homme d'exécution et d'exploit, digne de porter la *capeline* de fer.

Capet. Roy de France ; ainsi dit, à cause qu'il ostoit les chaperons aux enfans, ou parce qu'il portoit un cha- peau ; ou bien de *capito*, parce qu'il avoit grosse teste. Il y a de vieux livres qui l'appellent Capel.

Capiscos. Maistre d'Ecole. (Ragueau).

Capitage. [Capitation, taxe. (La Curne, Gloss. F.)]

Caprifole. C'est une herbe ; du Latin *caprifolium*.

Capsoos. Sorte de rente, en matiere de Ficfs.

Captal. Capitaine, selon la Cronique de Flandres, et Froissart.

Captal de buze, *capitalis bogii*, c'est-à-dire, chef des habitans : ainsi les Tolostoboges estoient les habitans de Tolose. Cet épithete de *Captal de butz*, est particuliere- ment attribuée à la maison d'Espernon. D'autres font venir ce mot *à capite bovis*.

Captionner. [Arrêter, mettre en prison. (L. C. G. F.)]

Car, Carrelage , Quarrage et **Quarrerage**. [Droit de percevoir la quatrième partie des fruits recueillis sur les héritages des colons. (L. C. D.)]

Caracalla. [Mot gaulois. C'était un vêtement avec capuchon que l'empereur Antonin III rapporta des Gaules et dont il reçut le surnom. En celtique écossais, *Karach-vllamh* signifie vêtement de dessus.]

Carat. Poids, vient de *κεράτιον, siliqua*, dont on se servoit au poids anciennement.

Carate. Caractere. (Songe du Verger.)

Caratsitonu. [On pense que c'est le nom gaulois de la rivière l'Iton, qui passe à Evreux.]

Carauder. Se réjouir ; et *caraudes*, réjouissance : ce qui vient du Grec *χαίρω*. Gauvain dit :

> Il a en son cuer fort *caraude*,
> Puis qu'en amours y fiert et touche.

Item :

> Nul ne porroit dire de bouche,
> Tel *karaude* pour cuer crever.

Carauldes. Sorcieres, c'est-à-dire, ayant le visage défiguré ; de *cara*, c'est-à-dire, visage : d'où vient le mot de Languedoc, *careto*, c'est-à-dire, un masque. Aussi y appelle-t-on masques, cette sorte de femmes empoisonne-resses. Rebours de Mathiolus dit :

> Comme elle a esté en presse
> Des sorcieres et des *carauldes*.

Carbases. Voiles ; de *carbasus*, lin.

Carcas. Carquois. Alain Chartier dit :

> Quand amours ot oüy mon cas,
> Et vy qu'à bonne fin tendy,
> Il remit sa fléche au *carcas*.

De-là vient le mot de Carcassone, c'est-à-dire, Arsénal. (Voyez *Calquas*, où je l'ai remarqué.)

Carciofe. Artichau, cardon. (Monet. Nicot.)

Cardonal. Cardinal. Villehardouin s'en sert en cette sorte.

Carerage. [Terme de coutume, droit de charroi. (La Curne, Gloss. français.)]

Carfou. C'est selon Pasquier, la retraite qu'on sonnoit le soir, comme qui diroit, le couvre-feu. Mais j'estime que c'est comme qui diroit gare fou, c'est-à-dire, qu'on advertit les débauchez et voleurs de se retirer, et qu'il est permis après cela au Guet de les prendre. On appelle aussi cela en Languedoc, le chasse Ribaud.

Carger. Charger. (Perceval.)

Cargiere. Se chargea.

Cariage. Charriage, charroy; de *carrus*, chariot. (M.)

Carion. [Terme de coutume; la dîme de la dîme. (La Curne, Glossaire français.)]

Caritative. Charitable.

Carnal. Chair. « Si qu'il lui trencha pleine paume du « *carnal* de la cuisse. » (Merlin.)

Carnalage. [Droit de dîme sur les animaux. (La Curne, Glossaire français.)]

Carnaler. [Droit de tuer les animaux pris en dommage. (La Curne, Gloss. français.)]

Carnel. Creneau. (R. de la Rose.) Ce mot est encore en usage en Languedoc.

***Carnon**. Arme ancienne des François. (Bochart.)

Carnou. Trompette. (Hesychius.)

Carole. Danse ; de *chorea*.

Caroller. Danser. (Nicot.)

Carper. Pincer. (Berault Stuart, Sieur d'Aubigny, en son Traité de la Guerre ms.)

Carpot ou **Quarpot**. C'est un impost sur le vin. En

Bourbonnois, c'est la part de vendange du Propriétaire de la Vigne, divisant les fruits avec son Vigneron. (Monet.)

Carraques. Barques, vaisseaux, navires. Marot, Ballade 9, dit :

> Quand Neptune puissant Dieu de la mer
> Cessa d'armer *carraques* et galées.

Carreaux. Voyez *Garraux*.

Carroi. Chemin, route, par où passent les chars et charrettes. Marot, au premier chant de son Poëme de l'Amour fugitif, dit :

> Par maint *carroi*, par maint canton et place.

Et dans le deuxiéme chant du même Poëme :

> Quand fut en plein *carroi*,
> Sus ung hault lieu se mist en bel arroi.

Ce mot vient de *carrus*, ou *carrum*, et c'est le synonime de cherrure, qui selon Ménage est un mot de Touraine qui signifie un carrefour.

Faire **Carrous.** C'est-à-dire, débauche de vin ; du mot Alleman *garhaus*, c'est-à dire, tout vuidé ; ou de Χαρὰ, *gaudium*.

Carruga. Charrue. (Capitulaire de Charlemagne.)

*****Carrus.** Mot Gaulois, selon Bochart ; d'ou vient *currus*. On dit encore en Languedoc, *lou carré*, pour dire la constellation de l'Ourse, à cause qu'elle a quelque rapport à un chariot. Ils appellent de mesme un chariot : de-là vient aussi char, et charrette.

Carrutage. [Droit sur les charrues. (La Curne, Gl. F.)]

Cartage. [Redevance du quart des fruits de la terre. (La Curne, Glossaire français.)]

Casal. Une maison, selon Villehardouin ; de l'Italien *casa* : mais en Languedoc il ne signifie que la place où il a y eu une maison autrefois.

Casalées. [Personnes de conditions libres tenant des terres serviles. (La Curne, Gloss. français.)]

Casaque. C'est l'habit des Cosaques, peuple, duquel nous l'avons prise ; et à cause de cela, lui avons donné ce nom : ainsi on appelle une Cravate, le mouchoir de col, qu'on a pris des Croates.

Castine ou Cassine. Querelle, riote.

Caston. Le chaton d'une bague.

Castral. [Qui appartient à un château et en relève. (La Curne, Gloss. franc.)]

Cateia. Pique, javeline. (Isidore.) C'est le dard Gaulois ; d'où vient *cad*, c'est-à-dire, guerre en Breton.

***Cateies.** C'estoient des dards qu'on lançoit, selon Isidore, et Virgile liv. 7 :

> Teutonico ritu, soliti torquere *cateias*.

Et Abon, Poëte ancien, en parle aussi en cette sorte :

> . . . . volatu
> Transiluit propero clypeum, gestansque *cateiam*.

Catel. Captel, chaptel, toute chose meuble dans la Coutume de Dreux et de Blois. (Monet.)

Caterne. [Registre terrier, cadastre. (L. C. Gl. fr.)]

***Catervæ.** C'est le nom des Légions Gauloises. (Vegece et Bochart.)

***Caterra.** Six mille Gaulois. (Vegetius.)

Cateux. Biens meubles.

Catin. Plat. (Platine, d'honneste volupté.)

Catix. [Immeubles par nature qui sont considérés comme meubles. (Beaum. C. B.)]

***Cattus ou *cancer*.** Machine de guerre décrite par Vegetius. Pontanus dit : « latibula sub quibus se occul-« tabant milites, vocata sunt, testudo, crates, pluteus ; et « à Francis, tulpa, vulpes, ericius, *cattus*. »

Cauchiers. [Droit de péage. (La Curne, Gloss. Fr.)]

Cavechure. Chevestre, licol.

Caver. [Vassal qui doit à son seigneur service de cheval. (Laurière, Gl. D. F.)]

Cavial. Boutargue.

Cavillation. [Chicane. (L. C. D.)]

Caulte. Rusée, subtile. Marot, Epît. 9, dit :

C'est un Marchand qui à bon marché preste,
Mais au payer c'est une *caulte* beste.

Cauquemare. C'est une sorciere. Voyez *Pesart*. L'Amant Vert dit :

Griffons hideux qui mangent gens,
Barbares et fiers lougaroux,
Vieilles et laides *coquemares*.

Caut. Rusé, fin subtil. (Marot.) Ronsard dit :

Et de quel soin prudent et *caut*
Ton peuple justement tu guides.

Cautellage. [Cautionnement. (Laurière, Dict. D. F.)]

Cautelles. Ruses, finesses. Marot, chanson 23, dit :

Qui veut entrer en grace
Des dames bien avant,
En *caultelle* et fallace,
Faut estre bien sçavant.

Cautement. Cauteleusement, finement, avec adresse et subtilité. (Monet.)

Caux. Ceux. (selon Fauchet.)

Cayon. Ayeul. Voyez *Tayon*.

Lancelot le bon Roy Boheme,
Où est-il? Où est son *cayon*?　　(*Villon*.)

Ceau. Ciel.

De roses y ot grand monceau,
Si belles n'avoit sous le *ceau*.　　(*Rose*.)

On dit encore *lou ceou*, au bas Languedoc.

*****Cebennæ** ou *gebennæ*. Les Cevenes ou Sevenes, montagnes qui sont depuis Montauban jusqu'au Vivarez, appellez aussi *Cemmeni*, par Strabon.

Ceddicion. [Cession. (N. C. G. t. I. p. 408.)]

Ceisan. [Vassal qui ne doit qu'un simple sens. (Laur., Dict. D. Fr.)]

Cel. Ce. Perceval dit :

> *Cel* Chevalier dessous cel charme.

Celant. Un homme qui est secret. Jean Bretol, ou Bretiaux, dit :

> Si que li bon, li sage, li *celant*,
> Sant mis arrier, et li novice avant.

Celates. Voyez *Heaumes*.

Celéement, et à celée, c'est-à-dire, à cachettes, secrettement. (Perceval.)

Celestiel, et **Celestielle.** Céleste.

Celicnon. [Mot gaulois qui signifie lieu d'une retraite religieuse ; sorte d'ermitage de Druide. En celtique, *Keles* cacher.]

Celle. Maison ; du mot Latin, *cella*.

Cellerage. [Droit seigneurial ; celui qui se perçoit sur le vin dans le cellier. (Laurière, Dict. D. Fr.)]

Celsitude. Hauteur, grandeur. (Monet.)

Celtæ. [C'était le nom que se donnaient les Gaulois qui, en latin, étaient désignés sous celui de *Galli*.]

Cembel. Sorte de tournoy ou dance sous un ormeau, comme on le pratique en Languedoc ès Villages. « Hues de « brayes selue menestrel, » au R. de Guill. de Dole, on lit :

> Celle dosseri
> Ne met en oubly
> Que n'aille au *cimbel* :
> Tant a bien en li,
> Que moult embeli
> Le giou sous l'ormel.

Perceval me confirme à conclure que c'est un tournoy ou assemblée de Chevaliers ; il dit :

> Li Chevalier qui nouvel sont,
> De cel *cembel* li meillor sont.

Et ailleurs :

> Car se tant pouvoi fuir,
> Qu'on me vit de ce chastez ;
> Ia verries tout li *cembel*,
> Issu dehors pour moi aidier.

Et plus bas :

> Iusqu'à la porte sont venu,
> Où li *cembel* ont maintenu,

Ce mot pourroit venir de *cymbalum*, sorte de cloche avec laquelle on appelloit à l'assemblée [ceux qui y vouloient venir. Et on appelle encore en Languedoc un *cimboul*, une sonnette.

Cemise. Chemise.

> Ia pour les manteaux sebelins,
> Ne pour sercos, ne pour cotelles,
> Ne pour guimples, ne pour gonnelles,
> Ne pour *cemises*, ne pelices.   (*Rose.*)

Cen. Cela, ce que. (*Perceval.*)

Cenage. [Droit qui se paye pour avoir permission de pêcher dans une rivière. (Laurière, Dict. D. Fr.)]

Cenaille. Le lieu où l'on soupe. La Bible Hist. ms. s'en sert au commencement. Ce mot vient de *cœnaculum*.

Cencer. [Donner à cens. (La Curne, Gl. Fr.)]

Cendal. Sorte de couleur. J'estime qu'elle a pris nom du bois de *sandal*, duquel il y en a de trois sortes ; sçavoir, de rouge, de blanc, et de citrin.

> Une biere après li greal,
> Couverte d'un paile *cendal*.   (*Perceval.*)

R. d'Alexandre, parlant de Bucéphal, dit :

> Les flancs il li essuie des pans de son *cendal*.

L'oriflamme ou estendard de Saint Denis en estoit. Ce mot pourroit estre aussi formé de Sindon, et celui-ci de Sidon, Ville. Voyez *Sandal*, et *Oriflamme*.

Cendrier. Un homme vain ; de *ciniflo*.

Cenelle.

> Ne prise pas une *cenelle*,
> Vostre richesse, et vostre avoir.   (*Ovide.*)

C'est le fruit du houx, qui est petit et rouge. On l'appelle encore des sanelles en Languedoc ; et on a aussi ce quolibet, pour mépriser une chose, de dire qu'on ne le prise pas une sanelle. Comme à Beziers et Montpellier, on dit qu'on n'estime pas une *courroubio*, qui est un autre fruit, appellé en Latin *corrobia*, qui est comme une espece de feve dont la gousse se mange seiche, et est fort doucereuse.

Cener ou **Sener.** De ξαίνειν, *lacerare*, c'est-à-dire, briser.

Cengle. Sangle large, courroie de cuir. (Monet.)

Cenomani. [Nom d'une tribu gauloise dont le chef-lieu était au Mans. En Irlandais, *Kenel* signifie race, et *Maon* héros.]

Cens ou **Cense.** Rente ; de κῆνσος, *census.* [Le cens est l'ancien chevage. C'est à la fois le fermage et l'aveu de la dépendance.]

Cense. [Métairie, bail, vente. (La Curne, Gloss. fr.)]

Censer. [Affermer. (La Curne, Gloss. fr.)]

Censier. [Seigneur, fermier. (La Curne, Gloss. fr.)]

Centaine. [District, banlieue. (La Curne, Gloss. fr.)]

Centoire ou **Centorion.** (Monet.) C'est l'herbe appellée *centaurea.*

Ceper. Abattre, ceper une muraille, la démolir par le pié. (Nicot.)

Cepier. Geolier qui lient les Prisonniers au cepre. (M.)

Cerant. C'est une petite monnoye, ou autre chose de petite conséquence.

> Poures devins et pains querant,
> Et je n'eus vaillans un *cerant.*   (*Rose.*)

Cergans et **Cergens.** Serviteurs ; de *serviens* : d'où vient Sergent.

> J'ay *cergans* et laboureurs,
> Ouvrans en divers ouvreeurs.   (*Ovide.*)

Cernlingho. Librement.

Cernumos. [Nom d'un dieu gaulois, qu'on voyait autrefois inscrit sur une des pierres de Notre-Dame de Paris. Ce dieu portait deux cornes à chacune desquelles pendait un anneau. En kymmryque *Kyrn*, cornes.]

Cerquemage. [Visite des lieux où doivent être placées des bornes, pour servir de limites aux propriétés. (Laurière, Dict. D. F.)]

Certe. Certain et véritable. (Gratian du Pont.)

A Certes. A escient, tout à bon. (Froissart.)

Certiorer. [Notifier, signifier. (La Curne, Gloss. fr.)]

***Cervisia.** Cervoise, c'est un mot d'ancien Gaulois, selon Pline ; dit ainsi de Cerès, inventrice des bleds, parce que ce breuvage se fait avec de l'eau et de l'orge, etc. C'est la biere.

Cescle. Un cercle.

Cesmin. Chemin.

Cest. Cestuy-cy, ce. Perceval dit :

De *c'est* blasme, et de c'est outrage.

Et ailleurs :

Et *c'est* Sire vous il merra.

***Cetos.** Laissez. (César et Servius.) De-là vient, à mon avis, un jeu des enfants de Languedoc, qu'ils appellent à Cedos, où ils se touchent légérement, et après s'enfuient ; et celuy qui a touché le dernier, croit avoir gagné : c'est pourquoi il fuit, afin que les autres ne le touchent.

***Cetra.** Arme des anciens Gaulois. (Bochart. — CETRA ou *Citra*, bouclier. (Tacite.)

Cevals. Cheveux. Voyez *Leus*.

Ceves ou **Civots.** Siboule, siboulette, échalote. (N.)

Ceur. [Cour, assises, justice, loi, ordonnance, statut, officier municipal. (N. C. G.)]

Cha. Ça.

> Pieros du Riez deslors en *cha*,
> Remit au parfaire son us.

Chaaine. Chaine. (Gauvain.)

Chaastré. Eunuque.

Chabler. Chapler, et jouer d'estramasson. (Merlin.)

Chabot. C'est un certain poisson ; dit ainsi de *capito*, parce qu'il a la teste grosse. Ce mot est encore en usage és armoiries.

Chaceour. *Chaceor*, cheval de chasse. (Perceval.)

Chadeler. Voyez *cadeler*.

Chaer, Chair, et **Chaoir.** Tomber ; d'où est venu *cheoir*. (Merlin et Perceval s'en servent. [Chaer signifie aussi échoir, arriver. (L. J. p. 259.)]

Chagrain. Chagrin. Ce mot vient de chat et de grain, c'est-à-dire, du chat marin ; duquel on appelle la peau, du chagrin, parce qu'elle est toute couverte comme de petits grains ; mais rudes, en sorte qu'on en peut polir le bois.

Chaiere. [Prison, captivité. (La Curne, Gloss. fr.)]

Chaindre. Voyez *Cape*.

Chains. Céans, (selon Perceval) ; d'où vient le mot de Languedoc sasins et assazins.

Chainture. Ceinture.

Chaitis. Misérables ; *caitieus* en Gascon, de *captivus*.

Chaizé. [Etendue de deux arpents de terre, autour du manoir seigneurial. (La Curne, Gloss. fr.)]

*****Chal.** Chevalier : d'où vient Seneschal ; de *senez*, c'est-à-dire, vieux ; et de *chal*, comme qui diroit *senior Eques*, vieux Chevalier.

Chalan. Bateau ; de ϰᾶλον, *lignum*. D'où vient chaloupe, et le pain *chalan* de Paris. Perceval dit :

> Et fors del *chalan*, le corps *mystrem*.

Chalange, et Chalonge. Tromperie, ou barguignement. Ovide ms. lorsqu'il dit que Pallas doit avoir la pomme d'or, parle ainsi :

> Si la doit avoir sans *chalonge*,
> Cuidiez-vous bien que le vous donge?
> Dit Juno, tost aviez jugié
> Mes moi : car plus belle suis gié

Chalangier. Voyez *Calangier, Chalonger,* et *Chalonger*; c'est la mesme chose. Par fois il veut dire, appeler un héritage ; et d'autres fois, tromper.

Chalante, est *imbricium,* ex *Catholico parvo,* (Dictionnaire ancien.)

Chaldeals des nés, chables des Navires.

Chalemastre. C'est une injure. (Pathelin.)

Chalemeaux, et **Chalemeler.** Voyez *Citole.*

> Ce marchand vilain *chalemastre.*

Chalemel, ou Chalumeau. Flageolet; de *calamus.*

> Li *chalemel* de cornouaille.   (Ovide.)

Chalemeler. Fluster. Voyez *Dux.*

Chalemie. Chalumeau, flute, flageolet. (Nicol.)

Chalendeler. [Glaner. (La Curne, Gloss. fr.)]

Chales et Challes. Charles.

Chaloir. Se soucier ; d'où vient *chaussit,* c'est-à-dire, chaleut.

Chalonge. [Requête, demande en justice, revendication, retrait lignager. (L. J. p. 123.)]

Chamage. [Dîme des agneaux et des cochons de lait. (L. C. D.)]

Chambelan ou Chambrier. Dignité venant de *camera,* chambre. Voyez *Cambrer.* Les Latins l'appellent *cubicularius,* de *cubiculum.* Ce mot de *Chambellan* est pris aussi pour garde du trésor. R. de Huon de Mery dit :

> Je sui *Chambellan* d'Antechrist,
> Je gard son or et son argent.

Le R. de Doon de Nanteuil, fait porter les présens du Roy au *Chambellan* :

> Li *Camberlans* le Rois, qu'en avoit le mestier,
> Apporta au Seigneur trois offrandes d'ormier ;
> Ce furent trois besans, c'est offrande à princier.

On disoit aussi *Chambrelan*. C'estoit proprement les Gentilshommes dormans à la chambre du Roy, et aux pieds de son lit, en l'absence de la Roine. (Ragueau.)

Il y avoit des petits *Chambelans* qui mettoient la nape, selon un ancien Roman anonime, qui dit :

> Et veissiez couvrir ces tables,
> As *Chamberlans* et Connestables,
> De pots, et de hanaps d'argent.

Et le Roman de Dion :

> Les napes fist estendre
> Le *Chamberlan* Grégoire.

On voit encore une Epitaphe à S. Denis près Paris, qui parle du premier Chambelan :

> En ce lieu gist sous cette lame,
> Feu noble hom qui Dieu pardoint l'ame,
> Arnaud Guillem, Seigneur de Barbazan,
> Qui Conseiller, et premier *Chambelan*
> Fut du Roy Charles VII de ce nom, etc.

Autre Epitaphe qui est à l'entrée de Nostre-Dame de Paris sous une statue :

« C'est la représentation de noble homme Messire « Anthoine des Essars, Chevalier, jadis sieur de Thieure « et de Glatigny au Val de Galie, Conseiller et Chambellan « du Roy nostre Sire Charles VI de ce nom, lequel Che- « valier fit faire ce grand image, en l'honneur et remem- « brance de M. S. Christolphe, en l'an 1413. Priez Dieu « pour son ame. »

De **Chambellan** vient

Chambellage. Droit deu au Seigneur, pour l'admission à l'hommage ; parce que le *Chambellan* se tenant à costé du Roy, disoit à celuy qui se présentoit : « Vous

« devenez homme du Roy, de tel fief que vous connoissez
« tenir de luy. » Et il répondoit : « Ouy. » Ceci est décrit
au R. de Florimont :

> Le Duc ne fut mie vilains,
> La Dame prist entre ses mains,
> Quant li ot pleuie sa foy.
> Second l'usage de la Loy,
> Le dextre genoil li baisa ;
> Et puis baisa la Damoiselle.
> Li Rois ses *Chambellans* appelle,
> Le Roy appelle de ses Druz,
> Et commande qu'il soit vestu.

Roman de Renaut :

> *Chambellan* de ma chambre tousiours mes enserez,
> N'y viendra nus haut homme, qui de mere soit nez,
> Pour terre, ni pour fief avoir et relevez,
> Que n'ayez le mantel, qu'il aura affeublez.

Cela fait voir que le manteau du Vassal estoit baillé au
Chambellan. Et par l'Ordonnance du Roy Philippe de l'an
1272, tout Vassal faisant hommage au Roy, donnoit au
Chambellan, le moindre 20. sols, ceux qui avoient de re-
venu cent livres, 50. sols ; si 500. 5. livres. Et les Barons,
Evesques et Abbez, dix livres parisis.

Chambereche. [Sorte de chambellage payé par la
terre elle-même. (La Curne, Gloss. français.)]

Chameuls. Chameaux.

Chamgles de Chastel. Je ne say pas exactement ce
que c'est. Froissart s'en sert, disant :

> Une grosse tour à *changles* tout autour.

Chamion. Sorte de chariot, comme aussi une petite
épingle.

Champagnols. Potirons. Ce mot vient de champ.
(Aldobrandin.) On les appelle *campairols* en Languedoc,
pour la mesme raison.

Champaige. [Pâturage. (La Curne, Gloss. français.)]

Champart. [Droit qui appartient au seigneur de la
terre, de prendre sur le champ une portion des fruits
avant que le laboureur enlève sa récolte. (Grand Cout. de
France. livre 2, page 117.)]

Champarer. [Lever le champart. (La Curne, Gl. fr.)]

Champarteresse. [Lieu où l'on met les gerbes dues pour le droit de champart. (Laurière, Gloss. Dict. franç.)]

Campayage. [Droit de faire paître ses bêtes dans un terrain vague. (Coutumier général, tome 2, page 263.)]

Champelet. [Petit champ. (La Curne, Gloss. franç.)]

Champi. Un enfant né d'une mere qui n'étoit point mariée lorsqu'elle en devint enceinte. (Bouchet, Serrée 8.)

Champier. [Droit de champart. (Voir ce mot.)]

Champion. Homme à qui il est permis de se battre en duel.

Champistaux. Dépiteux. L'Amoureux transi s'en sert :

Ou bien nourrir un tas de *champistaux*.

Voyez *Campis*.

Chanceau. Chassis ; de *cancellus*.

Chancel. Le Chœur d'une Eglise. On s'en sert en Normandie : il vient aussi de *cancellus*.

Chancelier. Charge ancienne, assez connuë, ainsi dite de ce qu'il signoit en un lieu grillé ; car *cancellus* veut dire un chassis ou grille : Ou de ce qu'il faisoit une grille à son seing, comme font encore les Secrétaires du Roy : Ou plustost des lignes en Croix qu'il passoit sur les Lettres rejettées qu'on luy présentoit. D'où vient aussi le mot de canceller, ou annuller un contract, comme qui diroit y faire une grille d'ancre, ou des lignes par-dessus l'escriture. C'est l'opinion de Vopiscus, au rapport de Turnebe, lors qu'il dit : « Cancellarij sunt, qui ductis « cancellatim lineis , literas vitiabant, quas princeps « noluerat signare. » Sarisberiensis en dit autant, selon Ménage, en ces termes :

[(Hic est qui regni leges *cancellat* iniquas.

Chancil. Sorte de toile.

Chemises et brayes de *chancil*,
Et chausses teintes en bresil. (*Perceval*.)

Et ailleurs il dit :

    Chemises de *chancil* pour les Barons.

Chanel. Canal, ou lit de riviere. (Bible Historiaux ms.)

Chanlete. Petite tuile de toit, ou canal, selon le Dictionnaire dit *Catholicum parvum.*

Chantel. Quignon de pain : d'où vient qu'on dit un cantel en Languedoc.

Chantelage. [Droit seigneurial perçu sur le vin des vasseaux. (Laurière, Glossaire du Droit français.)]

Chantelle. [Taille personnelle ; elle était de quatre deniers par tête sur les hommes de serve condition. (Laurière, Glossaire du Droit français.)]

Chanterres. Comme qui diroit Chantres. On appelloit ainsi les anciens Poëtes, parce qu'ils chantoient les faits des Héros, à l'imitation des Bardes des Gaulois : car Barde signifie aussi Chantre. (Fauchet en son Origine de la Poësie.)

Ces *Chanterres* alloient aussi réciter chez les Grands Seigneurs leurs Poëmes, pour avoir quelque récompense ; ou les joüoient sur leurs instrumens de Musique. On tient mesme qu'Homere alloit ainsi réciter son Iliade. Jean li Nivelais, confirme ce que nous venons de dire, en ces termes :

      A son hostel se sied, si fu joyaux et liez
      Un *Chanterre* li dit, d'Alexandre à ses piez.

Chanu. Chenu ou vieux ; de *canus*, c'est-à-dire, blanc : où comme qui diroit chef nud.

Chape de Saint Martin. C'est-à-dire, manteau ; d'où vient *capper*, qui vient de *cappa* ; n'est pas l'Oriflamme, comme plusieurs avoient cru ; mais estoit l'estendart de France, dont les Ducs d'Anjou estoient Gardiens, comme grands Séneschaux de France ; ou *Dapiferi*, ou Grands Maistres, c'est-à-dire, ayant intendance sur le boire et manger du Roy. Voyez *Cape.*

Cette *Chape* fleurdelisée est la plus ancienne des François : on la portoit aux armes, à cause que Saint Denys estoit Patron du Royaume, et on commençoit l'année en son honneur par sa feste. A cause de quoy les Roys de France se font Chanoines et Abbez de Saint Martin, comme a remarqué M. Galand en son Traité de l'Oriflamme, et ont accordé beaucoup de privileges à Saint Martin de Paris. Le Livre dit, *Gemma animæ* ms. asseure ce que dessus ; et Durand, livre *de Officiis.* V. *Séneschal.*

De-là est venu le mot de Chapelain et de Chapelle, selon le Moine de Saint Gal, livre 2. de *Rel. Caroli magni.*

Ce mot signifie aussi une robe ; et de-là vient chapeau et chaperon : car cette robe avoit un capuchon pour mettre la teste. On s'en sert encore en Béarn ; et les paysans de Languedoc en portent tous, et les appellent des *Capes.*

Chamberlan en Angleterre est un homme de Chambre.

Chape du Ciel. Voute du Ciel. (Monet.)

Chape-taudis. Champêtre, couvert de chaume, pour tenir à couvert l'attirail du labourage. (Monet.)

Chapel de roses. Bouquet, ou guirlande. R. de la Rose. D'où vient un Chapelet ou Rosaire, parce qu'il semble une guirlande ou cordon.

Chapelain. Prestre : ce qui vient du mot de *Chapelle.*

> Voudroye moult estre confés,
> Ie sçay un *Chapelain* si prés.   (*Perceval.*)

De-là vient un *Capelo,* mot Languedocien, qui signifie un Prestre.

Chapeler. Voyez *Chapler.*

Chapelle. Sorte d'alambic pour distiller. Marot, Epig. CXV, dit :

> La *Chapelle,* où se font eaux odoriférantes,
> Donne par ses liqueurs guérisons différentes.

Chaperon. Anciennement, selon Pasquier, les plus Grands portoient le *Chaperon* sur leurs testes. L'usage s'en perdit par après peu à peu, et ils ne demeurerent qu'aux gens de robe longue. On en couvroit la teste comme d'une coëffe ; le bourrelet environnoit la teste sur le derriere, et le reste se retroussoit sur le sommet de la teste ; et on environnoit le front et le col, des costez du *Chaperon* qui pendoient en bas. (Sillon en ses vieux Vers, Nicot.)

Lor *Chaperons* en lor chef mis.　　(Perceval.)

Après cela estant trouvé incommode, on en retrancha les pendans, et ne laissa presque que le bourrelet, qui, mis sur la teste, forma comme un bonnet rond; et ce fut l'origine des bonnets, lesquels un certain Patrouillet commença à faire quarrez.

De-là sont venus les Proverbes. « Qui n'a teste n'a « besoin de *Chaperon*. » « Deux testes en un *Chaperon*. » Et le mot de chaperonner, pour bonneter.

Tout le monde portoit *Chaperon*, tant les pauvres que les riches; et on saluoit en le levant, ou reculant en arriere et découvrant le front, comme faisoient les Procureurs en plaidant, et comme font encore les Moines en saluant. Pour prouver que tout le monde en portoit, il ne faut que lire Alain Chartier, qui dit que l'an 1447: « Charles VII. fit commandement à tous hommes de « porter une Croix sur leur robe ou *chaperon*. » Et Monstrelet, chap. 78. du I. Tome, et chap. 199. dit que: « la « Royne Isabelle haïssoit Jean Torel, de ce que lui parlant, « il ne levoit son *Chaperon*. »

Ce dernier texte montre qu'on le levoit en parlant; mais cela se faisoit seulement par les hommes, car les femmes ne le levoient point. Après que l'usage de porter des *Chaperons* sur la teste fut aboly, on les porta quelque temps sur l'espaule, comme font les Consuls de plusieurs Villes à présent, et les Conseillers qui font deuil et autres.

Il faut remarquer qu'on en portoit de toutes couleurs; mais les Magistrats avoient le *Chaperon* rouge, fourré de peaux blanches, selon Beloy. Et les Advocats les avoient noirs, fourrez de mesme. On l'appelloit *capulare*; d'où sont restez les Aumusses qu'on porte sur le bras, dites de *armilausa*.

Les gens d'Eglise le portoient de deux couleurs, comme il appert par ces deux Vers anciens:

Li *Chaperons* partis, longue robe vergie,
Sont li aornement dont bobande Clergie.

C'est-à-dire, le *Chaperon* de deux couleurs, et une longue robe, à bandes de diverses couleurs, sont les ornemens dont se parent les gens d'Eglise.

J'ai veu un ancien portrait représentant un Abbé, chez

Monsieur Conrard l'aisné, Secrétaire du Roy, que je nomme par honneur, à cause de son mérite extraordinaire, et de son affection envers les hommes de Lettres, qui est ainsi bigarré de noir et de rouge, tant au bonnet, qu'en l'habit. Voyez *Soudivant.*

Il reste encore à remarquer, que comme les *Chaperons* de femmes commencerent à estre hors d'usage, les femmes de condition furent les premieres à les quitter, et les pauvres les porterent encore quelque temps, comme il arrive de toutes les modes ; car ce qui est quitté par les riches, sert encore aux pôures, et aux lieux reculez de la Cour, et cesse enfin dans les montagnes, et parmi les paysans. Cela se peut prouver par Coquillard qui, parlant d'une demy Demoiselle, dit :

> Il faut qu'elle porte
> Moitié *Chaperons* et atours.

Chapin. Chapeau, à mon advis.

> Aller sans chausses et *chapin.*   (*Villon.*)

Chapitel. C'est le chapiteau d'une colomne.

Chaple. Combat, ou coups.

> Messire Gauvain qui venoit au *chaple.*   (*Gauvain.*)

Chapleis. Idem. (Voyez *Ferreis* et *Coupler.*) De-là vient chaployer, c'est-à-dire, donner des coups d'espées sans cesse ; de *chalpa* et *clapa*, c'est-à-dire, frapper en Languedoc.

Chapler du pain. En oster la crouste ; de *capellare.* Or *capellare caudam equi*, c'est-à-dire, oster du crin de la queuë d'un cheval : ce qui vient do *capo*, c'est-à-dire, un chapon, à cause que c'est un animal à qui on a osté une partie en le chastrant.

Le **Chapon** de la teste. C'est-à-dire, le sommet, selon le Propriétaire de toutes choses.

Chaptel ou **Cheptel.** Bail des bestes, estimées par des Experts ou Preud'hommes ; de *capitale.*

Chapuis. Un Charpentier.

Chapuiser engins. C'est-à-dire, charpenter des

machines de guerre : d'où vient le mot de Languedoc, *capusa*, c'est-à-dire, réduire en coupeaux.

Char. Chair, selon Perceval et Aldobrandin ; de *caro*, et de l'Hébrieu *scheer*.

Char. Chariot. Les Anciens en avoient de diverses manieres, et entr'autres d'une sorte où ils portoient l'enseigne fichée ; et ceux-là estoient grands, et y avoit dedans plusieurs hommes armez. On les appelloit *caroccio*, c'est-à-dire, grand char ; d'où vient le mot de *carrosse*. On y portoit aussi une cloche, au lieu de tambour, (Fauchet.) Ceux qui désireront en sçavoir la construction n'ont qu'à voir le Livre de Magius, *de Tintinabulis*.

Cette maniere de combattre dans des chariots, est forte ancienne ; car les Latins et les Grecs, et mesme les Hebrieux, s'en sont servis, comme on peut voir dans Virgile, Homere, et dans les Livres sacrés.

Il y en avoit une autre sorte, dont les rouës estoient garnies de coûteaux, rasoirs, et faucilles, dont on faisoit grand ravage dans les armées. La figure en est dans Vegetius, *de Re Militari*. Il en est parlé dans le Livre des Macabées.

Charbogle. C'est-à-dire, escarboucle ; de *carbunculus*.

Charci. Maigre, (selon Perceval.)

Chardonal. Cardinal. (Villehardoüin.)

Chardonette. La fleur de l'artichaut, *cinarra pappi*. (Le Duchat, dans ses notes sur Rabelais.

Chariage. [Droit de passage sur la terre d'un autre, avec une charrette. (La Curne, Gloss. fr.)]

Charier. Procéder, aller. Mehun, au Codicile, dit :

Et sont aucunesfois ceux qui plus droit *charient*.

Et Marot ès Pseaumes :

Qui *charier* ainsi voudra,
Craindre ne faut que iamais verse.

Charites. Les trois graces. (Marot.) Ronsard, dans son Ode ii. à luy-mesme :

Ie viens pour chanter la tienne
Sur la Corde Dorienne
Des *Charites* ennobly.

Charivary. Bruit qu'on va faire à ceux qui ont convolé en secondes nopces ; de *chalybarium*, à *chalybeis vasis*, à cause des vaisseaux et sonnettes qu'on y fait résonner. D'autres le font venir du mot Grec, qui veut dire réjouïssance ; et les autres encóre, de καρηβαρέω : c'est-à-dire, je romps la teste.

Charlatan. C'est un jouëur de Gobelets, et vient de *circulator :* et celuy-cy, de ce qu'ils font divers tours dans un cercle.

Charmie. Chemise. R. de la Rose, sur la fin, dit :

> Lors void qu'elle est vive et charmie,
> Si li débaille sa *charmie*,
> Et void les beaux crins blondoyans.

Charneux. Charnel.

Charnies. Eschalas.

Charostier. Carnassier.

Charréterie. Charlaterie. (Villon.)

Charriere. Ruë. (R. de la Rose.) D'où vient le mot de Languedoc, *carrieire*. [En terme de coutume, signifie chemin de charroi. (L. J. p. 142.)]

Charroye. C'est-à-dire, le chariot du Diable, qu'on croyoit passer la nuit en l'air, avec grand bruit ; et on appelloit cela, le chariot du Roy Artus. On adjouste encore foy à cela au pays de Foix, où ils appellent cela *lou carré*. Les paysans asseurent que ce Roy Artus vient prendre les bœufs de leurs estables ; ce qu'ils estiment à un bonheur pour leur bestail, qu'ils disent en devenir gras. Ils disent que lors que leurs bœufs ont esté employez à cela, ils leur trouvent le lendemain de la cire sur les cornes. Et pour prouver qu'ils croyent cela fermement, il y eut un de mes amis, qui voyant les bœufs d'un paysan fort gras, et le loüant de ce qu'il estoit si bon mesnager du bestail ; il luy dit à l'oreille, que cela provenoit de ce qu'ils alloient au *carré* du Roy Artus. De-là est venu le mot d'*enarta*, c'est-à-dire, enchanter, en leur Langue, c'est-à-dire, user de l'art du Roy Artus, qu'ils estiment avoir esté grand Magicien. Et ils asseurent qu'il passe encore souvent en l'air, criant après ses levriers : mais ce sont des sornettes et erreurs populaires anciennes, qu'il est impossible d'oster de leur esprit, pour y estre enracinées de trop longue main. C'est pourquoy l'Autheur du R. de la Rose, dit fort bien, et avec jugement :

> Mais garde que ne soit si sotte,
> Pour riens que Clerc ne Lay lui note ;
> Que ia riens d'enchantement croye,
> Ne sorcerie, ne *charrbye*,
> Ne Helenus, ne sa science :

C'est-à-dire, les dances des sorcieres au Sabat avec Helenus :

> Ne Magique, ne Nigromance.

Je feray voir cela au long, dans mon Traité *De nullitate Magiæ*, et en ay déjà touché quelque chose dans mes Observations Latines-Médicophysicales.

Charruage. [Terres labourables. Le droit de *charruage* était un tribut imposé sur les charrues. (L. G. D. F.)]

Charteins. Voyez *Lozeins*.

Chartelaige. [Droit payé pour l'enregistrement des marchandises. (Laurière, Gloss. D. F.)]

Charton. Un cocher, ou chartier.

Chartre. Prison.

> Qui groncer en voudra, si gronce,
> Et courroucer, si s'en courrouce ;
> Car ie n'en mentiroye mie,
> Si ie devoye perdre la vie,
> Ou estre mis contre droiture,
> Comme Saint Paul en *chartre* obscure. (*Rose*.)

Estre en *chartre*, c'est estre Phthisique, etc.

Chartre est aussi un acte ancien, ou priviléges, et patentes : d'où vient qu'on dit, user de la Chartre Normande, par laquelle on se peut dédire.

Chartroussains. Chartreux ; comme qui diroit prisonniers. Voyez *Ensoigne*.

Chasse. Coffre où on tient les Reliques. Ce mot vient de *capsa*, et *capsula* : d'où vient aussi Chasuble.

Chassemares. Cochemare, ou sorciere.

> Elle chasse les loups garous,
> Et les *chassemares* de nuit.   (*Coquillard*.)

Chassement. [Maison tenue à cens par un serf ou vassal. (Laurière, Gloss. D. F.)]

Chasseranderie. [C'est en Poitou un droit que des Meûniers payent à un Seigneur qui a droit de Moulin banal, pour avoir la permission de chasser dans l'étenduë de sa terre. (C. du Poitou.)]

Chassins. Assassins, et vient de Arsacides, anciens Tyrans.

Chassipolerie. [Droit dû par les vassaux à leur seigneur, pour avoir en temps de guerre la permission de se réfugier avec leurs bestiaux dans son château. (La Curne, Gloss. fr.)]

Chastel. Chasteau, faire Châsteaux en Asie, c'est-à-dire, resver ; comme on dit maintenant faire des Chasteaux en Espagne. Le livre des Menus propos de Pierre Gringoire, dit :

> Et le songer fait Chasteaux en Asie,
> Le grand desir la chair ne rassasie.

Chastelaine. Damoiselle de Chasteau.

> Il n'est Dame ne *Chastelaine*.   (*Rose*.)

Chastelainerie. [Seigneurie d'un seigneur chatelain. (La Curne, Gloss. fr.)]

Chastoyer. Corriger, chastier.

Chat, et chat Chastel, machine de guerre, comme la tortuë ; d'où pourroit venir le nom d'une porte de Puilaurans, Ville de Languedoc, appellée Cap de Castel.

Chatel. [Homme de corps devant le cens capital. (La Curne, Gloss. fr.)]

Chateux. [Effets mobiliers. (Ten. de Littl.)]

Chatoire. [Ruche. (La Curne, Gloss. fr.)]

Chavaigne. [Corvée ou redevance pécuniaire. (La Curne, Gloss. fr.)]

Chauchemare. Cochemare. (Monet.)

Chaucher. Fouler avec force pour soirer et unir. (Monet.) Chaucher la vendange dans la cuve. — CHAUCHER. Saillir la femelle en fait de volailles.

Chaudeau. Boüillon à la viande. (Nicot.)

Chaudesoris. Chauve-souris.

Chauf. Chauve, sans cheveux.

Chauffaux. Eschaffaux. (Joinville, page 371.)

Chaviex. Le chevet du lit.

Chaulcée. Escluse.

Chaulme. C'est-à-dire, du chaume ; de *calamus*, c'est-à-dire, chalumeau.

Chaulx. Choux. (Aldobrandin.)

Chaus, Chau ou **Choue**. C'est-à-dire, tombé ; et vient de *chair*, c'est-à-dire, tomber : d'où vient *cheoir*.

Chaussage. [Cens qui doit être payé au seigneur, à son logis. (L. C. D.)]

Chaussé ou **Cauchié**. Pavé ou chemin, selon les Croniques de Hainaut, parlans des sept Chaussées de Brunehaut. [Droit pour l'entretien des routes. (L. C. G. F.)]

Chaussementage. [Droit de péage pour l'entretien des chaussées. (La Curne, Gloss. fr.)]

Chaussemente. Chausseure.

Chausses. Des bas. (Perceval.)

Chauvir des oreilles, c'est-à-dire, les remuer.

Chavretage. [Impôt sur les chèvres. (L. C. G. F.)]

Chaux. Souliers ; de *calceus*. (Fauchet.)

Chayene. Chaisne.

Cheable. Qui tombe.

Cheance. Pour chevissance, c'est-à-dire, profit, utilité. Voyez *Prou*.

Cheante. Cheute.

> Menace tousiours trebuchante,
> Preste de recevoir *chéante*.　(Rose.)

Cheaux. Petits chiens, petits d'un loup, d'un renard, etc.

Chéens. Céans. (Perceval.)

Chef. Voyez *Chief*.

Chefvir. Venir à bout, joüir. Chevissable, c'est-à-dire, dont on peut venir à bout. Voyez *Chevir*.

Chefvetaine. Capitaine.

Chelle. Celle. (Joinville.)

Chemage. [Droit sur les charrettes qui passent dans les bois. (La Curne, Gloss. fr.)]

Chemier. Aisné. (Ragueau.)

Chemisoi. Petite chemise. (Satyres Chrestiennes.)

Chener. Ennuyer, se dessécher d'ennuy.

Chenets. Petits landiers, comme qui diroit chienets, c'est-à-dire, petits chiens, parce qu'on leur donnoit cette figure autrefois.

Cheoir. Tomber. (Ovide ms.)

> Li cesne (le chesne) chiet en son *cheoir*,
> Fet tot l'autre bois perceoir.

R. de la Rose :

> Quand malément es laqs chey.

Cheoite. Cheute ; de *cheoir*, c'est-à-dire, tomber.

Chep. Bout d'un champ. (La Curne, Gloss. fr.)]

Chepier. Géolier. (Ragueau.)

Cherchet. [Mesure pour les grains. (La Curne, Gl. fr.)]

Chere. Visage. Pathelin dit :

> Que ressemblez-vous bien de *chere*,
> Et du tout à vostre bon pere.

Et ailleurs :

> En faisant une *chere* fade.

C'est-à-dire, une mine malade.

Ce mot vient de *cara*, vieux mot qui en Latin signifie aussi visage selon Corippus. D'où vient le mot de Quercy, *la caro*, pour dire la face.

> Cæsaris ante caram, cunctæ sua pectora duræ
> Illidunt terræ.

Ce qui vient de καρη, c'est-à-dire, la teste. D'où viennent les mots *accarer*, c'est-à-dire, mettre en face ; *acariastre*, c'est-à-dire, de visage refrongné : et les mots de Languedoc, *carobira*, c'est-à-dire, visage transporté ; *carobinat*, c'est-à-dire, enjolivé, et à qui on a coupé les cheveux sur le front ; comme aussi *escarrabillat*, c'est-à-dire, gentil et mignon. On disoit aussi *chiere*. R. de la Rose :

> Desgratigner toute la *chiere*.

Cherer. Se réjouir.

Cheriste. Qui fait bonne chere.

Chermer. Enchanter.

Cherqueler. [Fixer les bornes d'un héritage contentieux. (La Curne, Gloss. fr.)]

Cherubin. C'est-à-dire, le sommet de la teste, selon une Farce ancienne : d'où vient *carobinadure*, mot de Languedoc, qui signifie la garcete, ou cheveux du front.

Cherue. Du chanvre.

Chesaulx. Mesures ; de *casellum*, fait de *casa*. (Le Duchat, dans ses notes sur Rabelais.)

Cheseau, Chezal, Cheseolage. [*Casale, Casalagium*. C'étoit anciennement l'habitation, mais le plus souvent l'habitation et le tenement des hommes de condition servile, comme le Max, le Mex, ou le Meix en plusieurs endroits. Lorsque les Seigneurs affranchirent leurs hommes, ils se reserverent des droits sur ces tenemens, qui retinrent toujours le nom de *Cheseaux etc.* (Laurière, Gloss. D. F.)]

Chest. Ce, selon le Traducteur d'Esope :

> M'entremis de *chest* œuvre faire.

D'où vient *aqueste*, c'est-à-dire, celtuy-cy en Languedoc, et l'Italien *questo*.

Chetiex, Cheté. [Cheptel, capital, biens, meubles. (L. J. p. 151.)]

Chetif. Captif et miserable ; de *captivus*, et *captus*, c'est-à-dire, pris, ou miserable, comme qui diroit *questif*, à *quærendo*.

Chetifvoison. Captivité. La Bible Historiaux : « Si « enfans sont menez en *chetifvoison*. » C'est aussi misere dans Bethancourt.

Chetron. Caissete, caisseron au côté d'un coffre de bois. (Monet.)

Chevage. Voyez *Queuvage*, autrement *cavagium* et *chevagium*, ou *chevachium*.

Chevaler. Tàbonner, courir après quelqu'un. Au Colloque d'Erasme on lit :

> Avec les capherdes paroles
> De ces Moines à testes folles,
> Qui vous *chevalent* pour leur bien.

Chevaleureux. Courageux. Marot, Epigr. 22, dit :

> Voici le val des constans amoureux,
> Où lieu le parc l'amant *chevaleureux*.

Chevalier. On ne donnoit ce nom qu'à ceux à qui il estoit permis de porter harnois doré, selon Fauchet ; et à ceux qui avoient rendu quelques actions signalées, ausquels on donnoit une marque de l'Ordre dont on les faisoit. Il y en a eu de beaucoup de sortes, comme on peut voir dans un gros Livre qui s'en trouve, intitulé: De l'Ordre de Chevalerie. Il en est aussi parlé au fonds des Estats et Empires du monde, où il y a un Traité entier de leur origine. Mais de tout ce grand nombre, les anciens Romans ont plus extollé ceux de la Table ronde, establis par Artus Roy de Bretagne. C'estoient des personnes qui n'avoient à cœur que de défendre leurs maistresses et se battre contre leurs rivaux. Les Rois leur bailloient des armes, après qu'ils avoient donné des marques de leur valeur. Ainsi Wifried Borel II. Comte de Barcelone, receut sur son escu doré les armes de son Roi, après une sanglante bataille, où il avoit fait tout ce qu'on pouvoit attendre d'un homme vaillant. Car après la victoire, le Roi qui tenoit la vie de luy, trempa la main dans ses blessures, et luy fit avec les quatre doigts, quatre paux de gueules avec son sang, sur le champ d'or de son escu ; lui disant : *Quèstas saran las tuas armas.* Lesquelles armes ont passé dans les Roys d'Aragon, le Royaume estant tombé entre les mains de la noble et ancienne famille des Borels, dont on trouve un tissu de glorieux mémoires dans l'Histoire d'Espagne, et des Comtes de Barcelone, depuis Borel, Seigneur de Girone, Assone, Castelber, et de la pluspart des Comtez et Seigneuries notables de Catalogne, qui vivoit l'an 796. jusqu'à Raimond Bernard, Comte de Barcelone, l'an 1130. et de-là jusqu'à Monsieur Guillaume Borel, Chevalier, Baron, et Seigneur d'Urenoue, d'Uynbegue, Steelandt, etc. et Ambassadeur des Provinces-Unies des Pays-Bas, pour la France, personnage d'une si haute vertu, sçavoir et amour pour les Belles-Lettres, qu'il mérite les loüanges des plus doctes plumes. Je ne m'amuserai pas à le loüer davantage, puisque les plus excellens Poëtes Hollandois l'on fait dignement ; et qu'il s'est acquis assez de réputation par les mémorables Ambassades qu'il a eu en Espagne, France, Dannemarck, Angleterre, Venise, etc. où il a toûjours réüssi au contentement de cette florissante République, qui lui donne tous les jours de nouveaux titres d'honneur, pour lui témoigner sa reconnoissance, et l'estime qu'elle fait de luy.

Ces Ordres de Chevalerie ont pris leur source parmy les Romains, où il y en avoit de plusieurs sortes, les uns portant un colier, qu'on appelloit *Torquati* ; les autres avoient un anneau, etc.

Chevaliers du coq. Quoy que j'aye desia dit des

choses remarquables de la noble famille des Poliers, j'ay
bien voulu encore faire part au public de ce que j'en ay
appris du depuis, parce qu'il me semble qu'il luy estoit
important de le sçavoir pour plusieurs raisons : car outre
que les Antiquitez de cette noble et ancienne famille s'y
trouvent, on y voit aussi l'origine des Chevaliers du Coq,
et la fondation de la Ville de Villefranche de Rouergue.
(Voyez *Ensoigne*.)

L'an 1091. le Comte Raimond de Tolose estant passé par
le quartier où est à présent Villefranche, et l'ayant trouvé
propre à faire une Ville, y en jetta les premier fondemens ;
et en ayant fait l'enclos, y enferma le Chasteau des Messieurs de Polier, Gentilshommes de ce pays-là, parce qu'il
estoit fort et avoit une grosse et ancienne Tour, qui a
esté long-temps du depuis appellée la Tour de Polier ; et
maintenant est nommée la Tour des Peres, c'est-à-dire,
des Peres de la Mission. Il y a encore là diverses autres
choses qui ont retenu ce nom, comme la Terre, dite la
Rive, et le ruisseau de Polier, comme aussi la Croix de
Polier.

Or l'an 1214. Claude Polier sorty de cette famille,
s'estant trouvé à la guerre en une bataille contre les
Anglois, où Loüis IX. commandoit sous le regne de
Philippe III. et ledit Polier, qui commandoit une Compagnie de Cavaliers, ayant dégagé le Dauphin d'un péril
très-évident, le Dauphin en reconnoissance de ce bienfait
institua l'Ordre du Coq, et l'en fit premier Chevalier,
ayant choisi ce nom pour cet Ordre, à cause que l'escu
des Poliers estoit d'argent, chargé d'un Coq de sable,
supporté par deux licornes, et pour cimier un Coq chan-
tant, ayant les aisles éployées, et à l'entour ces mots :
Et Phœbi, et Martis.

De cet ordre a esté un Pierre de Montmorancy. Il y a
eu aussi un Pierre Polier, qui l'an 1364. après la mort du
Roy Jean, rendit une action très-glorieuse : car les Anglois
ayant occupé presque toute la France, et ayant sommé
Villefranche de venir prester serment de fidélité pour le
Roy d'Angleterre, dans la Ville de Regnac, ledit Polier,
premier Consul, estant député vers le Roy Edoüard à cet
effet, eut bien le courage d'y aller et refuser de le faire,
pour n'estre traistre à son Roy : et sur le point qu'on
alloit le faire mourir, un Grand, du nom d'Arpajou,
obtint en sa faveur qu'on lui permettroit de retourner à
Villefranche, pour prendre avec le peuple une meilleure

résolution ; et les ayant au contraire affermis, ils se défendirent et demeurerent fidelles au Roy de France.

Il reste encore à remarquer que les susdits Poliers ont fondé la rente d'une Médaille d'or à jamais, pour donner tous les ans au meilleur Poëte.

J'estime aussi qu'un Poulet, dont j'ay parlé sous le mot Vignolles, pourroit avoir esté de cette famille.

Chevance. Biens, richesses.

> Sont de nous deux filles et fils,
> Et n'y ha point de difference,
> Sinon pauvreté ou *chevance*.　　*(Marot.)*

Chevanton. C'est-à-dire, un bout de tison, en langage Bourguignon. Satyres Chrestiennes disent :

> Espanchez çà là par quantons,
> Attisent au four *chevantons*,
> Pour cuire flans, flanges, flamusses.

(Voyez *Flanges*.)

Chevauchée. Une course ; et *chevaucher*, c'est-à-dire, galoper.

> Et *chevaucherent* deux à deux,
> Tout droit vers le gué périlleux.　　*(Perceval.)*

Et plus bas :

> Que petit ne grand ne vantoit,
> La pucelle qui *chevauchoit*　　*(Idem.)*

Chevalcher, et *chevaucher*, c'est la mesme chose.

Chevauchure. Monture, (Villehardouin, page 91.)

Chevecagne. Cavalerie. (Perceval.)

La Chevecaille. C'est-à-dire, la tresse des cheveux. R. de la Rose, parlant d'une femme :

> Mes ce ne li seoit pas mal,
> Que sa *chevecaille* est ouverte.

Et ailleurs :

> Et pour tenir la *chevecaille*,
> Un fermeil d'or au col li baille.

On disoit aussi *chevechaille*.

Chevecel. Oreiller, ou chevet.

> Il ot en lieu de *chevecel*,
> Sous son chief d'herbe un grand moncel,
> Et commençoit à sommeiller.   (*Rose.*)

Cheveche. Chouette. Rabelais, liv. 5. ch. 8 : « Quand « il apperceut au-dessoubs de sa caige une cheveche. »

Chevecine. Chevestre. (Perceval.)

Chevel. [Le *fief chevel* ne relevait ni du roi ni d'aucun seigneur. — Lieu chevel était le lieu principal d'une seigneurie. (La Curne, Glossaire français.)]

Chevetains et **Chefvetains.** C'est-à-dire, Capitaines : ce qui vient du mot chef. (Villehardouin, Froiss., Fauchet.)

Chevet. C'est-à-dire, teste, pour la même raison. L'autheur de la Vie de S. Jean-Baptiste, dit :

> Que Hérodes fit marturer
> Li *chevet* à gleve trencher.

Le R. de Garin l'employe seulement pour le lieu où la teste repose, quand il dit :

> Plus de vingt croix, ot à son *chevet* mis.

Chevier. (Voyez *Devie*.)

Chevir. Venir à bout, et éviter.

> Com cil qui bien se sot *chevir*.   (*Perceval.*)

Et Marot dans sa troisiesme Epistre du Coq-à-l'asne, dit :

> Si de mon art ne peut *chevir*,
> Voici dont il pourra servir.

D'où vient le mot esquiver, ou eschiver. Ce mot signifie aussi transiger. (Nicot.)

Chevissance. Convention, pacte, transaction. (Nicot.)

Chevité. Je ne sçay pas bien ce que c'est ; mais le R. de la Rose s'en sert ainsi :

> Tantost la *chevité* se laisse,
> Et prend une autre, ou mout s'abaisse.

Chevocher. Galoper. R. de Gerar de Frate dit :

> Son Marechal a fait tout devant *chevocher*.

(Voyez *Chevaucher*.)

Chevol. Cheveux. (Perceval.)

Chevrel. Chevreau. Les Anciens prononçoient en *el*, tous les noms que nous avons en *eau ;* comme chastel, bel, etc. pour chasteau, beau, etc. Et je me souviens avoir leu un plaisant passage sur ce sujet, dans un ancien Autheur, qui parlant de quelqu'un, dit qu'il print un mourcel de pel de *chevrel*.

Chevrie. Une musette, ou cornemuse. Voyez *Citole*.

Cheux. Ceux. — Cheux, Chez.

Chief et **Chef.** La teste. Marot ès Pseaumes, dit :

> Ie sens plus de meschef,
> Que de poil sur mon *chef :*
> Le courage me faut.

De-là est venu le mot de cheveux. Il se prend aussi pour venir à bout. Jean de la Fontaine, en la Fontaine des Amoureux de Science, dit :

> Ains qu'en puisses à *chef* venir,
> Il te le faudra départir.

(Voyez *Engrouter*.)

De **Chief** en Chief. C'est-à-dire de bout en bout. (P.)

Chienage. [Charge imposée aux vasseaux de nourrir et de loger les chiens de leur seigneur. (La Curne, Gl. F.)]

Chier. Cher.

Chiere. Visage. Voyez *Chere*.

> D'esgratigner toute la *chiere*.   (Rose.)

Chiés. [Seigneur, souverain. (L. J. p. 33.)]

Chieureboust. Herbe appellée *caprifolium*, ou *matrisylva*.

Chieuz. Chez.

Chiffre. C'est-à-dire, nombre, mot venu de l'Hébrieu, *sephira.* Je le mets icy, pour remarquer une curiosité touchant l'origine des chiffres, dont nous nous servons. On met un I. pour un, II. pour 2. III. pour 3. et IIII. pour 4. parce que cela représente les quatre doigts de la main, sur lesquels on a accoustumé de compter. Et l'V. qui vaut 5. est marqué par le cinquiesme doigt, qui est le pouce; lequel estant ouvert, forme un V. avec le doigt index; et deux V. joints par la pointe font un X. C'est pourquoy l'X. vaut 10.

Il y a une autre raison du chiffre, où on met un D. pour 500. un L. pour 50. un C. pour 100. et un M. pour 1000. comme aussi cIɔ. pour mille, et Iɔ. pour 500. Ce qui vient de ce qu'anciennement on faisoit un M. comme si un I. avoit une anse de chaque costé; ce qui a esté séparé avec le temps en trois parties, en cette sorte cIɔ. De sorte que c'est toûjours M. qui signifie mille, parce que c'est la premiere lettre du mot Latin *mille.* Et le D. ou Iɔ. vaut 500. parce qu'il est la moitié de ce mille ancien. L. vaut 50. parce qu'il est la moitié du C. qui valoit cent, à cause que c'est la premiere lettre de *centum.* Or les Anciens faisoient leur C. comme un long E. qui n'auroit pas de barre au milieu; de sorte que le coupant en deux, la moitié forme un L. qui vaut 50.

Chikenie ou **Ceskenie.** Chemise; de ἰτώνιον, *indusium.*

Chil. Ce. (Voyez *Apostoile.*)

Chintre. [Levée de terre en forme de ceinture autour des pièces de terre qu'on veut renfermer. (La Curne, Glossaire français.)]

En **Chi ot.** C'est-à-dire, en qui il y eut.

Chiot. Petit chien; de κύων. Demy chiot, c'est-à-dire, demy ceint. (Mehun au Codicile.)

Chité. Cité. (Joinville.)

Chive. Oignon; de *cive,* ou *ciboule.*

    Et aussi verde comme *cive.*   (Rose.)

Ou bien c'est une sorte de jonc plat qu'on appelle *cyperus,* avec lequel on a de coustume d'enfiler les oignons.

Choays. Choix, dans les Coustumes du pays du Maine.

Choerm ou **Goerm.** Porc: d'où vient un gorret ; de χοῖρος, *porcus.*

Choine. Chaine ; de χοῖνος, *juncus,* selon Tripault de Bardis. Parce qu'on en faisoit de jonc avant l'usage du fer.

Chointe et **Cointe.** C'est-à-dire, gentile ; ajustée. L'an des sept Dames, livre ancien, dit :

    En la chambrete belle et *chointe.*

Choisir. Découvrir de loin quelque chose. (Villehardouin.) (Voyez *Let.*)

Choison. Dessein ; diminutif de *achoison,* c'est-à-dire, occasion. Perceval dit :

    Dy moy l'*achoison* de ta voye.

Chole ou **Cole.** Bile, passion bilieuse, colere. (Mon.) Voyez *Cole.*

Cholerer. Mettre en colere. (Monet.)

Chopine. Mesure de vin, venant de χέω, *fundo* ; et de πίνω, *bibo :* ou de *cupina,* diminutif de *cupa,* coupe.

Chou. Ce, et celuy. (Joinville, p. 351.)

Choucage. [Droit payé pour prendre des choques ou souches dans un bois. (La Curne, Gloss. fr.)]

Parler Chrestiens. C'est-à-dire, langage connu, selon la Farce de Pathelin, où le Drapier dit :

    Il s'en va, comment il gargouille !
    Mais que diable est-ce qu'il barbouille ?
    Sainte Dame comme il barbote !
    Par le corps-bieu il barbelote ;
    Ses mots tant qu'on n'y entend rien ;
    Il ne parle pas *Chrestien,*
    Ne nul langage qui appere.

Chu. Ce. (Joinville.) (Voyez *Katherine.*)

Chuenel. L'os coronal, ou le crane

Ciboire. Armoire ; de κιβώριον, *arcula.*

Cicamus. Sorte d'estoffe.

> Forré dedans de *cicamus*. (*Percéval.*)

Cier, Cierce, et **Sers.** C'est le vent de bise, dit ainsi de *circius ventus* qui, selon Aulugelle et le Grand Atlas, est un mot d'ancien Gaulois.

Cierge. Biche; ce mot venant de cerf, et biche de bouc: d'où vient qu'on appelle *bouccho*, en Languedoc, une chévre qu'on veut appeller à soy. Ovide ms. parlant du sacrifice d'Iphigénie, dit:

> En leu de la belle fu mise,
> Une *cierge* et sacrefiée:
> Si fu la Déesse apayée.

Ciez. Chefs, (selon Fauchet.) C'est aussi les cheveux, selon le R. de Berlain : « La peussiez-vous voir tant viez « draps dépanez, et tant grande barbe, et tant *ciez* « hurepez », c'est-à-dire. hérissez.

Cil. Celuy, et par fois ceux.

***Cimbri.** C'est-à-dire, les Danois ; et mesme les Bretons et Anglois sont compris par fois sous ce mot : d'où vient *Cambrea*, Province d'Angleterre.

Cimenicé. [Nom géographique gaulois qui s'applique dans César au *Mons Cevenna*.]

Cincelier ou **Cuicelier.** C'est-à-dire, un day, ou oreiller. Bible Historiaux : « Quand Iudith vit Holofernes « gesir en son lit, dessous un *cincelier* qui estoit de « saphir, d'esmeraudes, etc. ouvrées d'or, et de soye. »

Cindre et **Sindre.** C'est un instrument d'un Charpentier ; dit ainsi de *centrum*.

Cion et **Birrasque.** Pluye et gresle, provenans de vents humides s'entre-battans. (Monet.) Tourmente, tempeste qui s'éleve sur mer par l'impétuosité des vents imprévus. (Nicot.)

Circonvenir. Tromper quelqu'un. (Monet.)

Circuir. Tourner, autour : du Latin *circumire*, *circuire*. Marot, Pseaume 22, dit :

> Car *circui* m'ont les chiens pour me prendre,
> La fausse troupe, etc.

Et le mesme dans ses Opuscules :

> Et tant allai cette Dame querant,
> Que *circuis* Hongrie et Allemaigne,
> Espagne, etc.

Cis ou **Cist.** Ce, ces, cettuy-cy, ou cettuy-là, et mesme ceux. Pierre Gentien dit :

> Le plus vaillant de *cist* Royaume.

(Voyez *Ekevin.*)

Cisne. Un Cygne.

Citieen (Li). C'est-à-dire, les Citoyens. (Merlin.)

Citole. Instrument de Musique, qui vient à mon advis, de *cithara.*

> Puis met en cymbales sa cure,
> Puis prent fresteaux, et refrestelle,
> Et chalemaux, et chalemelle,
> Et tabour, et fleute,
> Et timbre, et *citole*,
> Et trompe, et chevrie,
> Psalterion, et violle.   (*Ovide.*)

Et ailleurs :

> Et baleries, et keroles,
> Et vit violes, et *citoles*.   (*Id.*)

Citrule. Citroüille. (Nicot.)

Clabau. Chien ; d'où vient clabauder, abayer : de *chaleb*, c'est-à-dire, un chien en Langue Hébraïque.

Clain. Plaid, procès. (Loisel.)

Clam ou **Claim.** Plainte ou adjournement : d'où vient qu'on dit encore une clameur.

Clame. Manteau de Pélerin ; de *chlamys*.

Clamer. Appeller. (Froissart.) « Qu'on *clame* ainsi. » c'est-à-dire qu'on nomme ainsi. (Voyez *Bobans*), où est un Epitaphe qui dit :

> Isabel do Paris *clamée*,
> Sui qui plore ma bien-amée.

Et le R. de la Rose :

> Quelle doit rose estre *clamée*.

C'est aussi prier, et reclamer. (Villon. Item), plaindre. R. de la Rose dit :

> Qu'ailleurs ie ne m'en *clameray*,
> Certes, honte ia ne merray.

(Voyez *Fief.*)

CLAMER. Recourir aux loix, faire plainte pardevant le Juge. (Monet.)

Clamone ou **Eclamonc.** Manteau de Pelerin faisant pelerinage. (Monet.)

Clamours. Plaintes, soupirs, gémissements, sur-tout en amour. Marot, dans sa description du Temple de Cupidon, dit :

> Tous Pelerins doivent faire requestes,
> Offrandes, vœux, prieres et *clamours*.

Clariné. Terme de la science armoriale, qui se dit des sonnettes de bœufs, parce qu'elles résonnent comme des clairons.

Claron. Clairon.

Clas. C'est le son des cloches pour les morts ; de κλάω, *fleo*.

Clavaire. Jadis un des Receveurs du Domaine du Roi. (Monet.)

Clave. Tunique Romaine, prenant son nom de *clavus*, c'est-à-dire, clou, à cause des cloux qui en formoient les boutonnieres. Il y avoit le large et le menu clave, qui se distinguoient par la grosseur des clous. (Monet.)

Claveau, Clavet et **Clavelée.** (Pathelin.) C'est une peste de moutons. Ce qui vient du mot *clades*, selon quelques-uns. Mais j'estime que cela vient du mot de Languedoc *clavel*, c'est-à-dire, un clou ; parce que les bestes qui en meurent sont couvertes de taches, comme de clous : ce qui est une espece de pourpre, qu'on appelle *loutac*.

I.   21

Cleché. Percé à jour, vuidé.

Clenche. Loquet : d'où pourroit venir le mot de *esclanche*, à cause qu'elle s'emboite comme un loquet.

Clerc. Sçavant. (Fontaine des Amoureux.) Villon dit :

Sur *Clercs*, Marchands, ou gens d'Eglise.

Clercelier. Géolier. (Songe du Verger.)

Clergeresses. Sçavantes. Ces mots viennent de κλῆρος, c'est-à-dire, du Clergé, parce qu'autrefois c'estoient presque les seules gens qui estudioient ; à cause de quoy la pluspart des Prestres estoient Notaires, parce qu'on passoit les Actes en Latin. Et ainsi ayant soin d'acquérir des revenus à l'Eglise, en augmentoient le bien plus qu'à présent, qu'ils ne manient plus les affaires.

Ce mot de *Clerc*, maintenant se prend pour un simple garçon qui sert à l'Autel, et mesme pour un ignorant : c'est pourquoi on dit : « faire un pas de Clerc », à cause qu'on a reçeu dans l'Eglise des personnes de moindre sçavoir qu'on ne faisoit pas autrefois.

Clergie et **Clergise**. Sçavoir, science. (Pathelin.) (Voyez *Bobander* et *Chaperon*.)

Clerion. Un Clerc d'Eglise (selon Perceval.)

Clier. (Voyez *Lier*.)

Cliner. Encliner.

Cliquant. Faisant du bruit. Nous en avons retenu le cliquetis des armes. Marot, liv. 1. de la Métamorphose, dit :

Et casse, et rompt de main sanguinolente,
Armes *cliquant* sous force violente.

***Clita** et **Clitella**. Machine ancienne. (Pontanus.)

***Clocca**. Cloche en ancien Gaulois, (selon Marin Mersene, en son Harmonie) : ou de κλώξειν, c'est-à-dire, sonner avec la bouche ; ou de *cochlea* ; ou de *clangor*. (Voyez *Seing*.) D'autres veulent qu'elle vienne de *claudicare*, parce qu'elle se tourne de costé en sonnant ; d'où ils dérivent le mot *clocher*, c'est-à-dire, estre boiteux.

Clocheman. Un mouton qui porte une clochete au col.

Cloficher. Clouer. (Mehun au Testament.)

Clopiner. Clocher ou boiter; d'où est venu le nom de Jean de Mehun, dit *Clopinel*, duquel Guillaume de Lorris dit :

> Et puis viendra Iean Clopinel,
> Au cœur gentil, au cœur isnel,
> Lequel naistra dessus Loire à Mehun,
> Et qui à saoul et à ieun,
> Me servira toute sa vie.

Quelques-uns font venir ce mot de σχωλυπτομαι, c'est-à-dire, ramper.

Clop. Boiteux. Perceval dit :

> Sist sor un cheval maigre, et *clop*.

Cloppe. Signifie la mesme chose : d'où vient le mot de Languedoc, *fa l'esclop à calcun*, c'est-à-dire, lui couper jambes et bras, l'assommer.

Clopper. Boiter.

Clopportes et **Clausportes**; de *clausiporcæ*, ou de *porcelliones*. D'où vient qu'on appelle ces insectes, des porcelets.

Closier. Un garde.

Clouer. Fermer : et *clouses*, c'est-à-dire, fermées. (Voyez *Signet*.)

> Ains *clouet* un eil par dédain.   (*Rose.*)

Ce mot vient de *claudo*. Un cloud en vient aussi.

Clouque. Poule glossante, *à clocca, id est, tintinabulo, ob sonum similem.*

Cloye. Claye.

> Le Chevalier, quoy qu'on die,
> Fut apointé sus une *cloye*,
> Pour mener pendre droite voye :
> Mais le bon Duc en eut pitié,
> Ainsi fut par luy respité.   (*Rebours de Mathiolus.*)

***Clupea.** Poisson du fleuve *Araris*, ainsi appellé pource qu'il change de couleur : Ce qui vient du mot Phœnicien *chalab*, c'est-à-dire changer, à cause qu'il change de couleur selon la Lune, (Bochart.) C'est aussi l'alose. *Calisthenes ad Stobœum. Plutarch. de Fluminibus.*

Coaille. Grosse laine ; de χῶας, *pellis ovina*, suivant quelques-uns : mais j'estime que cela vient de queue, qu'on écrivoit anciennement *quouë* ; car le R. de Flamel s'en sert ainsi :

> Le dragon la fiert de sa quouë.

De sorte que la plus mauvaise laine estant aux queuës des moutons, on l'a appellée de la *quoaille*. De-là vient aussi qu'en Languedoc on les nomme *de quoutissez*, et un *quoutis*, c'est-à-dire, une chose difficile à débroüiller, tels que les cheveux qui ont esté longtemps sans peigner ; lesquels lors qu'on vient à séparer, on appelle cela, *descoutissa.*

Coardia. (Voyez *Coüarder.*)

Cobir. Confir.

Cobter. Heurter ; de κοτγɛɩν, frapper. D'où vient *cottir*, et en Languedoc *couta*, c'est-à-dire, appuyer ; et *cop*, c'est-à-dire, coup.

Coccum. C'est de la graine pour rougir ; d'où vient *cochenille* : et de-là vient *coq*, c'est-à-dire, rouge en Breton, et le nom de l'oiseau *coq*, à cause de sa creste rouge, et *durocobriva*, c'est-à-dire, pont sur eau rouge. (Antonin.)

***Coccus.** C'est l'arbrisseau qui porte la graine d'écarlate ; d'où vient le mot de *cochenille.* C'est une espece d'*Ilex* bas, dont le Bas-Languedoc abonde. On amasse ces petites graines, où il se forme de petits vers ; d'où est venu le nom de vermillon qu'on a donné à cette couleur.

Cocu. Un cornard. Ces mots sont assez connus ; mais je les mets pour remarquer leur origine. Les uns disent que c'est à cause qu'on estime fol celuy qui est cornard, pour avoir souffert qu'on luy fist cette escorne : c'est pourquoy on luy attribuë des cornes, pource que les habits des fols ou marotes en avoient autrefois. Les autres le veulent faire venir de Moyse, à cause des cornes avec lesquelles on le peint. Les autres de Cippus, Roy cornu, qui estoit contraint de se tenir caché pour la honte qu'il avoit, comme voulant dire que les cornards se devroient cacher, de mesme que s'ils avoient des cornes.

Quant au nom de *cocu*, il leur est attribué fort à contre-sens, veu que cet oiseau va pondre au nid d'autruy, et que l'oiseau appellé *curruca* lui esleve son poussin ; à cause de quoy on devroit appeller *cocus*, et avec plus de raison, les hommes qui hantent avec la femme de celuy qu'on appelle cornard : et c'est ainsi que les Romains s'en servoient, comme il appert par Juvenal :

> Tu tibi tunc curruca places.

Mais cela pourroit estre venu de ce qu'on appelle un sot, un bec-jaune, c'est-à-dire, un oison, ou un *Cocu*, à cause de la couleur du bec du premier, ou de celle du plumage et bec du dernier. (Voyez *Conard*.)

Coegaulx. Égaux.

Coénæ. Prestres des Gaulois, dits de l'Hebrieu *Coën*, c'est-à-dire, Prestre. (Bochart.)

Coene. Antoine, (selon Vigenere sur Villehardoüin) : mais j'estime que c'est par l'erreur de ceux qui ont leu le ms. parce qu'ils ont confondu le *t*, et le *c* ; car cela est arrivé à beaucoup de personnes, à cause que les Anciens les faisoient fort semblables ; de sorte que je croy qu'il y avoit *Toëne*, et non *Coëne*.

Coetiver ou **Coitiver**. Échauffer, entretenir chaud, fomenter. (Monet.)

Cofin. Cabat, panier. (Monet). (Voyez *Cophin*.)

Cognition. Connoissance.

Cognon. Surnom, (selon Monet.) Lespleignay parlant de l'empoisonnement de François Dauphin, fils de François, qui fut empoisonné l'an 1536. avec du haranc, dit :

> Pire ès que le cruel Néron,
> Néronissime est ton *cognon*,
> L'experience en est en l'effet.

Coherte. Héritage. (Traité de la guerre ms. de Bérault Stuart, Sieur d'Aubigny.)

Cohuage. [Droit qui se lève sur les gens qui sont au marché. (Laurière, Glossaire du Droit français.)

Cohue. C'est l'Auditoire des Juges, comme aussi une Hâle ; et vient à *coëundo*, c'est-à-dire, de s'assembler ; ou de *cohors*. Pathelin s'en sert.

Coi. Quoy. (Perceval.)

Coiche d'un arc. C'est-à-dire, encocheure.

Coint. Coin de quelque chose.

> Pour porter les *coins* du Suaire.   (*Villon*.)

Coint. Beau, galant, ajusté, propre ; de *cultus*, ou *captus*.

> Si scet si *cointe* robe faire,
> Que de couleurs y a cent paire.   (*Rose*.)

Cointemant. Proprement, galamment. (Monet.)

Cointerie. Affeterie.

> Si se honnissent et ahontent
> Par outrageuse *cointerie*,
> Qui est signe de puterie.   (*Ovide*.)

Cointie. Gentillesse. R. de la Rose ms. parlant d'une robe :

> Et découpée par *coentie*.

Se **Cointoyer**. C'est-à-dire, s'ajuster proprement, se soigner. (Songe du Verger.)

Coireaux. Bœufs engraissez. (Rabelais.)

Coisse. [En Provence, c'est le droit de mesurage. (Du Cange, à *Cossa* I.)]

Coite. Saye ou robe. (Songe du Verger.) C'est aussi un lit de plume.

Colbert. C'est un compagnon d'affranchissement ; de *Colibertus*.

Cole. Pituite. (L'Esplaignay.) C'est aussi affection et

desir; comme aussi ire, selon Nicot; de *colera*, selon la Fontaine des Amoureux :

> Bien avoit esté à l'escole,
> Alors fu mis en une *cole*
> D'apprendre.

Une colo en Languedoc, c'est une troupe d'artisans liguez ensemble pour entreprendre quelque ouvrage de leur mestier.

Colée. Un coup d'espée sur le col. (Percéval.)

> Pas reçoevent tel *colée*,
> Tous Chevaliers qui ceint espée.   (*Guille Ville.*)

Collage. [Droit que le seigneur lève sur lés bœufs destinés au labourage. (Laurière, Gl. Droit franç.)]

Colletin. Simple pourpoint, ou saye sans manche de peau ou autre chose. (Monet.)

Collucté. Luté, joint.

A **Colombeaux.** C'est une estoffe figurée en forme de *colombs*, c'est-à-dire, pigeons.

> Un drap de soye à *colombeaux*.   (*Perceval.*)

Colps. Le col.

Colx. Coups. (Fauchet.) Godefroy de Leigny dit :

> Miex voil vivre, et sofrir les *colx*.

Com. C'est-à-dire, combien et come. (Boëce ms.)

> Ainsi *com* fere le soloient.   (*Perceval.*)

Comans et **Comands.** C'est-à-dire, commandemens.

> Qui ont sceu faire mes *comands*,
> Comme tu peux voir ès Romans
> De Iean de Mehun qui tant m'appreuve,
> Et tant les Sophistes repreuve.   (*La Fontaine.*)

> Ta convenance te tiendray :
> Or escoute, ie t'apprendray
> Les articles et les *comans*.   (*Ovide.*)

Je **Comans.** C'est-à-dire, je commence, et parfois je commande.

> Coment ie veil que ce Romans,
> Soit appellé que ie *comans*.   (*Rose.*)

Combatable. Combatant, vaillant. (Voyez *Affiner*.)

Combe. Vallée. (Nicot.)

Comitial. Haut-mal ; du Latin *morbus comitialis*.

Commande. [Droit perçu par le seigneur sur les gens de condition servile. (Laurière, Gloss. du Droit fr.)]

La **Commençaille**. C'est-à-dire, le commencement. (R. de la Rose ms.)

Comnuel. D'accord. (Villehardoüin.)

Compain. Compagnon. (R. de Merlin.) Ce mot est dit de ce qu'ils mangent mesme pain ; de *cum*, et *panis*.

> Mais me dit, *compains*, or soyez
> Seur, et ne vous esmayez ;
> Ie connois de pieça dangier
> Prest à mesdire et lédangier.   (*Rose.*)

Alain Chartier, Débat des deux Fortunes d'Amour, dit :

> Et le *compains*,
> Qui cognoist bien comme il en est attains,

Le Reclus de Molens, dit :

> Hé ! caitis glous en frans *compains*,
> De peu mengier est-on plus sains ?

De ce mot vient compagnie. (Voyez *Benna*.)

Comparager. Comparer. (Songe du Verger.)

Comperre. Acquérir ; de *comparare*.

> Tel n'en peut mais qui trop *compere*.   (*Rose.*)

Complaisance (Droict de). C'est pour le mariage de la fille du Seigneur.

Compost. Composition, recueil.

Comtes ; de *Comites*. C'estoient jadis les Capitaines, gens de Conseil, Secretaires, et Juges des Villes, mesme sous Charlemagne. De sorte que le *Comte* n'avoit qu'une

Ville sous soy, et le Duc plusieurs, à sçavoir une Province.
(Voyez *Quens*.)

Comunaison. Communion ; la Cene.

Comunalment. En commun, ensemble. (Perceval.)

Comunaux. Public ; et en Languedoc, *lou comunal*,
c'est-à-dire, un pré, ou autre lieu public, appartenant à
la Ville.

Con. C'est-à-dire, que, comme, qu'on.

> Merveilles est, *con* dire l'ose.   (*Rose*.)

Conardie. Sottise, selon le Livre de la Diablerie. Et
Conard, c'est-à-dire, sot : d'où vient cornard, à cause de
la similitude de ces mots.

Conchever. Concevoir.

Conchier. Contaminer.

Conchierres. Poltron.

> De l'ame que li rotrierres,
> . Li traistres, li *conchierres*,
> A trait par sa subjection,
> A dampnable condition.   (*Ovide*.)

Conchierres. [Signifie aussi : imposteur , trompeur ,
corrupteur. (L. J. p. 76.)]

Concion. Sermon.

Concort. [Droit de fief. Ce droit était équivalent au
droit de rachat. (La Curne, Glossaire français.)]

Concueillir. Diriger. Bible Historiaux : « Car il con-
« vient à celui qui a toute histoire, qu'il concueille l'en-
« tendement à ordonner sa parole. »

Condoloir. Avoir du chagrin, se condoloir du mal
d'autrui, c'est-à-dire, se chagriner du mal d'autrui. (Monet.
Nicot.)

Conestable : C'est une dignité des Goths, la seconde
après le Roy, c'est-à-dire, le grand Escuyer. (Ragueau.)
Mais il s'est aussi employé enfin pour des Maistres
d'Hostels communs. R. des sept Sages dit :

> Tantost corent osté la table,
> Li Sergent, et li *Conestable*.

Perceval :

> Amis, allez as *Conestables*,
> Et dites qu'ils mettent les tables.

R. de la Rose, où la Nature parlant de Dieu, dit :

> Il m'a sa chamberiere prise
> Pour *Conestable*, pour Vicoere.

Conestablie. Compagnie de gens de guerre ; et *Conestable*, c'est-à-dire, Chef. (Froissart. Fauchet.) R. de la destruction de Troye dit :

> Hector l'en ot fait *Conestable*
> De gens de pied et ses parties.

R. de Siperis :

> Belles *Conestablies*
> De soudoyers armez.

Confalonier. C'est-à-dire, porte-Guidon, ou Enseigne. (Rabelais.)

Confanon et **Gonfanon.** C'est-à-dire, Estendard. (Villehardoüin.) (Voyez *Goufanon.*)

Conferon. Gonfanon. (Geliot.)

Confés. Confessé.

> Ie voudrois moult estre *confés*,
> Il est un Chapelain si prés.

Congréement. Caillement, congélation, en parlant du lait, où de quelque autre liqueur. (Nicot.)

Congréer. Se cailler, se prendre, se congéler. (Nicot.) « Le sang s'est *congréé* et congelé de froid. »

Conroy et **Conroit.** C'est-à-dire, troupe, suite, train, soin ; et *conréer*, soigner.

> En trois *conrois* et départies.　　　(*Perceval.*)

> La Royne ot en son *conroy*
> Dames pucelles plus de cent.　　　(*Gauvain.*)

> Quand orent fet lor sis *conrois*
> De lor Chevaliers, li Gregeois
> S'ordonnent li Sergens à pié,
> Quatre *conrois* d'els ont rengié.　　　(*Macabées.*)

> A tant issioient li conroy fors de la Ville.　　　(*Merlin.*)

Conroy et Conroit. Dénote aussi un projet, dessein. R. de la destruction de Troye dit :

> Ie vous conseille pour le mieux,
> Que vous preniez autre *conroy*.

Par fois il veut dire, le principal. Fontaine des Amoureux dit :

> Mars est dur, et pesant, et froid,
> Des autres tous c'est le *conroit*.

Item, ordre. Froissart :

> Sans tenir voye ne *conroy*.

(Voyez *Areger*.)

Consaulx ou **Consaux**. C'est-à-dire, conseil ; et Consuls ou Eschevins. (Froissart. Hugues de Berry, en sa Bibliotheque.)

> Li Duc, et li comte, et li Roy,
> Se devroient bien conseiller
> Grand *consaux* y auroit mestier.   (*Guyot*.)

Consaut. Conserve. (Merlin.)

Consentir. Donner, accorder. (Voyez *Dex*.)

Conseve. Frappée.

Consierge. Garde et Conservateur ; de *conservare*.

Consieut. Blessa ; du Latin *conscivit*.

Consuivir. Attraper, atteindre. Thibaut, roy de Navarre, dit :

> Et si je puis *consuivir*
> Le cerf qui s'y fait fuir.

Consuivrier. Le Chastelain de Coucy dit :

> Amours griefs m'est à *consuivrier*
> Le grand soulas, et la grand compagnie.

Consul. Conseiller. Froissart dit :

> Le Roy et ses *Consuls* en furent contens.

Contendre. Débattre ; contemps, c'est-à-dire, débat ; contencer et contencier, débattre ; contencié, débattu ; de *contendere*.

Conteours et **Conteors**. Conteurs, faiseurs de Contes et Romans. (Voyez *Jougleors*.) [Avocats ou procureurs qui contaient le fait aux juges.]

Contraire. Retirer ou accourcir ; de *contrahere*.

Contralier. Contrarier.

Contraux. Contracts. (Songe du Verger.)

Contreable. Contraire. (Mehun au Codicile.)

Contrebande. Marchandise prohibée contre le ban, c'est-à-dire, la proclamation.

Contreporteur. Revendeur, Colporteur. (Nicot.)

Contrestant. Nonobstant. (Pasquier.)

Contrester. S'opposer ; de *contre ester*, c'est-à-dire, estre contre. (Nicot). « Guy de Warwich onc n'avoit « trouvé homme qui lui peust *coutrester* en champ de « bataille. »

Contreuves. Inventions, fables.

Controuvailles. C'est la mesme chose. •

Convant. Tenir le Convent, c'est-à-dire, la chose qu'on a promis ou convenu de faire. (Merlin.)

Convenance. Pacte, et promesse.

Convenancer. Promettre. (Pathelin.)

Convenant. Alliance, et devoir. [C'était aussi la prestation due au seigneur par le roturier. (Gloss. de l'Histoire de Bretagne.)]

Convicier. Injurier.

Convier. Manger ensemble ; de *cum* et *vivere*, ou *victitare* : et à cause de cela il est employé pour inviter ou prier à disner, ou souper quelqu'un. D'où vient le mot de Languedoc *coubida*, c'est-à-dire, prier à un festin.

Convis. Festin. Marot, Colloque d'Erasme, dit :

Répondez-moi de quel estophe
Est le grand aise ? A vostre avis
Où le prenez-vous ?

L'Abbé :

En *convis*,
A boire et dormir tant qu'on peult.

Coordes. Citrouilles. (Aldobrandin.) On les appelloit aussi gourdes ; d'où vient le mot de Languedoc cougourle et cougourde. (Voyez *Bacelote*.)

Cop. Coup ; et beaucop, beaucoup. (Coquillard. Perceval.) Ce mot est encore en usage en Languedoc, et vient de κόπτω *ferio* ; d'où vient copter, ou cobter, c'est-à-dire, frapper.

Cope. Coupe.

> Bedevers devant il alloit,
> Qui le *cope* le Roy portoit.   (*Brut*.)

Copet. Couteau de boucher ; du mot *couper*.

Cophin. Panier. (Nicot.) D'où vient un *couffin*, mot de Languedoc, pour dire un recoin, ou lieu à mettre les choses de petite conséquence, venant de *cophinus*, panier de jonc.

Coplices. Complices. (Pasquier après Flodoart.)

Copser, et *Cosser*. Prendre coup. (Perionius.)

Copter. Frapper, battre. (Nicot.)

Au **Copulaud**. A l'essai, à l'examen, à la coupette. (Rabelais liv.... chap. 14.) « Et le sceut si bien que au « *copulaud* il le rendoit par cueur à revers. »

Coq. Herbe ; venant de *costus*.

Coquardeau. Un galant.

> S'un *coquardeau*
> Qui soit nouveau,
> Tombe en leurs mains ;
> C'est un oiseau,
> Pris au gluau,
> Ne plus ne moins.   (*Fausses Amours*.)

Coquardie. Avanture.

> Devers la leve en Picardie,
> Avint une grande *coquardie*.   (*Mathiolus*.)

Coquart. Un jaseur ; d'où vient coqueter, coquete, et coqueterie ; et ceux-cy de coq, parce que les coqs font un semblable bruit avec les poules, que ceux qui caquetent. La Fontaine dit :

> Et s'il le dit, c'est un *coquart*.

C'est aussi un homme qui contrecarre les autres.

> Qui contredit c'est un *coquart*.   (*Mathiolus.*)

Ce mot signifie aussi sot, benet, selon Marot dans ses Opuscules :

> Et seroit l'homme bien *coquart*
> Qui voudroit appeler un quart.

Coquelle. Un pot ; de *coquo*.

Coqueluche. Maladie épidémique.

> Pareillement m'avertis si tous ceux
> De ton quartier ont esté si tousseux
> Comme deçà on va coqueluchant.   (*Cretin.*)

Cette maladie eut grand cours l'an 1557 et fit mourir beaucoup de personnes : elle est décrite dans Valeriola Médecin.

C'est aussi un capuçon de Moine, (selon Rabelais.) D'où vient le mot de Languedoc *coucuruche*, c'est-à-dire, la pointe et sommité de quelque chose.

Coquille. C'est une ancienne coëffure de femme ; d'où est venu le nom de la rue Coquilliere à Paris. Le Livret des pardons S. Trotet, dit :

> Demoiselles, pour paroistre gentilles,
> Portent ennuyt de si justes *coquilles*,
> Qu'il semble advis qu'elles soient descoëffées,
> Et par-dessus on belles beatilles
> Couvertes d'or, et de pierres subtiles :
> C'est un trésor qu'elles sont bien tissées ;
> Et outre ce font si bien des saffrées, etc.

Coquine. Un pot, selon le Dictionnaire ancien appellé *Catholicum parvum;* d'où vient coquin, c'est-à-dire, un qui suit les cuisines d'autruy pour vivre.

Cor. Une cour.

La Coraille. Le cœur. (Voyez *Corée.*)

> Si li tresperce *la coraille*.   (*Ovide.*)

Corbel. Un corbeau. (Songe du Verger.)

Corbillards. Sont Coches de Corbeil à Paris.

Corbinage. [Ce droit varie selon les coutumes différentes. À Melle, en Poitou, c'était un droit en vertu duquel les curés prétendaient avoir le lit des gentilshommes qui mourraient en leurs paroisses. (Laur. Gloss. du Droit fr.)]

Corbiner. Dérober, excroquer, tromper. (Monet.)

Corbineurs. Trompeurs : ce qui vient de la Fable d'Esope du Renard qui trompa le Corbeau ; et ainsi font ceux-cy, par leurs flateries. (Pathelin.)

> Ou ils *corbinent* Eveschez.   (*Coquillard*.)

Cordouan ou **Cordouen**. Le dessus du soulier, l'empeigne. (Monet.)

Cordouanier. Cordonnier ; ainsi dit à cause du Cordouan, c'est-à-dire, cuir venu de Cordoue en Espagne, selon Theodulphus :

> Dictas de nomine Corduba pelles.

La **Corée**. Les entrailles, c'est-à-dire, le cœur, etc.

> L'oudeur de la plus savourée
> M'entra jusques à *la coréc*.   (*Rose.*)

Ainsi à Castres en Languedoc, on appelle ces entrailles *las couradillos*, et à Tholose la *courado*. Goudouli :

> Al cap d'un bricu, lou fetgé, et la courado,
> Gargoton de calou,
> Et mori de doulou
> Enraumassado, engargassado, esquinassado.

C'est-à dire,

> Au bout d'un peu de temps, le foye et les entrailles
> Me bouillonnent de chaleur,
> Et je meurs de douleur
> Enrumée, engouée, et eschinée.

Corent. Qu'ils eurent. R. des sept Sages dit :

> Tantost *corent* osté la table,
> Li Sergent, et li Conestable.

Coreor. Coureur, picoreur.

Corgeon, Corjon. Cordon, couroie de soulier. (Monet.) (Voyez *Corion*.)

Corgie. Une verge, ou sangle de cuir ; d'où vient une escourgée. Perceval, parlant d'un qu'on chastie, dit :

> En sa main droite une *corgie*.

(Voyez *Courgie*.)

Corias. Dur comme cuir, coriace. (Nicot.)

Coridol ou **Coridor**. Espèce de galerie, dite de *curro*.

Corion. Des attaches de cuir à mon advis. Froissart, vol. 3, chap. 69 : « Faisant porter devant lui son Pennon « pleinement de France et d'Angleterre, et ventilloit au « vent par une maniere estrange ; car les *corions* en « descendoient presque en terre. »

*Corma et Curmi. *Zythum*. de la biere. (Bochart.)

Cornage. [Droit sur les bœufs. (Laur. Gloss. D. F.)]

Cornard. (Voyez *Cocu*.) La Coustume d'appeller ainsi les maris dont les femmes se gouvernent mal, est fort ancienne, comme a doctement remarqué Ménage en ses Origines Françoises, où il cite une passage d'Artemidore à cet effet, et un de Nicetas, qui dit qu'Andronicus remplissoit sa basse cour de cornes des bestes qu'il prenoit, pour marque des femmes qu'il corrompoit : et par ce mot de Cornard, on entend que celuy qu'on en appelle, est comme le Bouc, qui souffre qu'un autre Bouc couvre les mêmes Chévres que luy.

Ce mot vient aussi selon quelques-uns de *coronatus*, c'est-à-dire, pelé comme un Prestre. Mais quoique j'en aye donné d'autres étymologies plausibles, j'estime qu'il vient de la cornette qu'on lioit sur la teste, et qui montroit comme deux petites cornes ; comme si on disoit que c'est un homme que sa femme gouverne, et lui fait comme porter sa cornette : comme au contraire on dit que ces femmes qui gouvernent leurs maris, portent leurs chausses.

Cornete. C'est le devant d'un chaperon ou bourrelet, qu'on entortilloit sur la fontaine de la teste, c'est-à-dire, sur l'os coronal, (selon Nicot.) Et ce nom vient de ce qu'après avoir fait tous ces tours, les bouts formoient sur la teste comme deux petites cornes, comme a remarqué M. Beloy, et comme je l'ay depuis observé en un ancien portrait qui est chez Mr. Me. Pierre Fabry, Procureur du Roy en la Chambre de l'Edit séant à Castres, personnage très-curieux des belles choses, et versé en toutes sortes de belles connoissances. Maintenant la Cornete est une marque de Magistrature, et on la porte pendante des deux costez des épaules, et le chaperon par derriere: c'est ainsi que les Consuls de diverses Villes la portent, et entr'autres ceux de Castres en Languedoc. C'estoit aussi quelque ruban ou attache. Villon dit :

> A chacun une grand *cornete*,
> Pour pendre à leurs chapeaux de feulte.

C'estoit pour l'attacher sous le menton. Martial d'Auvergne dit :

> Tretous ceux-là firent le deuil,
> Et estoient en courte *cornete*.

Cornouaille. Cornouiller, arbre.

> Li chalemel de *cornouaille*.   (*Ovide*.)

C'est aussi une Province d'Angleterre ; d'où vient le meilleur estein.

Coronée (la). La Vierge Marie. (Pathelin.)

Corot. Courroux. (Perceval.)

Corpable. Coupable. [Ce mot signifie aussi : intimé, défendeur. (L. J. p. 264.)]

Correlaire. Loyer. (Boëce.)

Correlaires. Augmentations ; de *corollarium*.

Corromption. Corruption.

Corror. Tomber ; de *corruere*. Villehardouin écrit : « Se lait *corror* ; » c'est-à-dire, se laissa tomber.

Corroy. Esquadron.

Cors. Court, ou petit. Lambert li cors écrit :

> La verté de l'histoire, si com li Rois la fit,
> Un clercs de Chasteaudun, Lambert li *cors* l'escrit,
> Qui de Latin la trest, et en Romans la mist.

I.   23

Corsaire. Pirate. Il y a apparence que ce mot vient de l'Isle de Corse.

Cortaise. Courtoisie. (Perceval.)

Cortil. Petit jardin. *Catholicum parvum*. (Froissart.)

> De pain, et d'eue se peurent,
> Et de choses qui el *cortil* furent (*Perceval.*)

Corvayeur. [Qui doit la corvée. (D. C. à *Pleisseiciam*.)]

Corveable a volonté. [Les corvées sont deuës par les sujets, à cause de leurs personnes, ou des heritages de ce chargez, soit en journée de corps et de bras, ou de chevaux, asnes, bœufs, charruë, ou charroits. (Laurière, Gloss. Droit français)].

Corybantier. Dormir les yeux ouverts. (Rabelais.)

Cos. Cols : de *colla*. (Voyez *Massue*.)

Cosme. Chevelure; ce mot vient du Latin *coma*.

> Lors li respondi la pucelle,
> Qui tant est avenante et belle,
> Et tant avoit blonde la *cosme*. (*Perceval.*)

Cosmopolite. Habitant du monde, selon les deux mots Grecs qui composent ce mot.

[Borel place ici la biographie d'un Sendivogius, baron polonais, qui prit le nom de *Cosmopolite*, porté par un alchimiste anglais dont il s'empara des papiers. Lui-même se livra à des expériences de philosophie hermétique. Il prétendit avoir découvert la pierre philosophale et reçut de plusieurs princes allemands des témoignages d'un intérêt facile à comprendre ; mais, comme tous les gens qui prenaient le titre de philosophes hermétiques, il ne fut qu'un charlatan dont le seul secret, au lieu de produire de l'or, consistait à en obtenir de ses dupes. Il n'eut pas le mérite de l'allemand Bottgher, né dans le Voightland, en 1685, qui, tout en cherchant la recette de la poudre d'or, fit une découverte bien plus importante que celle de la transmutation du cuivre en or ; il trouva, en 1707, la transformation de l'argile en porcelaine et fabriqua cette belle porcelaine qui a fait la richesse de la Saxe. Nous n'avons pas reproduit la longue biographie de Sendivogius qui n'offre aucun intérêt au point de vue philologique.]

Cosser. Courroucer, irriter.

Cosser ou **Cotir.** Heurter teste contre teste, choquer de front comme les moutons. (Monet.)

Costal et Costau. Auprès. (Perceval.)

Coste. Le costé. (Perceval.)

Costiere. A costé.

Costumel. [Redevance payée de temps immémorial. (La Curne, Glossaire français.)]

Cote. Robe de femme, venant par syncope de *crocota*, robe ancienne des femmes, (selon Cicéron.)

Cotelles. Idem. Pathelin dit :

> Et d'avoir sans deslier bourse,
> Des fourrures pour nos *cotelles*.

Et les Menus propos de Pierre Gringoire :

> Iason ne peut refourrer sa *cotelle*,
> De la toison dont il fut conquesteur.

Par ces citations il est évident, que *Cotelle* estoit un habit d'homme aussi-bien que de femme ; et j'estime que c'estoit une espèce de juste-au-corps : d'autres le font venir de Χιτώνιον, et les autres de *cutis*, c'est-à-dire, peau, ou envelope. De-là vient le mot de *Cotillon*.

Cotelle ou *Coutelle* en Languedoc, est un couteau grand et long.

Cotereaux. Associez.

Coterel. Sorte d'arme ancienne, selon un ancien Poëte qui, parlant d'un vilain, dit :

> Si le convient armer,
> Pour la terre garder,
> *Coterel* et haunet,
> Et macue et guilet,
> Arc et lance enfumée,
> Qu'il n'ait soin de melée.
> Avec luy ait couchiée
> L'espée enrouillée,
> Puis ait son vieil escu.

Coterie. C'est une société de paysans émeus, [c'est-à-dire révoltés]. Tenir en *coterie*, c'est-à-dire, en société. (Voyez *Main-ferme*.)

Cotice. Sorte de bandes, termes d'armoiries.

Cotissent. Frappent.

> Li fleus la batent et la heurtent,
> Qui tousiours à lié se combatent :
> Et maintesfois tant y *cotissent*,
> Que tout en mer s'ensevelissent.   (*Rose.*)

Cotoniat. Confiture de coins. (Rabelais.) Aujourd'hui *cotignac*. On disoit *coudignac*, *codignac* ; mais les Pédans disoient *cotonia*, de *cotonium* pour *cotoneum*.

Cotret. Petit fagot de bois sec, dit ainsi de *constrictum*, ou de *got trefe*, c'est-à-dire, en Langue Danoise, bon bois. Or les Norvégeois l'y ayant porté en France, ce mot y est demeuré. D'autres, selon Ménage, veulent que ce mot vienne de la forest de Villers-Cotrets ; dite ainsi, comme qui diroit *col du rets*.

Cottereaux. Sorte de voleurs, venus depuis une émeute ou sédition ancienne ; c'estoient des païsans assemblez et armez de bastons ferrez et cotrets, d'où leur fut donné ce nom. (Monstrelet.)

Cottir. Heurter. (Voyez *Cobter.*) (Nicot.) Il vient de χόπλειν, *pulsare*.

Cottier. [Tènement roturier. (La Curne, Gl. F.)]

Couard. Timide, poltron. (Nicot.)

Couarder. Craindre.

> Si commença à *couarder*.   (*Rose.*)

Couardia. Poltronnerie. (Voyez *Vasselage.*) Et ce mot vient de *coue*, c'est-à-dire, la queue ; parce que les bestes qui craignent, la porte entre les jambes ; d'où vient nostre mot de *couard*.

Coue. Queue. (Monet. Nicot.)

Coué. Ayant une queue. (Monet. Nicot.)

Couenaille. Canaille. (Perceval.)

Coueneux. Convoiteux.

Couffin. (Voyez *Cophin*.)

Couillards. Pierriers ou machines de guerre anciennes, pour jetter des pierres.

Covine Suite de personnes, ce qui vient du mot *coue*, queue. Mehun au Codicille, parlant de l'Eglise, dit :

> Là verras-tu offrir, Dames à grand *couvine* ?
> Autres si bien parées, ou mieux comme une Royne.

***Covins.** C'est une sorte de chariot des anciens Anglois et Gaulois, dit aussi *currus rostratus*. (Grossius sur Lucain, livre 1.)
C'estoient des chariots à combattre, et armez, selon le Grand Atlas, et *Covinarius* estoit le Cocher. C'estoit possible de ces chariots garnis de couteaux et rasoirs, qui en passant dans une armée faisoient du ravage. Il en est parlé dans le livre des Macabées. (Mela et Calepin.) C'est pourquoy on faisoit la guerre avec des chariots.

Covinus. Chariot de guerre. (Mela. Lucain.)

Couletage ou **Courretage.** Droict sur les Courtiers.

Coulevriniers. Sorte de Soldats anciens, selon l'Art Militaire ms. en velin, de Berault Stuart, sieur d'Aubigny. (Voyez *Estradiots*.)

Coulombe. Colomne. (Bible Historiaux.)

Coulon. Pigeon. (Nicot.)

Coulper. Blâmer. (Nicot.)

Coulteau ; de *cultellus*.

Coultre. Couteau ; de *culter*.

Coup ou **Coupeau.** Cocu, celui de qui la femme s'abandonne à un autre homme. (Nicot.)

Coup. De κοπις, coutelas, espèce de sabre. (Nicot.)

Couple. Mariage, copulation, ou assemblage ; de *copula*, selon un rare manuscrit ancien en velin avec de très-rares miniatures, intitulé le « Discours de Plutarque, « sur le mariage de Pollion et Euridice », appartenant à

M. Claude Martin, très-docte et très-curieux Médecin de Paris : « Que nous représente, dit-il, fol. 6. la fable de « Pasipha, que les Poëtes feignent avoir eu commixtion « et *couple* advecques ung Thoreau ? »

Coupler. Joindre.

> L'un se lie à l'autre et le couple,
> Onc en estour ne vis tel couple,
> Si renforça le chapeleis,
> Là fut si fort le trupigneys,
> Qu'oncques à nul tournoyement
> N'eust de cops autel payement.   (*Rose.*)

Courade. Les entrailles. Guill. Boyer Provençal dit :

> My pougner la *courada*
> De sa flecha daurada.

Voyez *Corée*.

La **Couraille.** Aussi les entrailles.

> C'est la douleur, c'est la bataille,
> Qui li détrenche la *couraille*.   (*Rose.*)

Couralment. Cordialement. Bertrand de Marseille dit :

> De my que l'ay aimada *couralment*.

Courcaillets. Espèce de chausses plissées comme l'appeau qui imite le cri des cailles. (Feneste, liv. 2. chap. 13.)

Courcer. Se courroucer. (Belbancourt.)

> Quand vers eux se *cource* forment.   (*Rose.*)

Courée. (Voyez *Corée*.)

Couréer. Soigner.

Courfeu. Couvre-feu.

Courgie. Un fouet. (Voyez *Corgie*.)

> A or, et d'or fu li bastons,
> Où la *courgie* estoit noée.   (*Gauvain.*)

Courreaux. Barres et coulisses.

> D'avoir jusqu'aux *courreaux* rompu d'airain les portes.
>   (*Marot, Ps.*)

Courson de ventre. Flux.

Courtage. Honneurs et respects. (Coquillard.) C'est aussi, selon Monet, le salaire des Courtieres.

Courtibaut. Sorte de tunique ou dalmatique ancienne ; de *curtum tibiale*. On l'appelle encore de ce nom en Berry, dans la Saintonge et dans la Touraine. Les Moines en changent selon les Fêtes. Et on nomme ainsi cet habit, parce qu'il ne passe les genoux que de quelques doitgs. (Duchat, notes sur Rabelais.)

Courtiere. Courratiere, proxenete.

> Une *courtiere* qui ne vit,
> D'autre chose que de courtage.   (*Coquillard.*)

Et ailleurs :

> Une *courtiere* et maquerelle.

Ce mot vient de courir. (Nicot.)

Courtil. Jardin, bassecour. (Monet.) (Voyez *Tortils*.)

Courtis. [Terre sujette au terrage. (Du Cange, à *Courticularius*.)]

Courvée. C'est un droit sur les Vassaux. Je crois qu'il vient de *courir*, comme si on disoit *courue*.

Coustage. Dépense.

Coustel. Couteau. Rebours de Mathiolus dit :

> D'un *coustel* se ferit à mort.

Coustille. Une espée ou long poignard ; ainsi dite, parce qu'on les portoit sur le costé ; ou de *coustel*, c'est-à-dire, un couteau ; et on appelle encore un long couteau, *une coutelo*, en Languedoc : ce qui vient du Latin *cultellus*.

Coustilliers, estoient les valets qui portoient la coustille, et se tenoient près de l'homme d'armes. (Fauchet.) Tel estoit un de la noble et ancienne maison de Lauriol de Viviers les Montagnes, près de Castres, du temps du Comte Raimond de Telose, en sa guerre pour les Albigeois, selon son Epitaphe, où est ce Vers :

> Raimundi Comitis scutifer, et portitor ensis.

Et les Vigiles de Charles VII :

> Les *coustilliers* et guisarmiers se partirent.

Coustumerie. [C'est le lieu où l'on exige le péage. (Laurière, Gloss. Droit français.)]

Coute. Couëte, lit de plume.

Couteaux. Je mets ce mot, pour remarquer que les Anciens avoient des couteaux gros et longs, à trois quarres, tranchans depuis la pointe jusqu'au manche, selon Fauchet et la grande Cronique de France.

Coutibau. Sorte de robe, que Nicot interpréte veste-ment Royal. *Coutibaut*, en Berry, est une damaltique. (Voyez *Courtibaut*.)

Coutilier Coutelier, ouvrier en couteaux. (Monet.)

Coutilier. Valet d'armes. (Monet.) (Voyez *Coustilliers*.)

Coutinaut. Beau, en Langue Tolosaine. *Goudouli*, Advocat, et Poëte Tolosain excellent, qui est allé de pair avec les anciens Poëtes, n'ayant rien qui ne soit très-poëtique et plein d'art, en son livre appellé *lou Ramelet moundi*, dit :

> A quos per tu n'as *coutinaut*,
> Sés qui l'amour serio quinaut.

Le Coutte. Le coude ; et *couttée*, une coudée. (Bible Historiaux.)

Couture. Culture.

Couverceau. Couvercle. (Coquillard.)

Couvertiz. [Droit d'étaler sous un marché couvert. (La Curne, Gloss. français.)]

Couvertour. Couverte de lit. (Perceval.) Ce mot vient du verbe couvrir ; et de-là vient aussi *coubertouiro*, c'est-à-dire, la couverte de pot, en Languedoc.

Couviver. Flater. (R. de la Rose.)

Coy. Tranquile, paisible. (Nicot.)

Coyté. Tranquilité. (Nicot.)

Coytement. Tranquillement, paisiblement. (Nicot.)

Coytiver. Cultiver; d'où vient le mot de Languedoc *couytiba*, signifiant la mesme chose.

Crache. Creche. (Abregé de la Bible.)

***Craig.** Pierre; d'où vient, selon Bochart, *la Crau*, lieu de Provence, dit *campi lapidei*, à cause qu'il est plein de pierres, où on dit que Jupiter les fit pleuvoir.

Cramoisi vient de *kermes*.

Crams. Cheveux; venant de *crines*. (Voyez *Houssus*.)

Cran. D'où vient *creneau*, selon Fauchet, c'est-à-dire, incision, hosche; d'où vient *osque* mot de Languedoc, qui signifie la mesme chose. Goudouli, poëte Tolosain, dit:

> Tout beou, mutus, ieu passi l'osque,
> Me pouiriou bailla sus la closque.

Cranequin, est l'instrument ou bandage pour armer les arbalestes, dit autrement un pied de biche, selon Froissart et Fauchet. Et les crenaux estoient faits pour viser et tirer de l'arc, de fer, de corne, ou bois (car on en avoit de ces trois sortes,) sans estre à découvert. Et tous ces mots viennent de *cran*.

Cranequiniers. Arbalestriers; venant de Cranequin.

Cras. Gras; de *crassus*.

Crau. Pierre; d'où vient *la crau*, champ de six à sept lieues de long entre Marseille et Narbonne, qui est fort pierreux.

Creancer. Promettre, jurer. *Li creant*, c'est-à-dire, lui jure.

Creand et **Crand.** Caution, seureté. (Ragueau.) Dit de *creanter*. Quelques-uns estiment que le mot de *garand* en vienne.

Creanter. Promettre. (Vigenere.)

> Vostre ire qui trop m'espoante,
> Et ie vous iur et vous *creante*.   (*Rose*.)

1. 24

Crecerelle. Oiseau. Ce mot vient de *querquedula*. C'est aussi un jouet d'enfant, et tout instrument de métal propre à faire du bruit.

Credence. Croyance.

Credenciers. Sommeliers, ou plutôt Buffetiers. *Credence*, d'où l'on a fait *Credenciers*, vient de l'Italien *credenza*, tiré du bas Latin *credentia*, dans le sens de *Præguslatio*, parce qu'on se fie à un préguste, et qu'on en croit le jugement qu'il a donné du vin qu'il a gouté. (Duchat dans ses Notes sur Rabelais.)

Credition. [Droit seigneurial qui consistait à prendre à crédit chez les vassaux. (Laurière, Gloss. Droit franç.)]

Crée. Craie. (Nicot.)

Creime. Farine grossiere.

Li Creist. Adjousta foy, le creut.

Cremer. Craindre. Le *cremirent*, c'est-à-dire, le craignirent ou appréhenderent. *Je cremoye*, c'est-à-dire, je craignois.

> Or est cils mors que tant *cremoient*
> Ceux de Troye ; et que tant amoient
> Ceux de Grece : or sont esperdu
> Les Grejois, puisqu'ils l'ont perdu   (*Ovide.*)

Cremetens. Craintif. Alain Chartier, au Livre des quatre Dames, dit :

> Nul ne doit estre *cremetens*
> De rien sinon de faits honteux.

Cremeur. Crainte. Alain Chartier, Traité de l'Espérance, dit : « Et pour la *cremeur* qu'ils tiennent par force « sur leurs subjects. » Et plus bas : « Car les Prélats se « vivent et contiennent, comme exempts du devoir de « leur estat et de la *cremeur* de Dieu. »
Le mesme au Livre des quatre Dames :

> Me fait enquerre sans demour
> Ce que j'ay de savoir *cremour*.

Cremir. Craindre. Rebours de Mathiolus dit :

> Si doit-on de paour fremir,
> Et le puissant Juge *cremir*.

Alain Chartier, au Livre des quatre Dames :

> Droiz est que le Juge *cremisse.*

Cren. Entaille, encoche, cran. (Nicot.)

Creneau. De *crena,* c'est-à-dire, fente. (Voyez *Cran* et *Cresteau.*)

Crennequin. Espèce d'habillement de teste, d'homme de guerre à cheval. (Nicot.)

Crennequinier. Homme de guerre, armé de cren-nequin.

Crenqueniers. Officiers qui peuvent faire exécution. (Ragueau.)

Creoison. Création, et créatures. Jean de Mehun, dit Clopinel, en son Testament dit :

> Ces trois tout un en Dieu comptez,
> Creerent toute *creoison.*

Creque. C'est le fruit de cet arbre, selon Varenes, en son Roy d'armes. Ce mot est fréquent en Normandie et Picardie.

Crequier. Un prunier sauvage. (Geliot en l'Indice Armorial.)

Cresme. Onction ; ce qu'on met sur l'enfant baptisé ; de χρίσμα.

Crespelines. Crespes, gases. (Songe du Verger.)

Crespine et **Crespincte.** Sorte de coëffure ; d'où vient grapaudaille en Languedoc pour craspaudaille.

> Et par-dessous la *crespinete,*
> Une courone d'or pourtraite. (Rose.)

Cresteaux. Creneaux ; dits ainsi, pour estre à pointes par intervalles, comme les crestes des coqs. On appelle encore *un crestil* en Languedoc, un pain de muraille aigu.

Creveché. Couvre-chef selon le feuillet 86. d'un Livre des Mémoires de Paris, appartenant à M. Claude Martin Médecin, en l'Histoire qu'il raconte de quelques Malfaiteurs qui couperent la teste de la Vierge Marie et son fils, poignarderent sa robe, et foulerent son *creveché* dans la boue.

Voir **Crever** l'aube. Poindre, ou commencer, c'est-à-dire, à la pointe du jour.

*Cribelle. Creste ; de l'Hébrieu *cirbel*, ou *carbel*. (B.)

Criement. Craignent ; de *cremer*, craindre.

Crien. [Droit au grain tombé des gerbes pour le charroi de la dîme. (La Curne, Gloss. fr.)]

Crier. Créer.

Crigne ou **Crine.** Cheveux longs ; d'où vient le crin de cheval.

Crins. Cheveux ; du Latin *crines*. (Voyez *Charmie*.)

> Mais li Barbiers qui le veoit,
> Quand sa barbe et ses *crins* reoit.   (*Ovide.*)

Criquement. Bruit que font les herbes ou les feuilles sèches en marchant dessus. (Nicot.)

Criquer. Rendre un bruit comme les feuilles sèches lorsqu'on marche dessus. (Nicot.)

Criqueter. Faire craquer ses doigts. (Nicot.)

Crisser. Faire un bruit aigu et âpre, comme les roues mal ointes. (Monet.)

Crocans. Séditieux de France, qui s'esleverent l'an 1593. selon du Thou en son Histoire de France. C'estoient des Païsans de Limosin, Périgord et Poitou : et depuis peu d'années ils se sont souslevez derechef vers Villefranche.

*Crocoaliva. Ville d'Angleterre ; dite *Crocielanum*.

Crocé. De couleur de saffran.

Crocs de fer. Arme antique. (selon les Cr. de Fr.)

Croicer ou **Croiser.** Tourmenter ; de *cruciare*.

Croie. Craie. (Monet.)

Croier. Blanchir de craie, *croier* les draps, les dégraisser à la craie. (Monet.)

Croire. Prester : de *creditor*. Le Drapier dit à Pathelin :

> Or, Sire, les voulez-vous *croire ?*
> Jusques-là que vous viendrez.

Pathelin :

> Non pas *croire*, mais les prendrez
> A mon huis en or, ou monnoye.

Croisement. [Croix mise en signe de saisie féodale. (Nouveau Coutumier Général, tome II, page 397.)]

Croisez estoient des Pélerins, qui alloient en grand nombre contre les Turcs ou contre les Albigeois ; et cela s'appelloit la Croisade. Et en ces expéditions ils prétendoient gagner de grands pardons, parce que le Pape leur promettoit rémission générale de tous leurs péchez, et mesme pour leurs familles ; de sortes que ces Armées se grossissoient à veuë d'œil, et estoient composées de centaines de milliers d'hommes. On les appelloit Croisez, parce qu'ils portoient une croix sur leur habit. (R.)

Croissier. Se croiser. Villehardouin en son Voyage d'outre-mer, de Baudoin Comte de Flandres, publié par Vigenere.

Croissir. Se rompre. (Perceval.) D'où vient le mot de Languedoc *crouïssi* et *s'escrouïssi*, qui signifie craqueter en se rompant.

Croist. [Revenus végétaux d'un fief ou censive. (La Curne, Gloss. fr.)

Crolis. Fondrieres.

Croniqueur. Historien.

Crot. Fossette, trou en terre. (Monet.)

Crote vient de *creta*.

Croube. Courbé.

> Car moult *croubes*, et moult crochues,
> Avoit les mains icelle image.   (Rose.)

Croulieres. Ornieres, fondrieres. (Froissart.)

Crouller des instruments de Musique, c'est-à-dire, en jouer. (Bible Historiàux ms.)

Croupe. Epais ; du mot Alleman *grub :* d'où vient la croupe d'un cheval et le croupion ; et tous ceux-cy de *vropygium.*

Crouppes. (Voyez *Pannes.*)

Crudelité. Cruauté.

Crueulx. Amer, cruel ; de *crudelis. Crueux* et *cruex,* c'est-à-dire, la mesme chose ; *crueusement,* c'est-à-dire, cruellement.

Cruon, Crujon ou **Cruion,** comme on lit dans Bouchet, Serée 8. et livre 3, chap. 3., signifie en Poitou une cruche, et ce mot vient de l'Alleman *krug,* qui a la mesme signification.

*****Crupellarii.** Sorte de Soldats des anciens Gaulois. (Bochart.) C'estoient proprement ceux que les Latins appelloient *cataphracti,* c'est-à-dire, armez de pied en cap. (Ragueau.)

Cubi. [Nom gaulois donné aux habitants d'*Avaricùm* (Bourges) et du centre de la Gaule. En Irlandais, *kobh* signifie histoire.]

*****Cucullus.** Ancien habit des Gaulois : selon Bochart c'est un capuçon ou manteau court : d'où vient *bardocucullus.*

Cude. Cuide, estime.

> Au plus prud'homme qu'elle *cude*
> Qui à bien faire met estude   (*Rose.*)

Cueillière. [Certaine mesure de grains qui *se cueilloit,* c'est-à-dire qui se prenoit sur les grains apportés dans un marché. (C. G. t. I, page 1251.)]

Cuel. Le col. (Songe du Verger.)

Cuelt. Cuelle. Christian de Troyes, dit :

> Qui petit seme, petit *cuelt* ;
> Et qui auques recoeillir velt,

En tel lieu la semence espande,
Que fruit à cent doubles l'y rende.

Cuens. Un Comte. (Villehardouin.) On l'escrit aussi *quens*. (Voyez *Quens*.)

Cuer. Le cœur.

Cueurt. Court ; de *curtis*.

Cueux. Comte. (Galland, au Franc-Alleu, page 15.)

Cueux ou Queux. Cuisinier. (Monet.)

Cui. Auquel ; de *cui*, c'est-à-dire, de quelle. Gamart de Villiers, Poëte ancien, dit :

De *cui* mesgnie estoit Gamart.

Cuider. Croire, estimer. Je cuit, c'est-à-dire, je crois. Il vient de *cogitare*.

Cuidereaux. Amans.

A *Cuidereaux* d'amour transis. (*Villon*.)

Cuirasse. Ce mot vient de cuir.

Cuirée. La curée des chiens de chasse ; dite ainsi, parce qu'elle se fait dans le cuir des bestes.

Cuirie. Un colet de cuir. (Fauchet.) C'est ce qu'on appelle un coletin de buffle. Le R. du nouveau Renard, dit :

. . . . une *cuirie*
Après li à li Rois vestie.

Cuisançon. Danger et fâcherie. (Ovide ms.)

Cuissage. [Espèce de droit seigneurial.]

Cuissenier. Cuisinier ; dit ainsi du verbe *cuire*.

Cuissinet. Coussin, oreillet. (Nicot.)

A Cuite. A force.

Brochent *à cuite* d'esperon. (*Perceval*.)

Cuive. Du cuivre. (Voyez *Poëlete*.)

Culage. [Espèce de droit seigneurial. C'était un droit

du seigneur sur les nouveaux mariés leurs vassaux. (Laurière, Gloss. du Droit fr.)]

Culcitra. [Terme gaulois, signifie matelas.]

Culvertage. [Asservissement, esclavage. (L. C., G fr.)]

Cun. Qu'un ; *cuns*, c'est-à-dire, que un. (Perceval.)

Cunne. Génération.

Cupa. Grand vaisseau de bois. (Pontanus.)

Cupidique. Amoureux, c'est-à-dire, qui part de Cupidon. Marot, dans son Temple de Cupidon, dit :

> Et si délibéray,
> Pour rencontrer celle Dame pudique,
> De m'en aller au Temple *Cupidique*.

Curer. Avoir soin ; de *curare*.

Curialiste. Courtisan, homme de cour. (Nicot.)

Curiaulx. Gens de cour, courtisans : vie curiale, c'est-à-dire, vie de courtisans.

*Curmi. Voyez *Corma*, où ce mot est expliqué.

Curres. Chariots. (Bible Historiaux ms.) de *currus*.

Cuvert. [Serf, affranchi. (L. J. p. 103.)]

Cuvertage. [Servage, servilité. (L. J. p. 2.)]

Cymettes. Rejettons que produit le choux après qu'on en a ôté les grandes feuilles. (Nicot.)

Cyon. (Voyez *Cion*.)

Cyrogrilles. Bible Historiaux ms. parlant des bestes qu'il estoit défendu de manger, dit comme le chamel, et le *Cyrogrilles*.

Cyroine. Cyroigne, du Syroigne, c'est-à-dire, un Serat, espèce d'onguent.

Cyrtyæ. Boucliers. (Hesychius.)

Czà et Là. Çà et là. (Livre ms. du Mariage de Pollion et d'Euridice, page 8.)

D

Dablée. Cueillette, récolte. (Nicot.)

Daces. Sorte de tribut, venant de *dare* ; d'où est venu *datio*, et de celuy-cy *dace*.

Dacier. Collecteur, Receveur de Dace. (Monet.)

Dadier. C'est-à-dire, un palmier ; comme qui diroit un dattier, car les dattes sont le fruit du palmier.

Dadsilas. [Mot gaulois ; repas funèbre accompagné de hurlements.]

*Dagobart ou |Dagobert. C'est-à-dire, Chantre héroïque ; de *bard*, c'est-à-dire, Chantre, tels qu'estoient les anciens Bardes parmy les Gaulois.

Dagues anciennes, ayant deux rouëlles ou platines de fer, pour couvrir la main : et ce mot vient de *dagen*, qui en Allemand signifie une sorte de cousteau. Marot, en une Satyre contre une vieille, dit :

> On me l'a dit, *dague* à roelle,
> Que de moy en mal vous parlez.

Daine. Un daim ; du Latin *dama*.

Dais, Des et Dois. Ce sont tables ou estoffes tenduës en forme de pavillon, pour empescher la poussiere de tomber d'enhaut.

Dale ou Dele. C'est-à-dire, en Normandie, une tranche ; ce qui vient de *taleola*.

Dalmatique. Robe longue. (Fauchet.) C'est une espece de Chasuble.

Dam. Vallée.

Dam et Dant. C'est-à-dire, Seigneur, de *Dom* ; et celuy-cy de *Dominus*.

> Et dit *Dam* Roy, s'il vous plaisoit.　　(*Perceval*.)
> *Dant* Chevalier si vos venez.　　(*Idem*.)

Dam le Dieu et Dame Dieu. C'est-à-dire, le Seigneur Dieu. (Villehardoüin.) A présent on ne dit que Dame à Paris. Autrefois les Moines se faisoient appeller Dam Pierre, Dam Antoine, etc. comme encore les Charteux, Dom : car on dit Dom Gregoire, etc. ce qui est venu d'Espagne, où ont dit Dom Sanche, Dom Rodrigue, etc. Et ces mots viennent de *Dominus*. (Rabelais.)

> Frere Berufle, et *Dam* Fremin,
> Les attendent en lieu celé.   (*Coquillard.*) .

(Voyez *Sergeant.*) De-là vient Dame, Vidame, Damoiselle, Damoisel, *Domnulus*. Et Done ou Madone, c'est-à-dire, Dame en Languedoc.

Damage. Domage.

> Pour rappareiller le *damage.*   (*Ovide.*)

Damagent. Domageable.

Dame. Quelques-uns tirent le nom de *Dame*, de l'Hebrieu *daman silere*, c'est-à-dire, se taire, parce que les Dames tiennent leur gravité, et affectent de parler peu. Ce mot de *Dame* ne se prenoit pas pour une fille, mais pour une personne mariée. Ainsi au jeu des Dames ou Tables, on appelle Dame Damées, celles qui sont jointes à une autre, c'est-à-dire, qui sont doublées.

> Fruit il doit querre, cil ou celle,
> Quel quelle soit, *Dame* ou pucelle.   (*Rose.*)

Damedex. Juron dont se sert Perceval, l'abrégeant de *Dam le Dex*, c'est-à-dire, Dame-Dieu.

> A *Dam le Dex* fet sa proiere.

Damnez. (Voyez *Danner.*)

Damoiller. Appeller souvent quelque femme Damoiselle. (Coquillard.)

Damoisel, Damoiseau et **Damoiseaulx.** C'estoit un nom dont autrefois on qualifioit les jeunes hommes de grande maison.

Damoiselle. Servante.

> Vit *Damoiselles* et serians,
> De lui servir appareillez.   (*Merlin.*)

Damona. [Mot gaulois. Déesse des eaux médicinales de Bourbonne-les-Bains. Ce mot vient de l'Armoricain *Tomma* chauffer, et du gaëlique *Doimhain* profond.]

***Dan**. C'est-à-dire, en bas. — Dan. [Mot gaulois qui signifie juge ; de l'Irlandais *Dan*, destin, fatalité.]

Dancher. Danser ; de *densare*.

Dandin. Inepte. (Nicot.)

Danger. [Un fief de danger est un fief que le seigneur qui en a pris possession sans faire foi et hommage à son seigneur féodal, court risque de perdre. (L., Gl. du D. fr.)]

Dangiers. Danger ; dit ainsi de *damnum gerere*.

Danner. Condamner, selon le *Dialogue de la descente de Jesus-Christ aux Enfers*, de Charles Drelincourt Ministre de Charenton, où il fait voir doctement et curieusement que c'estoit l'ancienne façon de parler, le prouvant par beaucoup d'actes anciens qu'il rapporte, dont je me contenteray d'en citer quelques-uns. Ce mot de *danner*, vient du Latin *Damnare*, c'est-à-dire, condamner. Ainsi *Justinian ès Institutes*, liv. 2. *de legatis*, dig. 2. parle des *legs faits par dannation*. Et le *grand Coustumier de Normandie*, imprimé l'an 1539. au chap. des Forfaitures, dit : « Meuble est le Chastel à ceux qui « sont *dannez*. En trois manieres sont les hommes « *dannez* en Normandie, si comme leurs dessertes le « requierent, etc. » Et au fol. 101. chap. 82 : « Se aucun « *danné* se aerd à une croix fichée en terre. » Idem fol. 37 : « Les *dannez* ne forfont fors ce qu'ils tenoient au « temps qu'ils firent le meffait, les autres fiefs, et les « eschaétés (c'est-à-dire, ce qui leur eschéoit ou arrivoit « de nouveau), qui à eux deussent venir par héritage, « doivent venir aux plus prochains de lignage. » Dans un Arrest du Parlement de Rouën, de l'année 1558. imprimé avec la Coustume Réformée de Normandie : « Les fils comme procréez de sang *damné*, estoient « rendus inhabiles à succeder. » Et dans l'appellation de l'Université de Paris, à l'encontre des Concordats ou Pragmatique-Sanction faits par le Roy François I. avec le Pape Léon X. touchant les Conciles de Constance et de Basle, en ces mots : « Item, par ledit Concile auroient

« esté ostez, extirpez, *damnez* et abolis les annates, déports
« de bénéfices, comme abusives exactions, etc. »

Dannement. Condamnation.

Danzel. Damoiseau.

Dardanier. Usurier. (Nicot.)

Dardaux. D'eux, deux. (Villehardoüin.)

***Dardi.** Sorte de javelot.

Dards. Les anciens Gaulois en avoient, selon l'Autheur
des *Estats et Empires du monde*, qui avoient un fer
d'une coudée de long. Ce mot vient du Grec ἄρδις.

> Scuta sonant, *dardique* volant.　　　(*Abon.*)

Darioles. Sorte de gasteaux. (Rabelais.)

Darraiers. Derniers. (Idem.)

De. Je mets cette particule, pour remarquer que les
Anciens la supprimoient.

> La mort ne me greveroit mie,
> Si je mourois ès bras m'amie.　　　(*Rose.*)

Pour dire *de m'amie*. Ainsi, il y a un Livre dit *la Bible
Guiot de Provins*, pour *de Guiot*. Et un autre dit, *la Farce
Pathelin*. On dit aussi par ancienne coustume, *l'Hostel-
Dieu*, pour *de Dieu*. Les *quatre fils Aymon*, pour *d'Aymon*.
L'Epistre Saint-Paul, pour *de Saint-Paul*, etc. *Le Blason
des fausses Amours* dit : « Tesmoin Sichem le fils Emor. »

De et **Dex.** C'est-à-dire, Dieu.

Dea. C'est-à-dire, de vray ; et vient de δή, *profectò*. (N.)

Deable. Le Diable.

Deartuer. Diviser, anatomiser, composé de la
particule *de* et *artus*, c'est-à-dire, membre.

Deauté.

> Si tu te tiens en loyalté,
> Je te donray tel *deauté*,
> Que tes playes te guérira.　　　(*Rose.*)

Deaux. Dieu.

Debareté. Descoëffé.

> Onc mes ne pot estre matez,
> Ne vaincus ne *desbaretez*,
> En nulle guerre, en nul estour.   (*Ovide*.)

Debeto. [Mot gaulois, dans une inscription ; signifie partir.]

Debite. Vente, débit. (Monet.)

Debleure ou **Embleure**. Bled pendant par les racines. (Monet.)

Debringandiner. Oster, quitter la cuirasse. (Nicot.)

Dec. (Voyez *Dex*.)

Decepte. Tromperie. Pathelin dit :

> Certes, voicy bien grand *décepte*.

Decerclé. Rompu, dont le bord est deffait.

> Maint hiaume y avoit *décerclé*.   (*Rose*.)

Dechoit. Déçoit.

Decliquer. Caqueter, dégoiser.

> Que tu m'orras bien *décliquer*.   (*Pathelin*.)

Decorer et **Decorir**. C'est-à-dire, couler. (Merlin.)

Dede. [Mot gaulois ; signifie donner, poser, ériger.]

Se **Deduire** ou **Deduyer**. C'est-à-dire, se récréer. (R. de la Rose.) Mehun, au Codicille, dit :

> Si vaut mieux, ce me semble, qu'en taire me *déduye :*
> Que ie par trop parler, ce que i'ai fait destruye.

Deduit. Passe-temps, divertissement.

Déerne. Fille, servante.

Defaix. Défence, ou lieu défendu. *Coustumier d'Anjou* dit : « Si le sujet pesche ès lieux *deffaix* de son Seigneur. »

Defaulte. Un péché, ou défaut.

Deffaux. [C'est l'amende due au seigneur censier par deffaut de cens non payés. (C. de Nivernois.)]

Definaille. Fin, mort.

Definé. Mort. (Voyez *Afiner*.)

> Hector est mors et *définez*,
> Qui laidement fu traynez
> Entour les grans muriax de Troye. (*Ovide*.)

Definer. Tomber en langeur, finir. (Voyez *Meschine*.)

Deflis. Las. (Perceval.)

Defloraison. Perte de virginité. Ce mot vient de *deflorare*. Et celuy-cy à cause des caruncules myrtiformes, qui forment une maniere de fleur ès filles, et qui viennent à s'ouvrir au coït. Ainsi les fleurs des jardins sont enveloppées d'une peau déliée appellée *hymen*, qui se rompt quand la fleur s'agrandit. A cause de cela on appelle *Hymen*, le Dieu du mariage, et la peau qui se rompt en la défloration ; à laquelle rupture se fait une effusion de sang. C'est pourquoy il y a des Nations qui ont de coustume de porter en pompe le lendemain des épousailles, la chemise sanglante de l'épousée. Et cela se pratique encore en Espagne : à quoy on adjouste un cry, en ces termes : *Vergen la tenemos*, c'est-à-dire, nous la tenons pour Vierge. Mais il y en a qui usent de supercherie, et sçavent emprunter le sang de quelque animal, pour tromper leurs maris. *Le Blason des fausses Amours* dit : « Après pardon Comment Amon Thamar força, Moult « l'offensa Quand la chassa, Lamentant sa *défloraison*. »

Defoler. (Voyez *Enhasti*.)

Defors. Dehors. (Ibid.)

Defoys. C'est-à-dire, défence, comme aussi pasle et deffait. (Voyez *Defaix*.)

Defruiter. Se dépouïller des fruits. Mehun, en son Testament, dit : « C'est l'arbre qui tost se défruite. »

Deglavier. Mourir par le glaive.

> Et le ferons *déglavier*,
> Ou par autre mort devier. (*Rose*.)

Degrevance. Nuisance.

> Car riches geans ont puissance
> De faire aide et *dégrevance*.   (*Rose.*)

Deguerpir ou **Guerpir**. C'est-à-dire, délaisser, abandonner. (*Perceval.*) On applique ce mot particulierement à ceux qui abandonnent une terre qu'ils ont prise à rente n'y pouvant trouver leur compte.

Dehait. Riote, tristesse. Villon dit :

> Mais adonc il y a gran *dehait*,
> Quand sans argent s'en va coucher Margot.

Dehait. Gaillard, dévoüé à tout ce qu'on souhaite. *Rabelais,* liv. 1. chap. 27, dit: « Frere Jean des Entom- « meures, jeune, gallant, frisque, *dehait*, bien à dextre, « etc. »

Dehaiter quelqu'un, lui causer du chagrin, de la tristesse. (Monet.)

Dehaitte. Prend plaisir, selon Marot, dans sa description du Temple de Cupidon, qui dit :

> Chacun la veut, l'entretien la souhaitte,
> A la servir tout homme se *déhaitte*.

Dehaittie et **Dehaité**. (Voyez *Deshaitié*, et *Hait*.)

> Qui n'a pitié du point, où mon cœur est traitié,
> Et que desir tient *dehaitié*.   (*A. Chartier.*)

Dehalé. Maigre, défait. (Nicot.)

Dehet. En santé, gaillard. Ce mot estant composé de la particule *de* et *het*, c'est-à-dire, santé, signifie mal- sain : mais séparé, c'est-à-dire, sain.

> Monté sur belle hacquenée,
> Et pensez que i'estois *dehet*.   (*Coquillard.*)

Dehez. Mal-heur. (Perceval.) Et *maudehes*, c'est-à- dire, mauvaise rencontre.

Dels. Days. (Voyez *Séneschal*.)

Del. Du. (Perceval.)

Delealté. Déloyauté.

> Cil estoit plein de cruauté,
> Si fit par sa *déléalté*.   (Ovide.)

Delectableté. Joye. (R. de la Rose.)

Deleitança. Volupté. (Histoire des Albigeois ancienne.)

Delez. Auprès, à costé, et par fois derriere.

> *Delez* la haye que ie n'ose
> Passer pour aller à la rose.   (Rose.)

Delire. Choisir. (Monet.)

Delitableté. Joye.

Deliteux et **Delicteux**. C'est-à-dire, agréable, délicieux.

Deliz. Plaisir, délice.

Deloir. Dilayer, retarder. (Perceval.)

Deloy. Péché contre la Loy : ou *déloyauté*, qui vient de-là, à mon advis.

> Tous ceux qui auront par *desloy*
> Relenqui la divine Loy.   (Ovide.)

Deloyer. Délier. (Voyez *Loyer*.)

Dels. C'est-à-dire, deux et dueils. (Perceval.)

Demage. Domage. (Voyez *Prou*.)

Demaiene. Domaine. Mehun au Codicille dit : « Vous « avez en vos gardes, et en vostre *demayene*. »

Demaignement. Seigneurie.

Demaine. Un Domaine. (Songe du Verger, et Pasquier.)

Se **Dementer**. C'est-à-dire, se contrister de quelque chose, et en perdre presque le sens de fâcherie ; venant de *de* et de *mens*.

> Lors se plaint à Dieu, et *démente*
> De la mort qui si le tormente.   (Rose.)

Mes combien qu'elle se *démente*,
Combien que die voir, ou mente.   *(Rose)*

Ainsi comme me *dementoye*.   *(Rose.)*

Dementiers et **Endementiers**. C'est-à-dire , cependant. (Gauvain.) (Voyez *Ygaument*.)

Dementres. (Idem.) Thibaut de Mailly dit :

Chacun doit penser
Dementres qu'il est vis.

Demerras. Demeureras.

Grand ioye en ton cœur *demerras*.   *(Rose.)*

Demissellage. [Succession en héritages cottiers , quand ils sont acquis avant mariage. (Laurière, Gl. fr.)]

Demoine. Domaine.

Translater de Rome en Egypte,
La Seignorie et le *Demoine*,
Ainsi pensoit la femme Antoine.   *(Ovide.)*

Demor. Délay ; sans démor, c'est-à-dire, sans délay.

Demoroison. C'est-à-dire, demeure, arrest.

Et ie croy qu'après s'oroison,
Ne puet faire *démoroison*.   *(Perceval.)*

Dempter. Dompter.

Cuidez-vous donc qu'amours consente,
Que refraigne et que *dempte*,
Le cuer qui est sien trestout quites.   *(Rose.)*

Denier. Les François, comme la pluspart des autres Nations, ont depuis employé ce mot *denier* en divers sens : car tantost ils l'ont pris et le prennent encore pour un terme de poids d'or ou d'argent, et tantost pour un terme de monnoye.

Denoy. Desny, refus.

Denqui. De-là. (Villehardoüin.)

Denrée et **Denerée**. C'est-à-dire, revenu de deniers. (Voyez *Ribaut*.)

Depeçast. Manquast.

Depifer. (Voyez *Séneschal* et *Chape*.) A cette Charge
estoient attachées celle de Séneschal et Mareschal, et de
conduire les armées. Amaulthy, Comte de Montfort, selon
du Tillet, querella cet Office constre Estienne de Gallande,
soutenu par Louïs le Gros, et tous deux le quitterent à
Raoul, Comte de Vermandois, par où on voit comme cet
Office estoit fort notable.

Deplayé. Couvert de playes. (Nicot.)

Deplayer quelqu'un, le couvrir de playes. (Nicot.)

Deport. Juste. « Par mer nagent à grand *déport*. »
(Ovide). C'est-à-dire, navigent fort viste. Ce mot est composé de *de*, et *portus*.

Deprimé. Méprisé, mésestimé : il se prend aussi pour
méprisable et condamnable.

> —— Ayez au cœur envie
> De vivre autant en façon estimée,
> Qu'avez vescu en façon *déprimée*.　　　*(Marot.)*

Depser. Parer ou fouler les draps.

Deputaire. C'est une injure.

> Font tout le mal qu'il pueent faire
> Li traitour, et *députaire*.　　　*(Ovide.)*

> Fuyez icy, gens *députaire*　　　*(Mehun ; Testament.)*

Dequeurir. Découler ; *déqueurt*, c'est-à-dire, découle.

***Dercoma.** Vin auquel on a meslé de l'eau.

Dereço. Derechef. (Histoire des Albigeois ancienne.)

Deresnié. Merité.

Deronic. Herbe ; dite en Latin *doronicum*.

Deros. Rompus, selon Perceval ; comme qui diroit
derouts, de *ruptus*.

Deroué. Trompeur. (Voyez *Bestourné*.)

Deroyé. Hors de roye, dévoyé. (Voyez *Desroyer*.)

Derraine ou **Derraaine**, et **Derrenier**. C'est-à-dire, dernier. (Perceval. Songe du Verger.)

Derrains. Dernier. Le Moine de Poligny :

Le *derrains* iour de May prenez.

Derruble. Je ne comprends point la vraye signification de ce mot, si ce n'est quelque couvert, ou sortie de roche.

Dessous celle roche où il ert,
Batoit la mer en un anuble,
En un havre sous un *derruble*.   (*Gauvain.*)

Ders et **Derselet**. C'est-à-dire, un ciel ou dais tendu sur la table du Roy. (Nicot.)

***Deru**. Un chesne ; venant du Breton *dervu* : d'où vient *druyde*, et tous ceux-cy viennent du Grec δρὖς, c'est-à-dire, un chesne ; parce qu'ils avoient de grandes vénérations pour le guy du chesne, comme nous avons remarqué sur le mot *Aguillanleu*.

Dervé. Fol. Un ancien Poëte anonyme dit :

Cencus remposna par dis,
Femme, dit-il, es-tu *dervée*,
Quel rage t'a l'a amenée.

Il semble aussi se prendre pour menteur. *Bible Historiaux* ms. : « Quoy qu'il ait dit, c'est faut : Et il leur « dit, bien l'avez appellé ; car *dervé*, est il. »

Dervée. Sotte. Rebours de Mathiolus dit :

Iudith ne fut pas trop *dervée* ;
Car sa Cité fut préservée.

Comme aussi folle.

Elle corut comme *dervée*
Après qu'elle se fut levée.   (*Rose.*)

Derver. Devenir fol. D'où vient le mot de Paris *desver*, et *endesver* : car en plusieurs mots on a changé l's en z, et au contraire. Or ce mot vient du Latin *deviare*, se dévoyer.

Derverie. Folie. (Bible Historiaux.)

Quand cils voit la teste *du mort*,
Dont la dervée li fait don,

> Fui fole, ce dist le preudon,
> Que Diex te maudie et confonde :
> Oncques mes à ior de cest monde
> Ne fu tel *derverie* faite.　　　　　(*Ovide.*)

Deruner et **Desruner**. Desageancer. (Monet.)

Desacointer quelqu'un, laisser son accointance, cesser d'estre son ami. (Nicot.)

Desacointié. Moins amy que de coustume.

Desaise. Mal-aise. (Guy de Varvich.)

Desaisé. Incommodé. (Monet.)

Desanger. Détruire l'espèce, l'angeance. (Monet.)

Desappetissance. Dégoust, défaut d'appétit. (Id.) (N.)

Desappetisser. Oster l'appétit. (Monet.)

Desarnir. Desarnacher. (Merlin.)

Desarroyer. Mettre en desarroy. (Nicot.)

Desbareté. (Voyez *Débarreté.*)

Descalange. C'est-à-dire, qui est hors de prison. (Ragueau.) Mais je croy que cela veut dire restitué en son honneur, lors que celuy qui avoit noircy un homme de quelque accusation, venoit à se dédire, disant de le tenir pour homme de bien.

Descauchié. Deschaussé. (Perceval.) On escrivoit aussi *descaulchié;* ce qui vient de *calceus.*

Le **Descens.** C'est-à-dire, la descente.

Desciqua. Jusques-à. R. d'Aire d'Avignon dit :

> Trestot la porfendu *desciqua* la corée.

Descliquer. Dégoiser, réciter. Jean le Maire dit :

> Et *descliqua* ses Comedies plaisantes.

Descœurs ou **Decœur.** Contre-cœur, dégoust, décœur de voir une personne, répugnance qu'on a de la voir, avoir la viande à décœur, en estre dégoûté. (Monet.)

Descognoissance. C'est-à-dire, mescognoissance.

Descolper ou **Descoupler.** Excuser. (Villehard.)

Se **Descombattre** de quelqu'un, se tirer de ses mains, s'en défaire. (Nicot.)

Descombrer. C'est-à-dire, descouvrir, ou nettoyer. « À ses oreilles descombrées. » (Ovide.) Cela vient du mot de Languedoc *escombre*, c'est-à-dire, ordures. Et *descombra*, c'est-à-dire, oster le desssus d'une carriere, pour trouver la bonne pierre. Ovide ms. parlant de Jesus-Christ, dit :

> Quand li sauverres saombra,
> Et tout le siecle *descombra*,
> De mors a la dampnale poine.

Desconvenue. Douleur. (Nicot.) Dire sa desconvenue à quelqu'un, lui faire part de sa douleur.

Descourable. Ce qui s'échappe aisément du lieu où il a esté mis. (Nicot.) L'Auteur des amortissemens, francs-fiefs et nouveaux acquests, s'en sert pour *escoulable*, disant : « La mémoire de l'homme est moult fluxible et « *descourable.* ».

Descrois. Destroit de mer. *Descrois de Marroc*, c'est-à-dire, le Destrois de Gibraltar. *Descroisement*, c'est-à-dire, inconvénient. (Voyez *Destrois*.)

Desencoulper. Creuser. (Nicot.)

Desenevrer. Rendre mal-heureux.

> Que les hommes en boe verse,
> Et les *desenevre* et greve,
> Et les maluez en haut eslieve.   *(Rose).*

Desenger. (Voyez *Desanger*.)

Desenhorter ou **Desanhorter.** Dissuader. (M.)

Deservir. Mériter. (La Fontaine des Amoureux.) Le R. d'Euryalus et Lucrece : « Il te fera pourter les poines que bien as *déservies.* »

Desesperance. C'est-à-dire, perte d'espoir.

> Plaine d'angoisse, et de pesance,
> De duel et de *désesperance.*   (Ovide.)

Desevre. Dessous.

Desevré. Séparé. Thierry de Soissons dit :

Non ques pour ce mon cuer ne fu partis,
Ne *desevrez* de ma douce ennemie.

Desevrer. Rompre, séparer, quitter ; de *deserere*.
D'où vient sévrer un enfant.

Ainsi fu la pais pourparlée,
Et la bataille *desevrée*.   (*Perceval.*)

Desgager. [C'est prendre gage. (Laurière, Gl. D. fr.)]

Desgigler une femme, c'est-à-dire, déshabiller, à
mon advis. (Perceval.)

Desglanier. Destruire.

Desglavier. Dégainer une espée.

Desgourdeli. Habile. (Mehun au Codicile.) D'où vient
dégourdi, du mot *gourd*, c'est-à-dire, pesant.

Deshait. Tristesse, désordre, débat. (Perceval, Nicot.)

Deshaitement. Mauvaise santé, foible constitution.
(Nicot.)

Deshaitié. Malade, languissant, fâché.

Desic. Jusques.

Couvert d'un riche siglaton,
Trestout *desic* à l'éperon.   (*Perceval.*)

Desirée. Deschirée.

Desirier et **Desirer.** C'est-à-dire, desir, attente.

Desjugier. Juger.

Desleauté. Déloyauté, infidélité.

Desloer. Blasmer. (Voyez *Aloer.*)

Desmarroner les coupeaux, c'est-à-dire, les
applanir : ce qui vient de *marron*, c'est-à-dire, coupeau
de montagne ; car en certains endroits de France, on les
nomme ainsi. Et de-là vient qu'on appelle marrons les

grosses chastagnes, pource qu'elles croissent ès montagnes.

Desor. Doresnavant.

> *Desor* en bel accueil garder,
> Iamais ne m'en quier retarder.   (*Rose.*)

Al Desor. C'est-à-dire, à l'estroit. (Villehardoüin.)

Desore. Par-dessus.

Desparager. [C'est marier sa fille noble à un homme qui n'est point de son état. (Laurière, Gloss. du Droit fr.)]

Despayer. Payer. Mehun au Codicile dit :

> Se ton Clerc bien te sert, bien tu le dois payer,
> Non pas des biens de Dieu se doye *dépayer*,
> Dont puis t'ame et les nos iusqu'à la mort player.

Despire. [Mépriser]. « *Despire* et deffouler le mal. » (Boëce.)

Despite. Courroucé. Marot ès Pseaumes dit :

> Le Tout-puissant de leur façon *despite*,
> Se mocquera ; car d'eux il ne lui chault.

Desputoison. Dispute.

Desquiex. Desquels.

Desrains. Derriere, et dernier. (Perceval.)

Desrame. Usé. Huon de Villeneuve dit :

> Ia tant n'aura mantel, ne cotte *desramée*.

Desrenement. C'est-à-dire, arbitrage ou Sentence. Ovide ms. parlant des armes d'Achille, dit :

> Ains dit puisque par iugement
> Voulez faire *desrenement*,
> D'avoir les armes à Achille, etc.

Desrenier. Merlin semble employer ce mot pour dire *jouster*.

Desreson ou **Desroison.** Tort, injure. (Merlin.)

Desrocher. C'est-à-dire, tomber d'une montagne,

ou d'une roche haute : d'où vient la phrase de Languedoc, « *derrouca calcun deudacon* », c'est-à-dire, le dénicher de quelque lieu. Jean le Nivelois dit : « De la coste *desro-* « *chent* à val mont périllant. »

Desrocher, signifie aussi jetter à bas une maison, l'abattre. (Nicot.)

Desroquer *un homme*. Le jetter à terre en lutant avec lui. (Nicot.)

Desroupt. Rompu.

> Elle les avoit tous *desroupts*.   (*Rose.*)

Desroyer. Dévoyer, hors de chemin. Ce mot est composé de *de*, et *roye*, c'est-à-dire, orniere ou sentier.

> Ne sçay quel vestu desvoyé,
> Mon bon Seigneur tout *desroyé*,
> Qui tenoit un foüet sans corde,
> M'a dit, etc.   (*Pathelin.*)

C'est-à-dire, un Sergent tenant une baguette et ayant un habit bigaré ; car ils avoient pour-lors les manteaux bigarez, et ne pouvoient autrement faire des Exploits. (Pasquier.) C'est aussi devenir fol, parce que les fols vont hors des chemins et s'égarent, ne tenant pas les voyes accoustumées. (Voyez *Bestourné*.) Ce mot se prend encore pour se mettre en desroute.

> Les Gregeois qui trop se *desroyent*,
> Menerent à destruction.   (*Ovide.*)

Desroys ou **Desarroy**. C'est-à-dire, desconfiture, désordre. R. de Betrain dit : « Iusqu'à Cologne fu, là il « fit maint *desroys*. » Et Jean le Maire dit : « Si not on « point ne noises, ne *desroys*. »

Desruner. Renverser une chose bien agencée. (Nicot.)

Desseignemant. Dessein, plan. (Monet.)

Desseigner. Tracer un plan sur du papier, dessiner. (Monet.)

Desseigneur. Dessinateur. (Idem.)

Desserte. Service.

> Tu ès si bon que selon leurs *dessertes*,
> Point ne leur veux donner le chastiment.   (*Marot.*)

Desservir. Servir. « Il seroit bien à *desservir*. » (Pathelin.) Comme aussi mériter, remporter. (Froissard. Villehardoüin.)

> C'est bien droit que qui mauvez sert
> Mauvais guerredon en *dessert*.   (*Ovide.*)

Dessevre. Dessous.

Dessevrer. Séparer. (Vigenere.) Voyez *Sevrer*.

Dessirer. Deschirer. (Voyez *Palesteaux*.)

Dessoivement. Desaltération. (Monet. Nicot.)

Dessoiver. Desaltérer, estancher la soif. (Nicot.)

Dessonger quelqu'un. Le réveiller. (Monet.) Se *dessonger*, sortir d'un profond sommeil.

Destiltre. Deffiler. (Nicot.)

Destombir ses mains qui estoient entombies. (Nicot.) C'est leur faire perdre cet engourdissement que cause le froid, ou les tirer de cet état d'insensibilité et d'immobilité que produit le défaut de circulation dans le bout des doigts.

Destor et **Destourbement.** C.-à-dire, destourbier, trouble. (Perceval.)

Destourber. Troubler, mettre empêchement. (Nicot.)

Destourbeur. Perturbateur. (Nicot.)

Destourbier. (Voyez *Destor*.)

Destresse. Disette. (Villehardoüin.)

Destrier. C'est un grand cheval de guerre, appellé aussi un *coursier*, ou cheval de lance, ou de service. On les appelloit aussi courtauts, doubles courtauts, courserots, selon Monstrelet et la Vieille Cronique de Flandres. Il y avoit d'autres noms de chevaux parmi les Anciens, sçavoir, les traversants, roussins (d'où vient encore le mot de Languedoc *roussi*, de l'Allemand *ross*, c'est-à-dire, un cheval) : *Palefrois*, dits *parafredi* en vieux Latin ; d'où vient le mot de palefrenier. (Ragueau.) Mais pour venir à notre *destrier*, il vient de *dextrier*,

1.   27

parce qu'on le menoit en dextre. C'est celuy que le *Catholicum parvum*, appelle *sonipes*, ou *dextracius ;* et les autres, le cheval d'armes. Palefroy n'estoit qu'un simple cheval. (Voyez *Oriflamme*.)

Destrochere. Fanon ou manipule des Prestres.

Destrois et **Destreins.** C'est-à-dire, qui est en destresse, triste : d'où vient destresse.

Destruiement. Destruction.

Desveiner. Oster les veines et la face. (Ronsard.)

Desver. (Voyez *Dever*.)

Desvertoillé. Ouvert ; de *vertoil*, c'est-à-dire, le loquet d'un huis ; de *verticillum*. D'où vient le mot de Languedoc, *bartavelo*.

Desvier. S'esgarer. (Guillaume Cretin.) Mourir. Marot, liv. 2. de la Métamorphose, dit :

> Lui estoupant les conduits de la vie,
> Et le respir sans lequel on *desvie.*

Detinée. Je ne sçay pas exactement ce que c'est : pourtant il semble signifier permission. Rebours de Mathiolus dit :

> Ie n'aye pas vostre tour minée,
> Issuë suis par *détinée*,
> Et non mie par ribaudie.

Se **Detraigner** de quelqu'un, c'est-à-dire, s'abstenir de le fréquenter. D'où vient le mot de Languedoc, se *destragna*, c'est-à-dire, se rendre estrange.

> Or ne me sceus tant *destreigner*
> De luy, si comme ie vouloye.   (*Villon.*)

Detraire. Mesdire, détracter.

Detriez. C'est-à-dire, par-derriere. D'où vient *detras*, mot du Bas-Languedoc, qui signifie la mesme chose. Il est employé dans la divertissante Comédie des Chambrieres, faite à Beziers pour leur jour, dit *delas caritats*. C'est une coustume ancienne des habitans de cette Ville, de faire tous les ans à ce jour-là une représentation d'un

Combat naval, et d'un chameau qu'ils menent par la Ville ; comme à Gignac, autre Ville de Languedoc, on fait courir un asne : comme aussi de réciter des Comédies divertissantes à leurs carrefours. Il y en a un volume imprimé, entre lesquelles est celle que j'ay citée cy-dessus, où sur ce qu'une chambriere accuse l'autre d'avoir une bosse à son dos. Elle luy respond ainsi :

> Ieu m'aimi mai l'abé *detras*,
> Qu'on pas d'avan comme tu l'as,
> Vilene bulle tourne-t'en
> Detras aqel mouli de ven ;
> Aquel bandié que t'y troubeg,
> Tu sçavez be que me digueg.

Detuerter. Remuer. Il vient de *vertere*, c'est-à-dire, tourner. (Voyez *Gauche.*)

Devée ou **Desvée.** Folle. (Gauvain.)

> Si i'eusse largesse blasmée,
> L'on me tiendroit bien pour *desvée*.   (*Rose.*)

> Et quand elle se fut levée,
> Elle courut comme *desvée*.   (*Rose.*)

Devéer. Dévoyer, empescher.

Devener. Devider du fil sur un devidoir ; du mot de Languedoc *debana*, c'est-à dire, devider sur quatre fuseaux : mais parce qu'anciennement on le faisoit sur quatre cornes, qu'on appelle *banos* en ce pays-là ; on avoit donné ce nom de *debana* pour devider.

Dever ou **Desver**, et **Endever**. C'est-à-dire, enrager, perdre le sens ; du mot Latin *deviare*. (Pathelin.)

Deveurer. Dévorer.

Deugiés. Les joües ou gencives. D'autres estiment que c'est un verbe et qu'il signifie bien pris. (V. *Orfrays.*) Il semble aussi vouloir dire, maniables, par ce texte d'un Poëte ancien qui dit :

> Armes legieres et *deugies*,
> En Egypte furent forgies.

Device. (Voyez *Envoiserie.*)

Devidet ou **Devideau.** Devidoir. (Nicot.)

La **Devie**. C'est-à-dire, le trépas. Mehun au Codicile, parlant de Dieu, dit :

> Qui tout peut, et soustient, et gouverne, et chevie,
> Veuille garder nos cœurs iusques à *la devie*.

Deviée. Forcenée. (Perceval.)

Devier. Mourir ; de ce mot *de*, et *de vie*, pource qu'on quitte la vie. « Et *devia*, si que percevit les Anges qui « l'emporterent à la Maisté du Ciel avec son Pere. » (Merlin.) Voyez *Déglavier*.

La **Devisance** des armes d'Achille. (Ovide ms), c'est-à-dire, le Blason de ses armes.

Faire la **Devise**, c'est-à-dire, faire son testament. (Villehardoüin, page 2.) C'est-à-dire, division des biens. C'est aussi volonté.

> Lors fera Diex à sa *devise*.　　(Ovide.)

A **Devise**. C'est-à-dire, à sa volonté.

> Ains si laide rien *à devise*,
> Ne fut née dedans enfer.　　(*Perceval*.)

Deviser. Raconter : et selon Villehardoüin résoudre.

> Si com le livre le *devise*.　　(*Perceval*.)

Deult ou **Deut**. Se plaint, s'afflige, se contriste.

> Par cest escrit vostre ami vous saluë
> Bien loin de vous ; et grandement se *deut*,
> Que de plus près saluer ne vous peut.　　(*Marot*.)

Deus. Plains, gémis. (Voyez *Douloir*.) Marot, liv. 1. de la Métamorphose, dit :

> Cestuy parler, et chant en qui te *deus*,
> Sera commun tousiours entre nous deux.

Dex. Dieu. Epitaphe de S. Denis près Paris :

> D'Isabell' ame ait Paradis,
> Dont le corps gist sous cette Image,
> Femme au Roy Philippe, fils
> Au bon Roy Louys, mort en Carthage.
> Le iour de Sainte Agnès seconde,
> L'an mille deux cens dix et soixante,
> A Cusance fut morte au monde :
> Vie sans fin *Dex* li consente.

Dᴇx et Dᴇᴄ. C'est-à-dire, borne ou butte. (Galland au Franc-alleu, p. 188.) On s'en sert à Thoulouse et à Castres.

Dextrier. (Voyez *Destrier*.)

Diableiement. Jurement par le diable. (Monet.)

Diableier. Nommer le diable, se donner à lui. (Id.)

Diableieur. Qui jure par le diable. (Idem.)

Diablie. Diablerie, par syncope.

Diablitai. [Nom d'une tribu gauloise qui habitait dans la Mayenne.]

La **Diane.** C'est-à-dire, le son du tambour à la pointe du jour. Or ce mot vient de *dies*, le jour, parce qu'ils esveillent les soldats en battant la *Diane*.

Un **Dicté, Dictier** ou **Dictiez.** C'est-à-dire, un discours, une Sentence.

Dienar. Serviteur.

Ce m'ait **Dieu.** C'est-à-dire, Dieu m'aide : c'est un serment venu des Latins, qui disoient, *sic me Deus adjuvet :* et de-là viennent les jurons de Paris, *madia, madiene*, etc.

Diex. C'est-à-dire, Dieu. (Perceval.) Voyez *Bobans*.

Dilapider. Dissiper, mal employer son bien. Rabelais, liv. 3. chap. 2, dit : « Non proprement *dilapida*, comme « vous pourriez dire en fondations de Monasteres, etc. »

Diminuiser. Diminuer. (Songe du Verger.)

Dinanderie. Fabrique de cuivre. (Nicot.)

Dinandier. Maigneu, Chaudronnier. (Nicot.) On appelle ainsi les Chaudronniers, parce qu'à Dinand, Ville de Liege, il s'en trouve un grand nombre.

Dinas. C'est-à-dire, Ville. D'où vient *Londinum*, ou *Longidinum*, Londres, c'est-à-dire, Ville des Navires.

Diques. Des digues. (Froissard.)

Diqui. De-là. D'où vient *daqui*, mot de Languedoc, qui dénote la mesme chose.

Dis. Jour ; de *dies*.

> Esra bien plus de quinze *dis*.   (*Perceval.*)

Dis. Dit. Galland en son Livre du Franc-alleu :

> C'est un proverbe et commun *dis*,
> Qu'à la Coustume de Lorris,
> Quoy qu'on aye juste demande,
> Le battu paye l'amande.

*****Dis**. C'est-à-dire, Dieu.

Discrimés. Dangers ; de *discrimen*, péril.

Disgner. Disner ; de δεῖπνον, *cœna*.

Dismes INFÉODÉES. [Ce sont les dismes tenues en fief et patrimoniales. (Laurière, Gloss. Droit franç.)]

Dispner. Disner ; de δειπνύειν.

Disputoison. Dispute. (Songe du Verger.

Dissonent. Murmure.

> Cil fleves court si ioliement,
> Ei maine si grand *dissonent*,
> Qu'il resone, tabourne, et timbre,
> Plus souef que tabour, ne timbre.   (*Rose.*

Distreint. Dirent. (Ibid.)

Ditellet. Petit discours. Monjot de Paris dit :

> Or veut icy Monjot son *dittelet* finer.

Ditterel. Opuscule (Fauchet.)

Divers. Bisarre, méchant, extraordinaire, qui a un esprit de contradiction. Marot, dans son Enfer, dit :

> Venons au point. Ce Iuge tant *divers*
> Un fier regard me jecte de travers.

*****Divona**. *Fons divinus, sacer,* c'est-à-dire, fontaine sacrée. (Bochart.) Ausone dit :

> *Divona* Celtarum lingua, fons addite divis.

Et ce mot vient de *Diw*, c'est-à-dire, Dieu, et *vona*, fontaine en Anglois. Elle est dite aussi τεοχρήνη. — [DIVONA est un nom gaulois. *Dhuis, Douix, Dwi,* désignent encore des sources.]

Diw. C'est-à-dire, Dieu.

Dixime. Dixiesme. En *L'an des sept Dames,* on lit :

> Samedy la Lune *dixime,*
> Toute la déclaration
> Saint Mathieu nous dit et esprime
> De la transfiguration.

Doignoier. S'esbattre. (Fauchet.)

Doigne. Donne. Bible Historiaux dit :

> Demande que tu veux que ie te *doigne.*

Doint. Donne.

> Et toy qui tiens aux stales son lieu,
> Pallas prudente, et Mars le puissant Dieu,
> Te *doint* finir ton œuvre commencée.   (*Marot.*)

Dois. Conduit ; de *ductus.* Christien de Troyes dit :

> Les oreilles sont voye et *dois,*
> Par où vient iusqu'au cuer la voix.

Dois. C'est-à-dire, un dais ou siege.

> Sire leans sied à cel *dois.*   (*Perceval.*)

C'est aussi un dé à joüer.

***Dol.** Douleur. Bertran de Allamanon dit :

> De la sal de Provença ay *dol,*
> Quand à mon port non passa plus.

Dole. Une plaine ; de l'Arabe *dauba.* (Bochart.)

Doloir. Se doloir, avoir douleur en l'ame. (Monet.) La teste me deult pour avoir esté au Soleil. Les flancs me deulent de courir. (Voyez *Douloir.*)

Dolon. C'est-à-dire, une bourde, ou bourdon.

Doloser. Se plaindre.

> Qu'elle t'oye bien *doloser,* etc.   (*Rose.*)

Dols. Doux ; de *dulcis.*

Se **Doulouse.** C'est-à-dire, se plaint. (Perceval.)

Dolosant. Dolent.

Domesche. Domestique. (Aldobrandin.) D'où vient le mot de Languedoc *doumetgé*, c'est-à-dire, domestique.

> Oiseaux privez, bestes *domesche*,
> Karoles, et dances, et tresches.   (*Rose.*)

Domestiquer. Apprivoiser. (Monet.)

Dommas. Hebdomadier, sepmainier.

Domnus. Ce titre se bailloit aux Saints et Seigneurs, et celui de *Dominus* ne se donnoit qu'à Dieu, et on le donna enfin à Saint Martin. (Galland en son Livre de l'Oriflamme.)

Don. Doncques.

Dondaine. Machine de guerre jettant des pierres rondes et grosses : c'est la *Catapulte* des anciens Romains, dont la figure est dans *du Choul* au fonds de son Livre de la Religion des Payens. D'où vient qu'on donne ce nom à toutes les choses grosses et rondes, comme *dondon* et *bedaine*, c'est-à-dire, une grosse femme, et un gros ventre.

Donger. Donner. (Voyez *Chalonge.*)

Donjon. C'est-à-dire, le lieu plus haut d'une Ville ou maison ; de *domionus.*

Donna. Maistresse ; de *domina.* G. de Cabestan dit :

> S'en Ramond la grand bellessa,
> Et lous bens qu'en ma *douna* es.

Donnieres. Un donneur, ou libéral.

Donoison. Donation. (Songe du Verger.)

Dorelot. Mignon.

> Un fin mignon, un *dorelot*.   (*Coquillard.*)

Dorlot. Affiquet, ornement de femme. (Nicot.)

Doro. [Mot gaulois, signifie porte.]

Dortoier. Un dortoir.

Dos. Deux. (Voyez *Pennes*.) Monjot d'Arras dit :

> Qui aime sans tricherie,
> Ne pense n'a trois, n'a *dos*,
> D'une seule est desiroz,
> Cil que loyalx amours lie.

Dos de gris, fourniture d'habit. Pathelin dit : « Pour « faire les paremens une douzaine de beaux *dos* de gris. »

Dosnoyer. Passer le temps.

> Met toute s'entente et sa cure
> A gloutonie et à luxure,
> A déduire et à *dosnoyer*,
> A resver, et à foloyer.　　(*Ovide.*)
>
> Si vait aux vaches *dosnoyer*.　　(*Idem.*)

Ce mot veut aussi dire, selon Fauchet, les privautez de rire, baiser.

Dote. Crainte, doute.

Dou. Du.

Doublete. Sorte de Vers, (selon l'Art de Rhétorique ancien.)

Doublier. Nappe grande et large, traisnant tout autour de la Table, ainsi appellée parce qu'elle est en longueur et largeur comme double. (Nicot.)

Doubliere. Beste portant deux petits à la fois.

Doublieres. Serviettes. (Perceval.)

Dougé. Fin, comme aussi délié.

> Le corps est droit, gent et *dougé*.　　(*Rose.*)

On dit du fil *dougé*, et de toile *dougée*.

Doulcemer. C'est un instrument de musique, selon un ms. touchant le mariage de Pollion et Euridice.

Douloir. Avoir douleur: d'où vient *dolly*, c'est-à-dire, j'eus douleur; et *deult*, c'est-à-dire, se plaint.

> De mes playes moult me *dolly*.   (Rose.)

> Femme se plaint, femme se *deult*
> Femme pleure quand elle veut.   (Prov. ancien.)

Se Doulouser. (Voyez *Doloser*), se contrister.

> Homme ne te *doulouse* tant.   (*Villon*.)

Dounos. [Mot gaulois, signifie montagne, de l'Irlandais *Dun*, montagne fortifiée.]

Dour. Espece de mesure, contenant quatre doigts qu'on représente par le poing fermé: c'est le quart de la partition que les Arpenteurs font du pié de Roy: il vient de δῶρον, qui signifie aussi cette espece de mesure que Jul. Pollux, livre 2. appelle δοκμή. (Nicot.)

Dousil ou **Doisil.** Chevillete, faucet de tonneau. (Monet.)

Dout. Douté. (Perceval.)

Doutance. Doute, crainte. Marot, chant 12, dit:

> Ce qu'en a faict (il le faut croire ainsi),
> Est du grand Maistre ouvrage sans *doutance*.

Douté. Redouté. Coquillard, parlant des riches, dit:

> Et sont portez, prisez, *doutez*.

Douzil. Fausset d'un tonneau. (Le Duchat.)

Doye ou **Doie.** C'est-à-dire, canal, conduit, aqueduc; du Latin *duco*. (Le Duchat dans ses notes sur Rabelais.)

Draie. C'est-à-dire, grand chemin en langage Sevenol: d'où vient *s'adraya*, c'est-à-dire, en Languedoc, s'accoustumer à faire chemin, et mesme se mettre en train à faire quelque ouvrage: il vient de δρᾶν, *currere*, courir.

Drapier. Pinceur, bailleur de brocards, railleur, parce qu'on pincete les draps: d'où vient drapper quelqu'un, pour le vexer par railleries, ou le vaincre d'injures, et avoir le dessus sur luy. Ce qui pourroit avoir pris sa source de la plaisante Farce de Pathelin, où Pathelin dupe un Drapier, et l'attrape sans argent: comme les mots de *patelinage* et *pateliner*, en sont aussi venus. Et le mot de Drapier, vient de *drap* ; et *drap*, du Grec ϑάπος, *pannus*.

Drech. Droit. P. de Bonifaciis, Poëte Provençal, dit :

> Lo me suffis d'annar lou camin *drech*,
> Non pas cercar la vÿa inconneguda ;
> Mais que seria done ma fe devenguda,
> Non seryeu ieu mechant en tal endrech.

Drés. Juste et droit.

Drillante. Etincellante, brillante. (Nicot.)

Drille. Haillon, lambeau, usé, déchiré. (Monet.)

Driller. Estinceller. (Nicot.)

Drilleux. Couvert de *drilles*, de haillons. (Monet.)

Drogeman ou **Drogueman.** Voyez *Druguemens*, c'est-à-dire, trucheman. (Nicot.)

Droila. Près de-là, vis-à-vis de ce lieu.

Dru. Gaillard. Pathelin dit : « Estes-vous sain et *dru*, Guillaume ? »

Drud. Favory, amy et fidelle.

Drudarja. Divertissement, selon Hugues Brunet, en son Livre dit : *las Drudarias d'Amour*.

***Drudus** ou **Dru, Drus** et **Drud.** C'est-à-dire, amy, favory, et un vassal, comme aucuns ont cru ; de l'Allemand *drw*.

> En sa chambre se sont entrez,
> Avec ses Chevaliers privez,
> Le Seneschal et de ses *druz*,
> Avoit avec soy retenus.   (*R. de Florimond.*)

Drue. Amie, amante : et *dru* ou *drud*, amy et galand, ou amoureux. R. de Guy de Tournaut dit :

> La regrete chacun son amy et son *drus*.

R. de Guillaume au courb nez (et non court nez), comme

on a expliqué d'un Comte de Tholose, ainsi nommé, c'est-à-dire, aquilin, dit :

> S'avons perdu, et ie, et vous assez,
> Amis, et *drus*, et parens, et privez.

Ce mot vient de *draw*, et *traw*, c'est-à-dire, foy, en Allemand : d'où vient le mot de *trefve*. (Voyez *Drus*.) Ovide ms. dit : « Comme Agamemnon fit de Chryseis sa « mie et sa *druë*. »

Druement. Fortement, aimer *druëment*. (Rou.)

Druerie. Divertissement, gaillardise, ou amitié.

> Par *druerie* et par solas,
> Li ot sa mie fait chapel
> De roses que moult li fut bel.   (*Rose.*)

Druerie. Amitié. Perrin d'Angecort dit :

> Fauce *druerie* sans savor,
> Ont en fore li tricheor.

Druguemens. Truchement. (Villehardoüin.) Ce mot vient selon Ménage, du Chaldéen *targeman*, c'est-à-dire, expositeur, selon la Chanson de Rigaud de Berbezil, Poëte Provençal :

> Ma chansos mer' *drogemans*,
> Lai on ieu non avs anar.

****Druides** ou **Druydes.** C'est-à-dire, Devins ou Theologiens des anciens Gaulois. (Ragueau.) Quelques-uns dérivent ce mot de *dry*, qui en Saxon signifie Magicien : et il ne vient pas de δρΰς, comme j'aurois creu ; mais au contraire le Grec et celuy-cy vient de *dru*, c'est-à-dire, chesne, en Breton ; parce qu'ils adoroient le guy de chesne, comme j'ay dit sur le mot *Aguillanleu*. (Voyez *Druyndes.*) [Ce mot vient du celtique *De*, Dieu, et *Rhouid*, parlant, ou mieux du kymmryque *Drugwyddon*, ceux qui prient.]

Drup. Un homme de capacité.

> Sots, saiges, *drups*, dupes, niais.   (*Coquillard.*)

Drus et Druts. Favoris ; comme *dru* et *drud*.

> Et quen cujats esser sos *druts*
> Enblanchatz etz por lei canuts.   (*Vigenere.*)

C'est-à-dire : Et quoy ! vous pensez estre son favory ? et vous estes devenu blanc et chenu pour elle :

> Sire Res bien soyez venus,
> Come mon amy à mon *drus*,
> Où est vostre Sire li Rois.   (*Perceval.*)

Drusii. C'estoient des démons que les anciens Gaulois révéroient, semblables aux Dieux Sylvains des Payens. (F.)

***Druthin.** C'est-à-dire, Dieu, ou Seigneur en ancien Gaulois, (selon Ragueau.)
Druthin. Seigneur. (Pontanus.)

Drutineshaus. C'est-à-dire, Maison de Dieu, Templo.

Druyndes. C'est-à-dire, Prestres et Officiers de la chose publique, selon les Croniques de Hainault. Ce qui apparemment vient des Druydes susdits.

Dryades. Prophétesses des Gaules, dites ainsi pour la mesme raison que les Druydes.

Drylle. C'est-à-dire, un chesne femelle ; du Grec δρῦς. D'autres ne l'expliquent que pour le gland de ce chesne.

Ducone. L'hyeble, herbe. (Dioscoride. Apulée.)

Dui. D'aujourd'huy, abregé du mot d'huy. Il signifie aussi deux, dans Perceval.
> Et *dui* blanc Abbé qu'il avoit amené.   (*Villehardoüin.*)

Se **Duire.** C'est-à-dire, accoustumer et conduire ; de *ducere*. (Nicot.) Mehun, en sa Complainte, dit : « Ains que « le puisses à fin *duire*. »

Duit. Convient ; de *decet*.

***Dula** ou **Dulon.** C'est-à-dire, une feüille : d'où vient *Pempedula*, c'est-à-dire, l'herbe Quinte-feüille.

Dulovius. [Mot gaulois, nom d'un Dieu.]

Dumes ou **Dunes** et **Dunetes.** De rivage de la mer. (Froissard) Ce sont les caps ou eslévations de sable ou terrain, et levées faites au bord de la mer ; venant de *dunum*.

***Dun** ou **Dum**. C'est-à-dire, forteresse, mont, lieu eslevé, en ancien Gaulois : d'où viennent plusieurs noms de Villes de France, comme l'ont fort bien remarqué MM. Bochart, Boüillus, Menage, et autres, comme sont les suivans : Augustodunum, (Autin), in Æduis et in Arvernis. — Axelodunum in Hispania. — Britannodunum in Scotia. — Caladunum in Hispania. — Cambodunum in Hispania. — Cambodunum in Vindelicis. — Camulodunum in Hispania. — Camulodunum col. Roman. — Castellodunum agri Carnotensis. — Castrodunum. — Carrodunum in Germania. — Carrodunum in Vindelicis, et Sarmatia. — Cæsarodunum in Turonibus. — Deidunum in Scotia. — Duncaledon in Scotia. — Dunelmum in Anglia. — Dunium in Britannia. — Dunkerka. — Dunum oppidum Durotrigum. — Dunum in Hibernia. — Ebredunum. — Ebrodunum in Alpibus. — Edinodunum in Scotia. — Gesodunum in Vindel. — Idunum in Rhætia. — Isodunum in Biturigibus. — Juliodunum in Pictonibus. — Laodunum agri Remensis. — Leodunum, (c'est-à-dire, Loudun.) — Lugdunum ad confluentem Araris et Rhodani. — Lugdunum in Convenis. — Lugdunum in Germania. — Maridunum in Hispania. — Melodunum ad Sequanam. — Novidunum in Tribocis. — Noviodunum ad ostium Danubivi. — Noviodunum Alt. — Noviodunum in Scotia. — Noviodunum in Vindel. — Novumdunum in Scotia. — Parrodunum. — Rigiodunum in Biturigibus. — Rigodunum in Hispania. — Robodunum in Germania. — Sebendunum in Hispania. — Sedunum in Alpibus. — Segodunum in Germania. — Segodunum in Hispania. — Segodunum in Ruthenis. — Serviodunum, vel Sorbiodunum in Hispania. — Singindunum. — Tarodunum in Germania. — Tradunum in Scotia. — Velannodunum. — Venantodunum in Anglia. — Verdunum ad Mosellam, (Verdun). — Verodunum. — Vertodunum. — Vexellodunum.

Ce mot de *dun*, vient de l'Arabe *tun*, qui signifie une colline, ou autre lieu eslevé. [La signification de la finale *Dunum*, qui termine les noms de beaucoup de localités celtiques, a été étudiée au siècle dernier par les académiciens Falconnet, Fénel et Fréret. Les uns soutenaient que *Dun* voulait dire ville, et les autres lui donnaient le sens de montagne. Wachter établit que *Dunum* avait deux significations, l'une de montagne, l'autre celle d'enclos, de haies, d'enceinte fermée ou fortifiée, etc. D'après le baron de Belloguet, *Don*, en kymmryque, signifie ce qui est le plus élevé, au-dessus de tout. En armoricain, *Tun* à le sens de montagne, colline ; en irlandais, *Dun* désigne une montagne fortifiée, une forteresse, une clôture. *Dunum* a fini par signifier une montagne, une forteresse, et même en général une ville. Ce radical nous a fourni les mots de *Dune*, *Dunette* qui existent encore dans notre langue. L'assertion de Borel, qui fait venir le mot *Tun* de l'arabe, n'est donc pas exacte ; ce mot est essentiellement celtique.]

Dunas. [Mot gaulois. Epithète donnée à Mars dans une inscription de Culoz, comme protecteur de forteresses.]

***Dunum.** C'est-à-dire, un lieu éminent. (Plutarque, au Livre des Fleuves.) *Laudunum.* (Pasquier.) Dunkelden. (Voyez *Kelden.*) *Vindonum. Axellodunum. Sorbiodunum.* Ce mot vient de *Dun.*

Duquau. Jusques au. (Merlin ms.)

***Dur.** C'est-à-dire, de l'eau en ancien Gaulois.

Durnacos. [Mot qui figure sur des médailles gauloises ; on a fait de ce mot un nom d'homme, de ville et de confédération.]

***Durum.** Eau : d'où vient *Durocastes, Durocottorum, Duranius, Durolorum, Duromellum, Divodurum, Breviodurum ; Durobriva,* c'est-à-dire, Dornford ; *Durocabriva,* c'est-à-dire, Redborn ; *Durovernum,* c'est-à-dire, Cantorbery ; *Caerpalladur,* c'est-à-dire, Ville de l'eau de Pallas, en Angleterre ; *Durotriges,* c'est-à-dire, habitans le long de l'eau. C'est Dorcester. D'où vient *trig,* c'est à dire, habitant ; et *tré,* c'est à dire, cité, en Breton.

Dus. Un Duc et Pair.

***Dusii.** C'est à dire, des démons (qu'on appelle incubes) en Ancien Gaulois, selon S. Augustin et Isidore. Il signifie aussi ordinaires, selon l'Autheur du grand Atlas.

Dux. C'est-à-dire, conduite, dans un Boëce François ms. Il signifie aussi un Berger, *à ducendo oves.*

> Là s'assist pan le *dux* des bestes,
> Et tint un frestel de rosiaux,
> Si chalemeloit li danziaux.   (*Ovide.*)

E

***Eastonneste.** C'est-à-dire, promontoire de l'esten-
duë. Il est en Suffolk.

Ebandir et **Ebaudir.** Se divertir. (Voyez *Bauds.*)

Ebandisse. C'est-à-dire, hardiesse. Fauchet, sur
Thiebaut Roy de Navarre Poëte, en son Traité de la
Poësie, cite ces Vers de luy :

> Qui la prient de fin cœur bandement,
> *Ebandisse* fait gaaigner souvent.

Ebetude. Sottise, estourdissement. On trouve dans
ms. des Mémoires de Paris les vers suivants :

> Nous sommes si plains d'*ébétude*,
> Et si lourdeaux en nostre cas,
> Que nous avons sollicitude
> De ce qui nous appartient pas.

Eboeler. Esventrer. (Voyez *Boële.*) C'est-à-dire, les
entrailles.

> Et cil qui chassent les destranchent,
> Et lor chevaux, lor *eboellent*,
> Et vifs desor les morts roellent,
> Qui s'entrafolent, et occient,
> Laidement s'entre-contralient.   (*Christien de Troyes.*)

Eboré. Élabouré. L'Amoureux transi, ancien Poëte.

***Ebudes.** Sans bleds ; de *eb eid*.

***Eburovices.** Ceux d'Evreux ; de *eb ur*, c'est-à-dire,
sur la riviere d'Eure. *Eburones*, en Liege, c'est-à-dire,
sur la riviere d'Ourt. *Eboracum*, c'est-à-dire, Yorck, sur
la riviere d'Ouse, dite anciennement *Vrus*. [Les *Eburons*,
peuple d'origine germanique, avaient tiré leur nom de
l'ancien tudesque *Ebur*, sanglier.]

***Ecbreton.** *Intritum*, sorte de sausse ou farce.
Hesychius in ἔντριτον.

Eclaboter. Couvrir de bouë. (Juvenal des Ursins.) On dit encore esclabousser. Ce mot est composé de *esclat* et de *bouë*. Il y en a un qui est assez semblable en Languedoc, à sçavoir *esclabissa* ; mais il ne se prend que pour dire assommer de coups.

Ecloy. C'est-à-dire, de l'urine, en Picard ; et vient de *elotium*, ou *lotium*. (Nicot.)

Ecouer. Priver de couë. (Monet.) *Ecouer* un chien, lui couper la queuë.

Ecroue. C'est le Registre d'un Geolier. Ménage, en ses Origines, dit qu'il ne sçait point d'où peut venir ce mot. D'autres croyent qu'il vient d'*escrouë*, c'est-à dire, une viz, parce qu'on met devant les entrées des prisons une Croix de bois, afin qu'on ne puisse passer qu'un à un : mais j'estime que c'est un mot corrompu d'*escriture*, ou de *chirographum*, c'est-à-dire, un seing : à quoy il y a toutes les apparences du monde, puis que par ce mot on entend le Registre : ce qui se confirme parce qu'on appelle aussi escrouë un acquit en faveur de celuy qui a manié des Finances, ou autre chose, selon Monet. On dit aussi : « bailler *escrouë* à un Receveur de sa recette. »

Edifié. Certain, assuré. Marot, 8. Opuscule, dit :

> Car ie suis seur et bien *édifié*,
> Que nul ne peut estre justifié,
> Si tu te veux montrer accusateur.

Effoel. C'est-à-dire, l'augmentation que le bestail a faite dans la bergerie ; de *ex folium*, à cause qu'on les nourrit de feüilles des arbres et herbes.

Effouages. Tribut sur les habitans des Villes, c'est-à dire, certaine somme sur chaque feu ou famille, selon le livre dit, *la Cuisine du* ***

Effreour. Effroy, frayeur.

Effrouer. Émier, égruger. (Nicot.)

Egail. Rosée. (Monet.)

Egrun ou **Aigrun.** Tout ce qui aigrit ou empire la maladie. (Monet.)

Egual. Égal. (Nicot.)

1.   29

Eians. Gens.

Eidbusti. Serment. (Tatian.)

Eins. Jamais, oncques. (Voyez *Gaut.*)

Einsint et **Ensit.** Ainsi, en cette sorte.

Eissir ou **Issir.** Sortir ; de *exire* ; d'où vient issuë, c'est-à-dire, sortie.

*__Eith.__ Froment. (Bochart.)

Ekevins. (Voyez *Echevins.*)

> Fu lors partrouvez cis Romans,
> Temoins les *Ekevins* dormans.   (*Pieros de Riez.*)

El. Le.

> Si com avez ouy *el* Comte.   (*Perceval.*)

El. Dans, et au ; d'où vient qu'on dit *al*, en Languedoc, pour dire *au*.

> Quand li vallez *el* tref entra.   (*Perceval.*)

> Grans fu la Cor ens *el* Palais,
> As hautes tables sirent li Chevalier,
> Li Seneschaux ot moult à enseigner,
> Ensemble mit gaulterot et garnier.   (*R. de Raoul.*)

Elider. Ecacher, écraser, briser ; du Latin *elidere*, qui a la mesme signification. (Nicot.)

Elixir. C'est-à-dire, l'œuvre Chimique, qui transmuë les métaux. Dans la Fontaine des Amoureux, on lit :

> Comme l'ont void en l'*élixir*,
> Dont tant de biens en void issir.

Ce mot vient de l'Arabe *élixir*, c'est-à-dire, fraction, *quod morbos frangat metallorum, et corporum humanorum.*

Elme. (Voyez *Heaume.*)

Eloise. C'est-à-dire, un esclair. Michel des Montagnes se sert de ce mot. Il vient de *elucere*. De-là vient qu'on appelle au Bas-Languedoc un *liaus* ou *lieus*, un esclair ; et *lieussa*, faire des esclairs.

Els. Eux. (Perceval.)

***Emarcum.** Sorte de raison. (Charron.)

Embasmer. Embaumer.

> Le ciel, ou poisle, et un cèdre *embasmant*
> Les cœurs humains, duquel la largeur grande
> Couvre l'autel. (*Marot. Description du Temple de Cupidon.*)

Embauché. C'est-à-dire, condition, ou place des compagnons Apothicaires, Chirurgiens, et autres. De-là vient *desbauche*. Ils pourroient tous venir du vieux mot *boge*, ou *bauge*, c'est-à-dire, demeure. Ainsi on appelloit *Tolostoboges*, les habitans de Tholose.

Emberguer. Couvrir ; de *apricare*. D'où vient qu'on dit *abriga*, en Languedoc ; et un abric, pour dire couvrir, et un lieu à l'abry. (Voyez *Bobans*.)

Embesca. Engluer. (Voyez *Besiat*.)

Embeu. Imbibé.

Emblayer. Empescher. (Vigenere.)

Embler. Desrober, emporter ; de *involare*. Nicot, en ses Cantiques parlant de l'Ange, et opposite de l'Ange du Soleil, dit :

> Le haut point deux paralleles
> Met ensemble ;
> L'opposite l'une d'elles
> Sur l'autre *emble*.

(Voyez *Befroy. Somme Rural.* Ragueau.)

Embriconer et Abriconer. Tromper, décevoir.

> Amours est et male, et bonne,
> Le plus mesurable enyvre,
> Et le plus sage *embricone*.   (*Raoul de Ferrieres*.)

Il dénote aussi par fois mettre en pieces : d'où vient le mot de Languedoc *embrica*, c'est-à-dire, esmier ; de *brique*, c'est-à-dire, brin, ou morceau.

Embronchier. Tomber en manquant le pas. (Perc.)

Embruncher ou **Embrunger.** Se couvrir et affeubler. Cronique de Hainaut, chap. 142 vol. 3, dit : « Il couvrit sa face et s'*embruncha*. » Et Rabelais : « Le « solier de la maison, » c'est-à-dire, le second estage,

« *embrunché* de sapin. » Ce qui vient de *imbrex*, c'est-à-dire, tuile. Un autre Livre ancien dit : « Si s'*embruncha* « dans son chaperon, » c'est-à-dire, se couvrit de son chaperon : d'où viennent les mots de Languedoc *embroncat*, c'est-à-dire, en colere : et *arrongat*, c'est-à-dire, ayant quelque chose sur le cœur. (Voyez *Valet* et *Embrochié*.)

> Son chaperon a *embronchié*. (*Perceval*.)

Embuchement. Abouchement, pourparler. (Merlin.) En Languedoc *embuca*, c'est-à-dire, mettre à un autre les paroles en bouche, afin qu'il les rapporte. Ce mot signifie aussi une embuche ou trahison, et vient de *bosc*, c'est-à-dire, bois ou forest où se cachent les soldats, comme qui diroit *embosche* ; car *bos*, c'est-à-dire, du bois.

Emmizagen. Toûjours. (Pontanus.)

Emmurer. Environner de murs. (Nicot.) Marot, Pseaume 104, s'en sert pour entourer, environner :

> Tu fis descendre aux vallées les eaux,
> Sortir y fis fontaines et ruisseaux,
> Qui vont coulant et passent et murmurent
> Entre les monts qui les plaines *emmurent*.

Emmuseler. Mettre un fer au museau des veaux et cochons pour empêcher de teter, ou fuir la terre.

Emologuer. Approuver.

Emorche. Amorce, appas. (Voyez *Esmorche*.) Marot, dans sa 3. Epître du Coq-à-l'Ane, employe ce mot pour l'amorce d'un canon :

> Gettez-y poudre pour l'*émorche*,
> Et gardez bien qu'il ne s'escorche.

Empaindre. Attaquer vivement, frapper avec violence. (Nicot.) Guy de Warvich dit : « Il l'*emprint* si « bien, qu'il le porta à terre lui et le cheval tout en un mot. »

Empainte, ou **Emprainte.** Violente attaque, impétuosité. (Nicot.) Guy de Warvich dit : « A la première « *emprainte* ils abattirent tous ceux qu'ils rencontrerent. »

Empané, ou **Empené.** Aislé ; de *penna*.

Emparlé. Eloquent.

Emparlier, Parlier et **Aparlier**. Un Advocat.

Empeaut et **Empeut**. Une ante en Languedoc; et vient de *emphytosis*, c'est-à-dire, insertion selon la Coste; ou de *impediculare*. Goudouli s'en sert en son excellente piéce sur la mort d'Henri IV, et dit :

> La pax y va veni, que de son olivié
> Y feg un bel *empeut* sul laurié de Bellone.

Emperere. Empereur. (Villehardouïn.)

Empereris et **Emperiete**. Impératrice. (Idem.) Bonfons, ès Antiquités de Paris, met cette Epitaphe : « Cy « gist Alphons, etc. fils de très-haute Dame Berengiere, « qui fut *Emperiere* de Constantinople. »

Empierier. Empirer.

Empiri. Endommagé.

Emplourez. Triste, larmoyant, pleurant. (Mehun.)

Emponê. [Nom gaulois de la célèbre Eponine.]

Empreinture. (Voyez *Lé*.)

Emprendre. Entreprendre.

> Ne peus fais *emprendre* greigneur.   (*R. de la Rose*.)

Emprès. En après, ensuite.

Empreu. En premier lieu ; de ἒν πρῶτον.

Empreuf. (Pathelin.) J'estime que ce mot veut dire en bref.

Empris. Entrepris. (Bible Historianx au Prologue.)

> Quand maladie extrême lui ha fait
> Son œuvre *empris* demourer imparfait.   (*Marot*.)

Emprise. Entreprise. On appelloit aussi anciennement des *emprises*, lorsque les Chevaliers entreprenoient de se battre contre tous ceux qui passeroient sur un pont, ou autre lieu. Marot, ès Ps., dit :

> Vueille tes *emprises* parfaire,
> Telles que tu demandes.

Empunaisi. Empuanti, devenu puant. (Nicot.)

Empunaisir (s'). S'empuanter, devenir puant. (N.)

En. C'est un mot employé devant les noms propres d'hommes, comme pour dire Mr. ou Me. Cela se voit en la dispute de Sordel et Guillem, Poëtes Provençaux, que Vigenere sur César rapporte. Elle commence ainsi :

> *En* Sordel que vos es semblan,
> De la pro Contessa preisan.

C'est-à-dire, Sordel, que vous semble de la vaillante Comtesse tant prisée.

On parle encore ainsi aux Villes de Puilaurens, Revel, Sorese, et en l'Auragois, où on dit *en Pierre, en Jean :* et pour les femmes, ils mettent *na*, et disent *na Jeanne, na Catherine.* (Voyez *Amador.*) De-là vient que lorsque nous ne savons pas le nom d'une personne au vrai, nous mettons un N capital au lieu d'icelui.

En. On. Pathelin dit : « Mais avant que rien *en* commence, « etc. » Et Vill. met l'*en* pour l'*on*, en ses *Repuës Franches.*

Enaima. Comme, dans l'Histoire des Albigeois.

Enaimi. A sçavoir. (Ibidem.)

Enamerer. Rendre amer. (Ronsard.)

Enamouré. Rempli d'amour, amoureux. Marot, Temple de Cupidon, dit :

> Besoin lui est d'élongner la personne
> A qui son cœur *énamouré* se donne.

Enarme. Guige.

Enbaie. Espèce de iouste. D'où vient le mot de Languedoc *embait*, c'est-à-dire, estourdi.

> Ou il eut fait pour sa vie,
> Mainte iouste, mainte *enbaïc.*   (R. *de la Rose.*)

Embrochié. Affeublé. Merlin ms. dit : « Si encontra « un Chevalier et Dames toutes *embrochies* en lor chapes, « qui lor pénitence fesoient. »

Enceinturer. Engrossir, rendre enceinte. Mehun au Codicille, dit : « Vierge qui du cors Dieu, ton fils t'*encein-* « *turas.* »

Encencier. Encensoir ; de *incensum.*

Encentrer. Enter un arbre. Ce qui vient du Grec.

Encequeta. Aveuglement. (Histoire des Albigeois ancienne.) Il vient de *cœcitas*, ou *cœcutire*.

Encercheur. Espie. (Bible Historiaux.)

Enchacier. Chasser.

Enchainte. Une femme enceinte.

Enchair. Se prosterner. Villehardoüin dit : « Que nos « nos *enchaissions* as piés. Il vient de *in* et *cado*.

Enchanbader. Enjamber, comme qui diroit encambader ; car cambe en Languedoc est la jambe ; d'où vient le mot de *escambarlat*, qu'on donnoit au temps de nos guerres civiles, à ceux qui estoient partie pour les uns et partie pour les autres, c'est-à-dire, ayans une jambe d'un costé et l'autre de l'autre ; car ce mot signifie proprement *escarquillé*.

Enchaucer. Donner la chasse. (Villehardoüin.)

Enchauciez. Chassés, poursuivis.

Enche. Canal de pressoir ; de ἐγχύω, *infundo*. En Languedoc c'est ce qu'on met dans un hautbois pour le faire mieux résonner, et se prend par fois pour le gosier.

Encheoir en grace, se mettre en grace. (Froissart.)

Encheper. Mettre dans les ceps.

Encherser. Rechercher. (*Forest des Philosophes.*)

Enchi. Là. (Voyez *Enki.*) On dit encore en Languedoc *aqui*.

Enchiferné. Barbouillé, venant de *ensafrané*.

> Si ne fut aucun forcenéz,
> Qui fut d'amours *enchifernez*.   (*R. de la Rose.*)

Encis. Meurtre de femme enceinte. (Coust. d'Anjou.)

Enclaves. Limites, frontieres.

Enclaveure de porte, closture.

Encliner. Saluer.

> Et ie les *encline* trestoutes.   (*Perceval.*)

Encombré. Accablé d'affaires, et comme enseveli. De-là vient *escombré*, c'est-à-dire, un tas de terre inutile, en Languedoc.

Encombrement. Accablement d'afflictions. Ce qui vient de *combrus*, c'est-à-dire, un abbatis ou monceau de bois ; et celui-ci de *cumulus*.

Encombrer un homme d'affaires, l'accabler, le surcharger d'affaires. (Nicot.) — Encombrer quelqu'un de faire quelque chose, c'est l'en empêcher. (Guy de Warvich.)

Encombrer le mariage de sa femme. [C'est quand le mari, avec ou sans le consentement de sa femme a aliéné son héritage et l'en a désaisie. (Laurière, Gloss. D. Fr.)]

Encombrier. Malheur, adversité.

> O combien lors d'*encombriers* dangereux
> Dont j'eusse esté pour jamais malheureux,
> De moy ton serf il te pleut détourner,
> Tendant tes bras pour tout m'environner.   (*Nicot.*)

Encontrer. Rencontrer.

Encosté. Auprès. (Bible Historiaux.)

Encoures et **Encor**. Encore, vient de *hac hora*.

Encoutrement. En remontant.

> Je penserois plustost que les ruisseaux
> Feroient aller *encoutrement* leurs eaux.   (*Marot.*)

Encre pour ancre ; vient de *inchiostro*.

Encroé. Crucifié. (Cronique de S. Denis ms.)

Encusement. Indice. (Nicot.)

Encuser. Excuser, accuser. (Nicot.)

Encyrer. Inciser ; de ἐγχύζειν.

Enda. Sorte d'exclamation populaire qui se dit encore en quelques Provinces. Marot, épigramme 257, dit :

> Mort ? ce dit-elle, *enda* je n'en crois rien,
> Je l'ay veu vif depuis ne sçais combien.

Endementiers et **Endrementes.** Cependant. (Jean le Maire et Perceval.) Il vient de *inde* et *interim;* d'où vient l'Italien *mentré,* et le Gascon *démentré.*

> Et prist treves *endementiers,*
> Entre dix jours et vint entiers.   (*R. de la Rose.*)

> *Endementiers* a li Dus la croix pris.   (*R. de Garin.*)

La Regle de Saint Benoist en lagage ancien, dit : « Quand aucuns *endementiers* qu'il est en labour où il « laboure aucune besogne. »

Endementre. C'est la mesme chose. (Bible Hist.) De-là viennent les mots de Languedoc, signifians la mesme chose, *dementreque* et *entretan.*

Endever. Forcener ; de *indivare, à Deo, vel demone corripi,* c'est-à-dire, estre espris de fureur divine, comme les Sybilles et ceux à qui on faisoit rendre les Oracles; car ils devenoient tous transportez, comme Virgile l'a merveilleusement bien descrit en sa sixième Énéide, lorsqu'il dit, parlant du transport de la Sybille Cumée, pendant qu'elle s'apprestoit à rendre l'Oracle pour Enée :

> Ante fores subito non vultus, non color unus,
> Non comptæ mansere comæ : sed pectus anhelum,
> Et rabie fera corda tument : majorque videri,
> Nec mortale sonans, afflata est numine quando
> Jam propiore Dei.

Ou bien il vient de *indeviare,* s'égarer de sa voye.

Endicter ou **Enditer.** Déférer, dénoncer, accuser. (Nicot.)

Endictement. Délation, accusation. (Nicot.)

Endicteur. Délateur, celui qui indique; de ἐνδείκται. (Perionius de Lingua Gall. cum Græca collatione.)

Endolomer. Assommer. On s'en sert encore à Tolose. Goudouli, en son divin *Ramelet moundi* parlant d'Henry IV. qu'il compare à un lyon, dit :

> Aital dedins un parc lou lion se boulegue
> Al mitan des moustis, del pastre, dels agnels;
> Aital à cop de dens, de quouo, d'arpes, et dels,
> Lous espauris, engrune, *endoulome,* moussegue.

Le sens de nos Vers Tolosains est à peu près celuy-cy :

> Ainsi se remue le lion dans un parc
> Au milieu des dogues, des agneaux, et du berger ;
> Ainsi à coups de dents, de queue, de griffes et de ses yeux,
> Il les espouvante, met en pièces, assomme, et mord.

Mais la Traduction n'a pas les graces de cette langue, qui est très-mignarde et riche à ceux qui la possedent.

Endoyer. Monstrer au doit ; de *indigitare* : car on ne disoit que le *doy*, pour le doit.

Endromis. [Mot gaulois ; vêtement d'hiver, tissé chez les Séquanes.]

Endroit. Environ. (Nicot.)

Enduis. Duit, accoustumé. (Voyez *Envoyé*.)

Enfançon. Petit enfant.

> Tu m'as fait part dès qu'*enfançon* j'estois... (*Nicot, Odes.*)

Enfanture. Grossesse. (Coquillard.)

Enfeir. Enchanter, mot composé de *en*, et de *fée*.

Enfellouir. Devenir. (Nicot.)

Enferm. Malade. Le Reclus de Molens dit :

> Mout aim pain hom qui est sain,
> Al *enferm* est wapes et vains.

Enfermeté. Ladrerie. (Perceval.) Maladie, vient de *infirmitas*. Le Bestiaire François dit :

> D'un mire comte qui seinna
> Un riche homme que il garda
> En une grande *infermeté*.

Enfermier. Infirmier.

> Et courtoisie l'*enfermiere*.   (*Alain Chartier.*)

Enfes. Un enfant.

Enffreir. Effrayer. (Merlin.)

Enfleume. Enfleure.

Enfoissele. Un fromage mis dans l'instrument qui lui donne la forme, selon Ovide ms. Et encore on appelle en Languedoc cet instrument qui est de terre, tout pertuisé, une *faissele*. Et on dit *enfaichela.* pour enfaisseler.

Enforeste. Enfonce dans une forest. (Perceval.)

Engagne ou **Engien.** Esprit; de *ingenium.*

> Hom qui raison as et *engien,*
> Icheste semblance retien.   (*Reclus de Molens.*)

Il se prend aussi pour tromperie dans ce vers :

> Ne me pouvez plus faire *engaignes.*   (*R. de la Rose.*)

D'où vient le mot de Languedoc *engana*, c'est-à-dire, tromper; sur lequel ils ont ce proverbe :

> Qui partis et s'*engane,*
> N'a pas bone sepmane.

C'est-à-dire, qui fait les portions de quelque chose, et se trompe soy-mesme, n'a pas bonne sepmaine.

Engarbardé. Contaminé. (Mehun, Codicille.)

Enger. Remplir; d'où vient engeance, peupler. (Nic.)

Engien. Esprit.

Engignement. Finesse.

Engigner. Tromper, attraper quelqu'un, le duper. (Voyez *Barater.*)

Engigniere. Trompeur, comme aussi ingénieur.

> Li *engignieres* qui ont l'engin basti.   (*R. de Garin.*)

Engin et Enging. Esprit; de *ingenium.*

> Eslevons nos *engins* et nos affections.   (*Mehun, Codic.*)

Alain Chartier dans son quadrilogue dit : « Vos *engins* travaillent à acquérir finance. »

Et en un vieil fragment : « La force vient de bon sens, et « de bon *engin*, plus que de grandeur de membre. » De-là Ingénieurs ceux qui appliquent leur esprit à fabriquer des machines de guerre appellées aussi pour ce sujet *engins :* ce que le R. de Garin comprend en ce vers :

> Li *Engingnieres* qui ont l'engin basti.

Enginé. Ensorcelé, enchanté, charmé. (Nicot.) On dit par métaphore : « Il est bien *enginé* de cette femme. »

Enginer. Tromper, et *enginiez*, trompé.

> Par tel parti, qu'amours qui gens *engine*.   (*Villon.*)

Engingnierres. Ingénieurs. (R. de Garin.)

Engironer. Environner ; du mot *gira*, qui veut dire en Languedoc se tourner ; et celuy-cy de *girare*.

Englinceler. Mettre en peloton. (Voyez *Gliceau*.)

Englotir (s'). Avoir le hoquet. (Nicot.)

Englume. Enclume.

Engmuseler. Cacher le visage sous le manteau. (Perceval.) Ce qui vient du mot museau ; d'où vient un cache-museau, pièce de four que les enfans mangent ainsi. C'est aussi mettre un anneau de fer au museau des cochons, etc.

Engombrer (s'). C'est-à-dire, succomber.

> Et s'*engombroit* de la pésanteur de la targe.   (*Vigenere.*)

Engouer. Se suffoquer en mangeant.

Engraigné et **Engreigné.** Environné ; et vient de *engyronné*.

> Se l'ire jalousie *engraigne*,
> Elle est moult fiere et moult grifaigne.   (*R. de la Rose.*)

Engreger. Excommunier. (Songe du Verger.)

Engrengir. Aggrandir, croistre, devenir grand.

Engrieté. Envie ou jalousie. (R. de la Rose.)

Engrois. Fâché.

Engroissier. Grossir.

> Li prist la vois à espoissier,
> Et la parole à *engroissier*.   (*Ovide.*)

Engrouter. S'enfermer ou mettre dans une grotte Il signifie aussi enfoncer.

> Les ex ot ou chief *engroutez*.   (*Ovide.*)

Enguener. Tromper.

> Mais comment le paillard m'*enguenne*.   (*Pathelin*.)

Enguermens. En se contristant ; de *guermenter*.

Enguiner. Tromper.

Enhair. Haïr.

Enhaner. Vexer. (Mehun au Testament.) Travailler. (Nicot.) (Voyez *Ahanner*.)

Enhaser. Embesogner, mettre en ouvrage.

Enhasti. Percé d'une lance. (Merlin.) Ce mot vient de *hasta* ; d'où vient un *asté*, mot de Languedoc, qui signifie une broche.

Enhastir. Avoir haste ou presse.

> Sire G. estoit *enhasti*
> De foler sur eux de fors.   (*Merlin*.)

Enherber. Empoisonner. Le R. de la Rose se sert de ce terme, pour dire empoisonner, parce qu'ordinairement les venins se tirent des herbes, comme plus faciles à trouver :

> Sous gist le frais serpent en herbe,
> Fuyez enfans, car il *enherbe*.

Ainsi les Espagnols disent *enerbolar*. (Voyez *Putage*.)

Enherdure. La poignée d'une espée.

> Si la tint par l'*enherdure*,
> Si la mit fuere arriere.   (*Perceval*.)

Enhorter. Exhorter. Marot, Elégie 9, dit :

> Incessamment me conseille et *enhorte*.

Enhuilé. Celui à qui on porte l'Extrême-Onction, selon Perceval ; à cause des huiles qu'on leur applique.

Enkaéné. Enchaîné. (Voyez *Leus*.)

Enki. Ou et ainsi. Villehardoüin dit : « *Enki* se parti « Ieoffroy de-là. » (Voyez *Enchi*.)

Enlangagé. Disert, éloquent. (Mehun, Codicile.)

Enmy. Au milieu. (Perceval.)

Ennement. Quoique, aussi-bien.

> Respondra tousiours vous tensez,
> *Ennement* que vous le sachez.   (*Coquillard.*)

Enneur. Honneur. (Gauvain.)

Ennosser. Tuer.

> Celuy vois-je reconfonter,
> Et se la male mort l'*ennosse*,
> Je le conduis jusqu'en la fosse.   (*R. de la Rose.*)

Ennubli. Obscurci, de *nebula*.

Ennubli. Fâché, contristé.

> Dont ot molt le cuer *ennubly*.   (*Ovide.*)

Ennuyaumant. Ennuyeusement.

Enoindre. Oindre.

Enor (l'). L'honneur. (Merlin. Perceval.)

Enordir. Rendre sale, salir. (Bible Historiaux.) Ce qui vient de *ord*, sale : d'où vient ordure, et ceux-cy de *sordidus*.

Enpeinte. Empreinte, secousse, et attaque. (Voyez *Empainte.*)

Enpeser. Fâcher.

> Et cela luy *enpesa.*   (*Merlin.*)

Enquerre. Enquérir.

> Mais on ne l'ose plus *enquerre*,
> Pour peur des Seigneurs de la terre.   (*F. des Amour.*)

Enraillé. Ouvert. (Coquillard.)

Enrimant. Pour enrumant.

Enromancer. Faire un Roman ou Histoire.

> Por s'amor encommenceray
> L'estoire, et *enromanceray.*   (*R. des sept Sages.*)

Enromant. Subitement ou ensemble. (Perceval.) J'estime que c'est une erreur de *erraumant*.

Enroussi. Endurcy. (Ovide, ms.)

Enroyer. Commencer, entreprendre.

Ens. Ensemble. (Perceval.) Il signifie aussi dedans; d'où viennent les mots de *leans* et *ceans*.

La Ens. Là dedans; d'où vient le mot de Languedoc *alazins*, c'est-à-dire, là-dedans.

> Lors entray *ens* sans dire mot,
> Après que oiseuse ouvert mot. (*R. de la Rose.*)

Enselé. Un cheval qui est selé. (Merlin.)

Ensement. Ensemblement et semblablement. (Perc. Fauchet.) (Voyez *Recroyaument.*)

> Et donna les bénédictions,
> Et cil de Raex *ensement*,
> Qui se contint mout noblement. (*Vace.*)

Et Nicolas Flamel (1), en son Roman Chimique, dit :

> Et est sous la terre trouvée
> Tout *ensement* que la rosée.

Ensi. Aussi.

Ensin. Ainsi. Huon de Villeneuve dit :

> Il est *ensinc* coustume en la nostre contrée.

Ensir fors. Sortir dehors.

Ensoigne. Enseigne, marque. Du Chesne, en son Histoire des Ducs de Bourgogne, a mis cette Epitaphe qui est à Cisteaux :

> Li bon Eudes, duc de Bourgoigne,
> De sa bonté laissit *ensoigne*
> De fonder diverses Eglises
> De Chartroussains, et d'autres guises,

(1) Borel se livre ici à une longue dissertation sur Nicolas Flamel, que nous ne reproduisons point parce que sa place ne nous paraît pas devoir être dans un Dictionnaire philologique.

Ensouple. Ensuble de Tisserand. C'est un rouleau autour duquel les Tisserans roulent leurs étoffes. Il vient de *insubula*.

Entailleure. Ciseleure, ouvrage d'orfévrerie.

Entalanté. Ayant desir, et comme estant affamé de faire quelque chose : car *talen*, c'est-à-dire, faim, ou appétit, en Languedoc. Guillaume de la Taissoniere, en sa Sourdine Royale, dit :

> Voire qui m'as encor n'aguere *entalanté*
> De chanter un subjet par autre non chanté.

Ou bien ce mot vient de *ethlonté*, c'est-à-dire, desireux d'honneur ; du Grec ἐθελοντης.

Entalenter ou **Attalenter**. Inspirer à quelqu'un la volonté et le desir de faire une chose. (Nicot.)

Entechié ou **Endechié**. Entaché ; d'où vient *endec* et *endecat*, c'est-à-dire, en Languedoc, une maniere de rheume, ou en général santé mal asseurée, et vice dans le corps.

> Sans faille de tous les pechiez,
> Dont li chetif est *entechiez*. (R. *de la Rose*.)

Entelechie. Perfection. (Ronsard.) Ame, en grec.

Entendis. Cependant. (Froissard.)

Entention. Intention, dessein.

Enterin. Entier.

> De fin cuer net et *enterin*,
> Sommes cy venus pélerin. (R. *de la Rose*.)

Enterine. Entiere.

> Et tout soir amor bonne et fine
> Entre nous, et pais *enterine*. (*Ovide*.)

Enteriner. Remettre en entier.

Enterinité. Intégrité. Ce mot vient de *integritas*, comme qui diroit entiereté.

Enterver.

> Tenir ferme pour *enterver*,
> Courre de nuit, etc. (*Coquillard*.)

Enteser un arc, l'ajuster pour tirer.

> Le fort arc prist, si l'*entesa.*   (*Ovide.*)

Entierrer. Enterrer. (Voyez *Quens.*)

Entitaleure. Titre.

Entoiser un arc. C'est le tendre, le bander. (Nicot.)
— Entoiser une espée, c'est la lever pour frapper. (Nicot.)
— Entoiser la lance, l'empoigner.

Entombi. Interdit, étonné, stupide. (Nicot.)

Entor. Entour. (Perceval.)

Entord. Contraint, tient, lie. Marot, Balade V, dit :

> Et derniere ; car la quitter
> Jamais je ne serai d'accord ;
> Premiere me serre et *entord.*

Entorné. Estourdy d'un coup ; d'où vient possible le mot de Languedoc *estourina,* c'est-à-dire, assommer.

Entouiller. Salir, souiller, gâter. Il se prend aussi pour empêcher, embarrasser, mêler. (Nicot.)

Entraffoler. Se blesser. (Voyez *Occir.*)

Entrait. Extrait, selon un Réceptoire ms.

Entrebruire. Faire du bruit dedans, parmi. (Nicot.)

Entrechanger. Nicot dit : « La vue *m'entrechange.* » C'est-à-dire se trouble, s'obscurcit.

Entrechaucher. Fouler, presser. (Nicot.)

Entrecontralier. Se contrarier. (Voyez *Occir.*)

Entrecours. [C'estoit une société contractée entre deux seigneurs, au moyen de laquelle les sujets de l'un pouvaient librement aller domicilier dans la seigneurie de l'autre seigneur. (Laurière, Gloss. Droit français.]

Entredire. Interdire. (Songe du Verger.)

Entre-en (S'). Entre dedans.

Entreeser. Se récréer ensemble.

Entrefaites. Intrigues, manœuvres.

> Vous vous verrez hors la subjection
> Des infernaux et de leurs *entrefaites*,
> Car pour les bons les Loix ne sont point faites.   (*Marot.*)

Entrefierent (S'). S'entreblessent. (Perceval.) Ce mot vient de *entre*, et de *ferir*, blesser ; du Latin *ferire*.

Entregent. Politesse, savoir vivre. (Nicot.)

Entreiointe. Jointure.

Entrelaidir (S'). Se dire des injures mutuelles.

Entrelest. Oublie.

Entremelléement. Pesle-mesle.

Entrepreter. Interpréter.

Entreseigne. Marque.

Entretouiller. Mêler, confondre. (Nicot.)

Entrevescher. Entremesler, comme qui diroit *entraverser* ; d'où vient *entrabessa*, mot de Languedoc.

Entreviser. Aller voir, aller visiter quelqu'un. (Nic.)

Entreoublié. Troublé.

Entroupeler. Amasser, rassembler. (Nicot.)

Entruil. L'entre-deux des yeux.

Entule. C'est une injure. (Voyez *Tule.*)

> Que cil vilain *entule* et sot.   (*R. de la Rose.*)

Envahie. Attaque. (Cronique de Hainaut.)

Envayssement. Estonnement.

Enversé. Abbatu, mis à l'envers.

> Si la si roidement ferue,
> Qu'en mer l'a *enverse* abbatue.   (*Ovide.*)

Envial. Un voyage. (Perceval.)

Envis. A regret, à contre-cœur. (Pathelin.)

Envoiserie. Gentillesse.

> L'*envoiserie* et les noblois.   (*Ovide.*)

Envoisie. Joyeux, agréable, qui a bonne voix.

> L'*envoisie* la bien chantans.   (*R. de la Rose.*)

Envoisiez. Gaillards.

> Car grand confortement portent,
> As *envoisiez* et as oiseux.   (*Garin.*)

Envoisure. Joye. Ovide ms. où Vénus dit :

> Je suis Dame de courtoisie,
> De déduit et d'*envoisure*.

Envoyé. Mis en train. Mehun, Codicile, dit :

> Car ils sont à mal faire enduis et *envoyez*.

Eofs. Œufs. (Mehun au Codicile.)

Epaigneul. Chien venu d'Espagne.

Epave. Droit sur les choses égarées, ou qui n'ont pas de maistre. (Ménage.)

Epeler. Aparier les lettres et les syllabes ; de *appellare*.

Epelir. Eclore, sortir de la coque. Monet dit: « Les « petits des oiseaux *épelissent*, aucuns plustôt, aucuns « plus tard. » — Epelir. Faire éclore en couvant.

Ephebe. Majeur, ayant quatorze ans.

Epicaie. Équité et adoucissement de la rigueur du droit pris à la lettre, du Grec ἐπιείκεια. (Nicot.)

Epicaiser. Agir de bonne foi, avec équité. (Nicot.)

Epona. [Mot gaulois, déesse des palefreniers.]

Eporidicæ. Bons escuyers, ou gens de cheval, ou dompteurs de chevaux. (Pline, Histoire Universelle.)

Equiparer. Comparer.

Er. Du fer. (Pontanus.)

Eraigne. Une aragnée ; d'où vient la *tararagne*, mot Tolosain. Rebours de Mathiolus dit :

> Na raix ne fillace d'*eraigne*

Erbegier. Hebergier ; se coucher sur l'herbe.

Erchie et **Archiée.** Trait d'arc. (Merlin.)

Eremondicie. Un désert.

Erent. Estoient ; de *erant*. (Perceval.) *Ere*, et *ert*, c'est-à-dire, estoit, et aura ; *iert*, c'est-à-dire, y estoit.

Ereux. Quérelleux ; de *ira*, ou de ἔρις, *lis*.

Ergalice. Reglisse.

Erine. Terre aride et inculte ; de ἔρημα. (Ragueau.)

Eripelas. Érisipelle.

Erner. Errener, couper les reins.

Errame. [C'est le défaut que foit le deffendeur de comparoir à l'assignation qui lui est baillée par devant le juge, à la requête du demandeur. (Laurière, G. D. F.)]

Erramment. Vitement, incontinent, promptement. (Nicot.) Guy de Varvich dit : « Et demande *erramment* « (incontinent) où est Huguetin. » Le même dit : « Lors « sault *erramment* du mulet à terre. » (Voyez *Oriflamme.*)

Errandoner. Errer.

Erraument. Promptement, sans delay.

> Messire Gauvain *erraument*
> Vint à la Cour isnellement.   (*Gauvain.*)

Erre. Gage. (Voyez *Remaigne.*) C'est aussi une allée ouvenue. (Pathelin.)

> Pourveu s'il encontre son *erre*,
> Madamoiselle au nez tortu.   (*Villon.*)

Il dénote aussi un chemin ou tour. (Voyez *Beffroy.*)

Grand ERRE, et s'enfuit *grand erre*, c'est-à-dire, fort promptement. Aller *grand erre*, pour de grand courage.

> Sa grand boute me feit aller *grand erre*.   (*Marot.*)

Ersoir. Hier soir. (Perceval.)

Erupeis ou **Erupis.** Hurepois. (R. d'Alexandre.)

Eruque. Roquete, herbe ; dite du Latin *eruca*.

Es. Dedans et voicy ; de *ecce.*

> A tant *ès* vous un garnement,
> Un herault d'armes en chemise.   (*R. de la Charrette.*)

Esbanoy ou **Esbanoye.** Esbat, joye, tournoy. (Nicot.) De σπαγαλάω, *delitier :* d'où vient le mot de Languedoc *s'espata,* c'est-à-dire, s'escarquiller, et mettre à son aise. Mais j'estime qu'il vient de *espanouïr,* comme les fleurs qui se dilatent en s'espanouïssant ; de *expandere.*

Esbanoyer. Se réjouir, se récréer.

> Tout contre val *esbanoyant*
> Ce beau rivage costoyant.   (*R. de la Rose.*)

Et selon un vieux Roman anonyme qui dit :

> Quand li Roy ot mangié, s'appela Helinand,
> Pour ly *esbanoyer* commanda que il chant.

Esbanoys. Joies. (Jean Moulinet.)

Esbarnir et **Esbarnoir.** C'est la mesme chose que *esbanoyer.*

Esbattre. Se réjouir, se divertir.

> De m'en aller au Temple Cupidique
> En m'*esbatant.*   (*Marot, Temple de Cupidon.*)

Esbaubely. Surpris, enchanté.

Esbaudi. Gai, enjoué, selon Marot.

Esbaudir. Se réjouir.

Esbaudy. Encouragé et rendu beau. (Voyez *Baud.*)

> Le iour s'est *esbaudye,*
> Belle est la matinée.   (*R. de Guiot de Nanteuil.*)

Esboeler. (Voyez *Eboëler.*)

Esbonner. Ordonner, ranger.

> Qui les quatre Elémens *esbonnes.*

Escaetes. [Sont des héritages et des rentes non nobles qui sont de la succession des prédecesseurs. (Laurière, Gloss. D. F.)]

Escafignon. Soulier de danseur de corde. (Duchat dans ses Notes sur Rabelais.)

Escagne. Écheveau. (Nicot.)

Escaiele. Eschele.

Escalborder. Monter, parvenir.

> L'ame *escalborde* derechef,
> A duel, à honte et à meschief.   (*Ovide.*)

Escamper. Echaper, sortir (Villehardouin, page 65), de *escampa*, c'est-à-dire, verser, en Languedoc : ce qui vient de *ex* et de *campus*.

Escandillonage. [C'est un droit dû à des seigneurs féodaux, pour la visite, l'examen et l'étalonnage des mesures. (Laurière, Gloss. D. F.)]

Escange. Echange ; de *ex cambium*.

Escarmie. Escrime. De-là pourroit venir *escarmoucher*.

> Qui affiert à cette *escarmie*,
> Bien scet de son corps escremie.   (*R. de la Rose.*)

Escarnellé. Fait à creneaux. Le livre de la Destruction de Troye dit :

> Les tournelles *escarnellées*,
> De marbre bis fait sans painture.

Escarnir. Montrer en dehors.

> *Escarnis* un petit poupel.   (*Goudouli.*)

Escarpin. Vient de *carpisculum*, soulier ancien.

Escarrabillat. Gentil, mignon, beau.

Escarri. Perdu. Le Loyer des fausses Amours dit :

> Telles choses ne sont pas ris,
> Voilà mes amours *escarris*.

Escarrir. Se disperser çà et là.

Eschacier. Un Berger qui va sur des eschasses, pour garder le bestail ès lieux marescageux.

Eschanson. Ce mot vient de *scantio*.

Eschaper. (Voyez *Escamper*.)

Escharder. Tourmenter, irriter.

> Grand sens est d'amis faire,
> Et greigneur de garder ;
> Mais pou en fait l'en garde,
> Qui les veut *escharder*.   (*Mehun, Codicile.*)

Escharguetes.

> Après vint grand procession,
> D'*escharguetes* tout environ.   (*Perceval.*)

Eschargutier. Eschaugueter.

Escharnir. Mesdire, offenser. (Perceval.) Bible Historiaux dit : « Le sot *escharnit* la discipline. » Item : « Paroles *escharnissantes*. » C'est-à-dire, médisantes.

> Mais soyez d'amour si garny,
> Que point ne soyez *escharny*.   (*R. de la Rose.*)

Escharnisseur. Mesdisant.

Escharrogneux. Querelleux, selon un vieux ms. de Mémoires des choses mémorables passées à Paris depuis l'an 1400.

> Comme vilains *escharrogneux*,
> Qui diffament leur voisinance.

Eschars ou **Echars**. Lésineux, ménager à l'excès. (Monet, Nicot.)

Escharsement. D'une façon mesquine. (Mon. Nic.)

Escharsete. Lésinerie, épargne sordide. (Mon. Nic.)

Eschaucier. Chasser. (Merlin.)

Eschaufeture. Échaufaison. (Nicot.)

Eschaufferete. Réchaufoir, lieu propre à réchaufer les viandes. (Nicot.)

Eschecs. C'est un jeu ancien : il vient du mot Latin *scacchia*, et celuy-cy de son inventeur Eschatresca, Persan ; et selon d'autres, Chaldéen, selon la Cronique de Hainaut. Mais le R. de la Rose l'attribue à Attalus :

> Quar ainsi le voult Athalus,
> Qui des *eschecs* controuva l'us.   (*Rose.*)

D'autres l'attribuent à un Diomede sous Alexandre.

Escheier. Essayer.

Eschelatre. Coquillard, page 56, dit :

> L'un *esechelatre*, l'autre latonne.

Escheler. Escalader. (Nicot), escheler les murs.

Eschelistres.

> Hongres, Florentins, Allemans,
> Il y trouve sans *Echelistres*.   (*Coquillard.*)

Escheller. [C'est une amende honorable publique aggravée par les circonstances. Elle se fait au haut de l'eschelle. (Laurière, Gloss. Droit français.)]

Eschelles. Compagnie de gens de pied avec Enseignes. (Voyez *Scarre*, *Scadre*.)

Escherpes ou **Escherpetes.** Escharpes. (Voyez *Bannier*.) Les anciens Cavaliers François portoient des Escharpes blanches, pour marque de leur candeur : ils avoient aussi la Croix et la Cornette blanche : et au contraire les Espagnols ont les mesmes choses rouges.

> Eut entreux touts sur leurs atours,
> Et les grans gens et les menues,
> *Escherpetes* blanches cousues.   (*Guiart.*)

Escherper. Mettre en escharpe ; de *escherpe*, c'est-à-dire, escharpe.

Escherpilleurs. Voleurs ; ainsi dits ou parce qu'ils portoient une escharpe, ou du mot *escarpi*, c'est-à-dire, en languedoc *deschirer* ; ou bien de *cher* et de *piller*.

Eschever. Esquiver, éviter : il vient de l'Italien *schifar* ; et de-là vient un esquif. (Le Roy Modus au livre de la Chasse.)

Eschevinage.

> Femmes tiennent *eschevinage*,
> De poules de concubinage.   (*Mathiolus.*)

Ce mot semble vouloir dire boutique ou bordel.

> Car escoillez certes en sommes,
> Sont couars prou et *Eschevins*,
> Parquoi ils ont mains féminins.   (*R. de la Rose.*)

Eschevins. Juges et Conservateurs ; de *cavere*.

Que ces mots y trouvez ia mis,
Qui mordent, semblent *Eschevins*
Encontre les murs féminins.   (*R. de la Rose.*)

Il semble là entendre quelque machine de guerre, par un Eschevin. Ce mot vient de *serbinus* ou de *scabines* ; de l'Alleman *scheffen*.

Eschevissement. Évasion. (Monet.) Indemnité. (N.)

Eschiele. Troupe de soldats, vient à mon advis de ce qu'on prononçoit le *c* comme un *k* ou *q*, et changeoit la lettre *r* en *l*, comme il est arrivé souvent. De sorte que pour *esquierre* ou *esquadre*, vieux mots signifians troupes ou bataillons, on a dit *eschiele*. On disoit aussi *escarmoude*.

Eschielle. On mettoit les Malfaiteurs à l'eschelle du Temple, selon un Arrest notable qui est ès titres de S. Martin des Champs à Paris, où sont ces termes. : « Et « aussi eust envoyé par devers Nous, ledit Robert hoste « desdits Religieux, et fait mettre l'*eschielle* pour cause « de certains faux serments faits par-devant Nous, etc. »

Eschieu. Essieu. (Voyez *Guenche.*)

Eschiffles. Sorte de fortification ancienne. (Fauchet.)

Eschine. Est dite de ἐχῖνος, *scrinium*, coffret.

Eschiquier de Normandie, lieu où s'assembloient les Commissaires envoyés des Provinces par le Roy : ce qui vient du mot Alleman *schiquen*, c'est-à-dire, envoyer.

Eschive. Triste. (Perceval.)

Eschiver. Éviter, esquiver. (Voyez *Eschever.*)

Moult mis grand peine à *eschiver*.   (*Christien de Troyes.*)

Eschoite. [C'est une succession collatérale, à la différence de la *droite aventure* qui est une succession directe. (Laurière, Gloss. Droit français.)]

Eschopes. Petites boutiques attachées à des piliers ou maisons qui appartiennent au Roy.

C'est fait, il n'y pert à l'*eschope*
Une parentese, ou sincope,   (*Coquillard.*)

Eschorte. Cas, accident.

Eschouer. Vient de cheoir, tomber.

Esclabocher. Éclabousser. (Nicot.) (Voy. *Eclaboter*.)

Esclamme. Sorte de manteaux longs que portoient anciennement les Pèlerins. (Nicot.)

Esclande. Scandale. (Songe du Verger.)

Esclandée. R. de Mathiolus, parlant de Didon :

> Comment elle fut deffrandée,
> Et en son courage *esclandée*.

Esclandir. Scandaliser, selon le livre dit, *De la Diablerie*.

Esclavire. Sorte de robes longues jusqu'à mi jambes à collet haut et carré et manches courtes d'étoffe grossiere, dont les Mariniers et Matelots se servent sur mer. (N.)

Escleché. Démembré. (Ragueau.)

Escleve. Esclave ; de ἐσκλείω, *includo*.

Esclices. Tronçons de lances. (Perceval.)

Escliquet. Mot de Languedoc, est un jeu d'enfans qu'ils font avec un tuyau dans lequel ils mettent des bales qu'ils jettent loin en les pressant : ce qui vient du mot *glisser*, corrompu de *glisset ;* car on l'appelle un *glissoir*, en France.

Escloer. Expliquer.

Escloy. (Voyez *Ecloy*.)

Escluine. (Voyez *Esclamme*.)

Escolter. Escouter ; de *auscultari*.

Escommeu d'amour. Espris.

Escondit et Escondite. Refus. (Gauvain.)
Escondit. Caché.

Escondre. Cacher. (Boëce ms. de *abscondere*), et on dit encore en Quercy *rescondré*.

Esconduire. Refuser. (Nicot.)

Escons. Cacher; *esconser,* cacher.

Escorable. Courant.

Escore. Côte à pic, taillée à plomb. (Monet.)

Escorts. Prudent; de l'Italien *scorto.* (Duchat dans ses notes sur Rabelais.)

Escos ou Escies. Ce mot semble estre employé dans Perceval, pour dire des fossez.

Escot. Portion ; venant de *scot,* mot Saxon ; ou de *ronscot,* c'est-à-dire, un denier en Anglois.

Escouffle. Un Milan.

Escoulourable. Changeante, muable.

Escoupis.

> Ie suis ialous et *escoupis,*
> I'ay l'angoisseuse flame, ou pis.   (*Ovide.*)

C'est-à-dire, en la poitrine. C'est Polypheme, qui parle à Galatée de son amour.

Escourre. Se dissiper, Marot, Epigramme 10, dit:

> Si en enfer il sçait quelques nouvelles
> De sa seureté, au fins fons il se fourre ;
> Puis peu à peu sa peur vint à *escourre.*

Escoussé. Caché.

Escoutete. Sorte de Juge, en Wallon. (Vossius.)

Escouvetes.

> Non est, le deust-on vif brusler
> Comme un chevaucheur d'*escouvetes.*   (*Villon.*)

Il doit parler d'un Sorcier, car on dit qu'ils vont au Sabath sur des balais, etc. Or, *escoubo* signifie un balay au bas Languedoc, venant du Latin *scopa.*

Escouvient. Convient.

Escremie. Escrime.

Escrene. Petite maison ; de *scrinium.*

Escrevices. Sorte d'armes anciennes, c'est-à-dire, cuirasses faite de lames de fer, mises les unes sur les autres, à la maniere des escailles des escrevices : ce qui fut l'invention qui vint après celle d'en faire de cuir ; d'où venoit le nom de cuirasse. (Voyez *Gallures*.)

Escripseur. Un escrivain.

Escritel. Un escriteau.

Escroix. C'est un instrument à fendre les pierres.

Escu. C'est une armure ancienne dont j'ay parlé cy-devant sur le mot de *Bouclier*. C'estoient rondaches de bois couvert de cuir, ou de fer. Ce mot vient de σκύτος, c'est-à-dire, du cuir ; d'où vient *cutis*, peau. Sur ces Escus estoient peintes les armes des Chevaliers, afin qu'on les peust distinguer estant armez de fer. Ainsi ce mot est demeuré aux Escus que nous employons ès armoiries. De-là vient aussi la monnoye appellée un escu, parce que l'image d'un de ces escus y estoit empreinte, comme sur le stelin ou sterlin, des estoiles ; et sur le franc, un Cavalier François. L'escu ne valoit que vingt-sept sols. Il y avoit des demy escus de treize sols six deniers. Les deux escus valoient un Noble. (Fauchet.) Les escus ou boucliers des anciens Gaulois estoient si grands, qu'ils couvroient tout le corps, à la maniere des Grecs ; car Ajax en avoit un de cette sorte, selon Homere. C'est pourquoy on les faisoit porter devant soy. Ils avoient deux anses de cuir par dedans, dans lesquelles on mettoit le bras gauche, pour s'en servir à parer les dards.

Escuelle. Ce mot vient, à mon advis, de *esculus*, chesne, parce qu'au commencement on les faisoit de chesne, pour ce qu'il se fendoit moins que d'autre bois. Je n'ay mis ce mot que pour l'étymologie.

Escurens. C'est l'herbe *equisetum*, dont on escure la vaisselle. Et on l'appelle au haut Languedoc d'*escuret*.

Escusevols. Excusable. (Histoire des Albigeois.) On dit encore dans nos montagnes *escusiboul*.

Escuyer. C'est une dignité fort considérable parmi les Anciens : elle venoit immédiatement après celle de Chevalier, et estoit un degré pour y parvenir ; à cause de

quoy les Chevaliers faisoient ordinairement leurs fils
Escuyers, afin que par quelque action généreuse, ils
peussent parvenir à ce degré. C'est pourquoy Coquill. dit :

> Fay-je pas un simple *Escuyer*,
> S'il sçait bien ses armes conduire,
> Tout incontinent Chevalier ?

Cette qualité ne se donnoit qu'aux personnes de noble
extraction. Leur employ estoit de porter l'escu et l'espée
au-devant des Chevaliers ; mais il y avoit entre les
Escuyers des différences fort notables, qui les rendoient
plus ou moins considérables. Car ceux qui estoient
Escuyers des Rois et Princes Souverains, estoient des
personnes beaucoup plus remarquables que ceux qui
n'estoient qu'à de simples Chevaliers. Ainsi la Charge de
Connestable ou de grand Escuyer de France, qui estoit
establie pour porter l'escu et l'espée du Roy, a esté
tousiours donnée non-seulement à de très grands hommes,
mais estoit comme la première dignité du Royaume.

Ceux qui dérivent ce mot d'*Escuyer*, de *equus*, c'est-à-
dire, un cheval, se sont trompez, et ont confondu la
qualité d'Escuyer, avec celles d'Equyer et d'Escayer : car
la qualité d'Equyer estoit seulement pour ceux qui avoient
l'intendance des escuries des grands Seigneurs. Mais le
nom de nos Escuyers vient de l'escu, ou bouclier, qu'ils
portoient à la guerre ; et celuy de l'escu vient de *scutica*,
c'est-à-dire, une courroye de cuir, parce qu'on les
attachoit ainsi, et qu'ils estoient couverts de cuir, comme
j'ay remarqué sur les mots de *bouclier* et d'*escu*.

Il y a encore une troisieme sorte d'Escuyers, qu'il faut
distinguer des susdits, à sçavoir des Escuyers trenchans,
qui coupent les viandes à la table des Rois et des Princes ;
et j'estime que ceux-cy estoient appelez *Escayers*, et
qu'on les a par abus appellez Escuyers, à cause de la
conformité des noms ; ou que les Lecteurs des vieux
Livres ont creu qu'il y avoit faute ès Livres dans lesquels
il y avoit *Escayer*; et ont estimé de le bien corriger, en
mettant *Escuyer*. Ce qui me confirme en cette pensée,
est leur nom Latin ; car ils sont appellez *sectores Escarij*,
ou *mensarij*, et *Escariæ secturæ præfecti*; ce qui vient
de *csca*, c'est-à-dire, viande.

Esgardez. Regardez. (Perceval.)

Esgards. C'est-à-dire, des hommes experts et entendus
à certaines choses. (Ragueau.)

Esgargaté. Egosillé ; de *crier*. (Nicot.)

Esgrafigner. C'est-à-dire, écrire golphement et en égratignant : ce qui vient de *graphium*, stile de fer des Anciens, dont ils se servoient à écrire ; ou bien de *griffe*. Ronsard, en l'Epitaphe de Thomas, dit :

> Tousiours le chardon et l'ortie,
> Puisse *esgrafigner* son tombeau.

Esguiller. Un estuy à aiguilles.

> D'un *esguiller* mignot et gent.　　　(R. de la Rose.)

Esjouir (s'). Se réjoüir. (Nicot.)

Eslainde. Machine à jetter des pierres.

Eslais. Course ou envahie, choc des Chevaliers.

Eslay. Eslans.

Eslecture. Choix. (Voyez *Vertir*.)

Esléecer (s') ou Esléer (s'). Se réjoüir.

Eslepas. Aussi-tost, de ce pas. (Perceval.)

Eslesser. Eslancer.

Eslocher. Démettre, tirer de son lieu : d'où vient *disloquer*. — ESLOCHER. Élocher, ébranler, écrouler. (Monet.) *Elocher* une colonne, l'abbatre.

Esmarri. Estonné, fâché.

Esmay. Tristesse : d'où vient *esmoy*.

> Ce fut au temps du mois de May,
> Qu'on doit chasser dueil et *esmay*.　　　(Font. des Amour.)

Esmayer. Attrister, s'embarrasser. Marot, dans son Epistre à Monseigneur le Dauphin, dit :

> Mais je vous prie mon sauve-conduit ayons,
> Et de cela plus ne nous *esmayons*.

Esme. Intention, desir. (Voyez *Estme*.) A son *esme*, c'est-à-dire, à sa volonté. (Villon au Testament.)

Esmeré. Esmaillé.

> Qui fut de fin or *esmeré*.　　　(R. de la Rose.)
> Un anelet d'or *esmeré*.　　　(Perceval.)

Esmigaux. Des joyaux, bracelets, etc.

Esmonchonner ou **Esmoucher.** Chasser les mouches.

Esmorche. Amorce, appas. (Monet.) Marot, dans son Enfer, employe ce mot dans un sens burlesque, pour dire une action vive, une échappée, une action extraordinaire :

> Mais ie veux bien cognoistre ces paillards,
> Qui avec toi firent si chaude *esmorche.*

Esmorcher. Amorcer. (Idem.)

Esne. C'est-à-dire, outre, ou oüaire.

> Sans mettre n'en pressouër, n'en *esnes,*
> Et le miel décovroit des chesnes.   (*Rose.*)

Esné. Fils aisné.

Esox. [Mot gaulois, s'appliquant au brochet et quelquefois au saumon.]

Espaignois. Espagnol.

Espaler. Étaler avec la pelle. (Nicot.)

Espam. C'est-à-dire, Pam. (Gauvain.)

Espanir. Espanoüir. (Nicot.)

Espantable. (Voyez *Troudelé.*)

Espardre. Épardre, épandre çà et là, disperser de côté et d'autre. (Monet. Nicot.)

Esparer (s'). S'éclaircir. Rabelais, livre 4 chap. 22, dit : « Je voy le Ciel du cousté de la transmontane qui « commence *s'esparer.* » Ce mot vient de l'Italien *sparar,* qui se dit d'une chambre dans l'état qu'elle paroît, après qu'on a dépendu les tapisseries qui en couvroient les parois.

Espart. Esclair ; de foudre.

Espave. Avanture : Droit d'*espave,* c'est-à-dire, sur les choses inopinées, arrivées sans y penser.

Espautier les arbres, c'est-à-dire, leur oster le bois inutile : ce qui vient de *amputare.*

Espautier. Esventrer, selon le Livre *de la Diablerie.* D'où vient le mot de Languedoc, *prauti* et *espouti.*

Espeonter. Espouvanter.

Esperit. Esprit.

> Iadis transmis en ces régions basses,
> Pour gouverner les *esperits* loyaux,
> Et résider ès domaines Royaux. (*Marot.*)

Esperitableté. Spiritualité, et spiritable; spirituel.

Espeter. [C'est quand, en tournant sa charrue au bout du sillon sur le grand chemin, le sillon empiète tant soit peu sur le chemin. (Laurière, Gloss. D. F.)]

Espices. Il faut remarquer, touchant les espices, qu'elles estoient si rares anciennement et si estimées, par le défaut de commerce avec les Indes, qu'on en présentoit aux grands Seigneurs : d'où est aussi venu la coustume d'en mettre aux arrests, et d'en donner aux Professeurs, comme aussi du sucre, ou dragées. « L'an « 1495 le Roy festina les Ambassadeurs, et leur fit « apporter pain et vin de toutes sortes, hypocras, *espices,* « confitures et autres nouvelletez singulieres. » (Verger d'honneur.)

Espie. Espée.

Espine. C'est-à-dire, le dos, à cause de l'espine du dos; et *le délit d'espine,* c'est-à dire, la Sodomie. C'est pourquoi Monstrelet dit, que quelques-uns furent bruslez à la Gréve, pour avoir commis le délit d'espine. Une petite Cronique manuscrite Latine, composée par Frere Michel de Audars, de l'Ordre des Freres Prescheurs, explique entierement cecy, et oste toute la difficulté qu'on y pourroit avoir. Il parle en ces termes : « Joannes Pelabini, « Mercator divitiis affluens de hæresi Albigensium « suspectus, et de delicto spinæ dorsi accusatus, à « Bertrando Vicario Tolosæ incarceratur, et Inquisitori « fidei traditur. De supradictis criminibus convictus, ad « flammas ut hæreticus, et Sodomius condempnatur, et « sententia condempnationis executioni mandatur apud « plateam de Salinis juxta pillorium. »

Espingarde. Arbaleste ; parce qu'en se débandant

son arc fait une espece de saut que les Allemands appellent *sprung*, du verbe *springen*, sauter et de-là

Espinguer. Trepigner, sauter. Ce mot est encore en usage en Languedoc.

> Et *espingue*, sautele et bale,
> Et fiert de pied parmy la sale.   (*R. de la Rose.*)

Espinoche. Ce mot est dans Pathelin; mais je ne l'ay pu comprendre au vray.

Espinochet. Espinars.

Espinon. Ardillon de boucle. (Nicot.)

Espoigner. Exposer.

Espoindre. Animer, encourager.

> Or quand de vous se souviendra,
> L'aiguillon d'honneur l'*espoindra*
> Aux armes, et vertueux fait.   (*Marot.*)

Espoir (j'). J'espère. (Perceval.)

Espondre. Exposer, expliquer.

> Or vos veil *espondre* briefment
> De ces fables l'entendement.   (*Ovide.*)

C'est aussi promettre, et traduire. Adam de Guiency, en sa Traduction de Caton, dit :

> Signour, ains que ie vous commans
> D'*espondre* Caton en Roumans,

Espont. Exposé.

> Qui cel songe lor a *espont*.   (*Ovide.*)

Esporler. [C'est reconnoître les devoirs à son seigneur. (Laurière, Gloss. D. Fr.)]

Espreu. Exprès, à dessein, de dessein formé. (Nicot.) *Tout à espreu*, tout exprès.

Espringaller. Sauter.

> Ie va, ie viens, ie sail, ie vole,
> l'*espringale*, ou ie karole.   (*R. de Guille-Ville.*)

De-là vient *espinga*, et *esperlencou*, mots de Languedoc, c'est-à-dire, sautiller, et las à prendre oiseaux par une verge courbée qui se débande.

Espringarde. Instrument de guerre, comme une fronde. (Fauchet.) Froissard l'appelle *espringalle ;* et *espringardiens,* ceux qui les faisoient jouer. Ce mot vient de *espringaller.*

Espurgier. Purger ; de *expurgare.* (Aldebrandin.)

Esquerde. Buche fort petite. (Perceval.)

Esquermie. Alquimie. (R. de la Rose.)

Esquevin. Eschevin. (Perceval.) C'estoit un Juge, selon les Loix des Lombards. Pasquier le fait venir de *Serbinus,* et d'autres de l'Hebrieu. (Voyez *Eschevin.*)

Esquier. Escuyer. (Merlin.)

Esrachier. Arracher.

Esraument. Vistement.

Esrouté. Négligé.

Esrupeis ou **Erupeis, et Erupie.** C'est-à-dire, du pays du Hurepoix. R. d'Alexandre dit :

> L'autre fu Espaignos, et l'autre fu Normans,
> Li autre *Erupie,* et parla bien Romans.

Ce mot de *Hurepois* veut dire situé du costé du vent *eureus,* comme qui diroit *eureposé.*

Essaboyr. Réjoüir.

Essardé. Altéré, tourmenté de soif ardente. (Nicot.)

Essart. Brossaille. (Perceval.) De *exarctare.*

Essarter. Émonder les arbres ; d'où vient le mot de Languedoc, *eissabarta.* [C'est aussi défricher une terre. (Laurière, Gloss. D. Fr.)]

Essaucié et Esaulcé. Exaucé. (Perceval.)

*****Essedi.** Chariots ou carrosses de guerre des anciens Gaulois, selon Cesar en ses Commentaires.

Ces chars estoient garnis de faucilles ou rasoirs : il en est parlé au chap. 13 des Machabées, livre 2.

*****Essedum.** Sorte de char. Properce dit :

> *Esseda* cælatis sistit Britannia jugis.

Esseiller. Employer, consumer. (Nicot.)

Essemace. C'est-à-dire, la cruë des bestes de chaque année ; comme on dit l'*essein* des abeilles, de *eissin*, c'est-à-dire, sortir ; et par ainsi l'*essemage*, c'est-à-dire, la sortie et provenu du bestail.

> Tu me rendras, quoy qu'il advienne,
> Six aunes, dis-je l'*essemage*
> De mes bestes, et le dommage.   (*Pathelin.*)

Esserpiller. Dérober ; de *excerpere*, ou de oster l'escharpe, selon Ménage en ses Origines,

Essil. Bardeau, morceaux de douve, dont on couvre les maisons. (Nicot.)

Essillé. Ravagé.

> L'agent et la terre *essillée*,
> Qui fu tonduë et pereillée.   (*Perceval.*)

Essiller. Ravager, exterminer ; et *essil*, c'est-à-dire, ravage, et exil. (Vigenere, Merlin.) (Voyez *Mesnil.*)

Essilleurs de biens. [Incendiaires, voleurs. (Laur. Gloss. Droit français.)]

Essimer. Amaigrir, exténuer, consumer. (Monet.)

Essoine. Absence. (Froissard.) (Voyez *Exoine.*) Mehun, au Testament, dit :

> Aux délits qui sont sans *essoine*,

Item, Punition. Villon dit :

> —— Pour son amour eut tel *essoine*.

C'est aussi excuse, et vient de *sonnia*, vieux mot ; de l'Allemand *saumnuz*. *Sunnis*, c'est-à-dire, empeschement.

> Aucuns dient pour tout *essoine*,
> Qu'elle doit assaillir la porte
> De l'hostel de quelque Chanoine.   (*Coquillard.*)

Essonier. Sorte de filet, ou orle. (Geliot), en l'Indice armoriale. [Ce mot a aussi le sens d'*excuser*, dans Laurière, Gloss. Droit français.]

Essoyer. Essayer. (Cronique de Saint Denis.)

Esta. Esta ; et *estez*, estez, c.-à-d. arrestez. (Gauvain.)

Estableté. Durée.

Estagier. Habitué.

Estalons. Arbustes qu'on laisse monter et se pousser en haut. (Voyez *Bailliveau.*) Il vient de *stolida*, c'est-à-dire, *inutilis arbor*, selon Bouillus. Mais c'est le contraire, puis qu'on les garde pour se pousser ; et je le tirerois plustost de *stare*, et de *longus*, c'est-à-dire, qu'on les laisse devenir longs et hauts. *Etalon* est aussi le cheval, ou autre beste dont on se sert pour couvrir un haras de jumens, appellé *equus emissarius*.

Estampie.

> Rompre barreaux, crier et braire,
> Saillir en bas pour l'*estampie.*   (*Coquillard.*)

En son **Estant.** C'est-à-dire, debout. Il tomba de son *estant*, c'est-à-dire, de sa hauteur. (Alain Chartier.)

Estape ; De *stipendium*.

Estau. *Uubi res stant, vel extant*, ce sur quoi on estale les marchandises.

> A tollir places et *estaux*.   (*Perceval.*)

Il vient de *stabulum*, et se disoit *stallum*.

Estaule. Estable.

Estebe. Estienne. Vigenere traduit mal en Villehar-douïin ce mot, *Esteves del Perche*, celuy de Perche, veut qu'il signifie Estienne de Perche. — L'Estebe. C'est-à-dire, le manche de la charruë ; de *stipes*.

Estelée. Tissuë. (Perceval.) (Voyez *Sebelin.*)

Esteles. Coupeaux : on les appelle des hastillons. Je croy qu'il vient de *effero extuli*, parce que ce sont des enleveures qu'on a emportées d'un gros bois.

Estelin ou **Esterlin.** Monnoye d'argent ancienne ; ainsi dite à cause de la figure d'une estoile qui y estoit empreinte. On en a encore en Angleterre et en Allemagne. Il semble aussi que ce fut un poids, par le texte suivant tiré d'un ancien ms. de Mémoires à la main, touchant ce qui s'est passé à Paris de plus mémorable depuis l'an

1400. lequel Monsieur Martin, Médecin de Paris, m'a communiqué ; car il dit en un endroit :

> Comme celuy qui les bleds soye (coupe),
> Quand ce mestier ie sortissoye,
> L'once donnoye pour l'*estellin*.

Il y a apparence que ce poids estoit de trente-deux grains, comme l'esterlin d'Angleterre pesoit. (Voyez Spelman et Vatsius, en leurs Glossaires.)

Estendard. (Voyez *Banniere*.)

Estepes. Pieces de bois. (Voyez *Hourdeis*.)

Ester. Assister. (Pasquier.) Il signifie aussi par fois estre, attendre, demeurer.

> Et me laissez en pes *ester*.   (*Perceval*.)

Signifie *subsister*, dans la Bible Historiaux ; et *délaisser*, dans le R. de la Rose :

> Qu'elle laisse son dueil *ester*.

Esterni. Renversé, jetté par terre. (Nicot.)

Esternir. Renverser, jetter par terre. (Nicot.)

Esteules. [On appelle ainsi les chaumes, les premiers jours qui suivent la moisson. (Laurière, Gloss. Droit fr.)]

Estiomene. Érysipele. (Nicot.) — Estiomene. Qui a le corps rempli, rongé d'ulceres. (Monet.)

Estivaux. Des bas de chausses. (Perceval.)

Estme. Estime ; d'où vient *à bel eyme*, mot de Languedoc, c'est-à-dire, estimé en gros.

Estoc ; d'où vient estocade ; vient de l'Allemand *stock*, c'est-à-dire, un baston. (Ménage.) De-là vient aussi *brin-destoc*, grand baston à sauter des fossez.

Estocgage. Droit ancien des Seigneurs, sur ceux qui achetoient en leurs terres quelques biens immeubles.

Estoior. Combattre. Mehun, au Codicile, dit :

> Ce sçavent ceux qui ont dedans acre *estoyé*.

Estoire. Histoire. (Perceval. F.) Lambert li cors dit :

> La verté de l'*estoire*, si com li Rois la fit,

Un Clercs de Chasteau-Dun, Lambert li cors l'escrit,
Qui de Latin l'a trest, et en Romans l'a mist.

C'est aussi, selon Villehardoüin, une flotte de Navires, lors qu'il dit : « Il partit une *estoire* de Flandres per mer, « com mult grant plente de bones gent armée. » Et ailleurs Vigenere le prend pour des vivres et autres choses nécessaires, lors qu'il traduit ces mots du mesme Autheur : « Il avoit Navire et *estoire* », c'est-à-dire, ils avoient Navires et autres nécessitez.

Estolt et **Estoute**. C'est-à-dire, rude.

Si li donna cop si *estolt*.   (*Perceval.*)

Estommis. Étonnez, allarmez, troublez. (Voyez *Estormir.*)

Estonné. Endormy du coup, et comme col tors. Cela se dit de ceux qui ont receu sur le casque quelque grand coup de lance ; d'où vient nostre mot de *estonné*.

Estonnoir. Je ne comprens pas bien ce mot :

Souvent quand il te souviendra
De tes amours, te conviendra
Partir des gens par *estonnoir*.   (*R. de la Rose.*)

Il semble qu'il signifie à l'improviste. (Voyez *Haubert.*)

Estor et **Estour**. C'est-à-dire, choc, meslée, combat, duel. (Perceval.) De-là vient *estourdir*.

Dix Chevaliers pris en l'*estor*.

Estordre. Destourner. (Bible Guyot de Provins.)

Estore. Convoy, selon Vigenere. (Voyez *Estoire*.)

Estoré. (Voyez *Mons*.)

Estorer. Ordonner et ajuster, restaurer, bâtir, édifier. Ovide, parlant de Dieu, dit :

Du pooir que donné leur a,
Cil sires qui tout *estora*.

Estormi. Alarmer, réveiller. Perceval dit :

La Ville fut mout *estormie*.

Estoroir. Calfeutrer et réparer.

Estortrier.

>Ia n'en *estortriez* sans faille.   (*Perceval.*)

Estouper. Rassasier.

>N'orent autre chose à souper,
>De cen font lor faim *estouper*.   (*Perceval.*)

Estour et **Estor.** (Idem.) Il se prend aussi pour les coups de lances dont se frapoient les Chevaliers aux Tournois, et pourroit venir de *hasta*.

Estourbeillon. Tourbillon.

Estourra. Faudra. (Pasquier.)

Estourra (m'). Me Faudra. Thibaut, Roy de Navarre, dit :

>Quand fine amour me prie que ie chante,
>Chanter m'*estuet*, etc.

>Vousist ou non l'*estuet* guerpir.   (*Perceval.*)

Estout, Estoux et **Estoutie.** Conflict. (Nicot.)

Estoutoyer. Disputer. (Perceval.)

Estoyer. Serrer, r'engainer l'espée. De-là vient *estuyer*, c'est-à-dire, mettre en un estuy.

Estrace. Extraction. (Villon.)

>Li fel iayant de pute *estrace*.   (*Ovide.*)

Estradiots. Soldats; d'où vient battre l'estrade, et estrader. (Comines.) C'estoit aussi une sorte de Soldats. (Art Militaire ms. en velin, de Messire Berault Stuart, Sieur d'Aubigny) : « Que en chacune bende y ait ung petit « nombre de Coulevriniers et Arbalestriers, pour garder « l'emmy que font les gens legiers à cheval, comme « Janetaires et *Estradiots*, en chevauchant. » Ce mot vient aussi du Grec σρατεία, *bellum*. D'où vient aussi *stratagême*.

Estrage. [Cours, enclos et jardins qui sont joints à une maison de campagne. (Laurière, Gloss. Droit franç.)]]

Estrain. Fourrage. (Perceval.) Du Latin *stramen*.

>Sus ung poy de chaume ou d'*estrain*.   (*R. de la Rose.*)

Estrains. Vaisseau à vin. (Gratian du Pont.)

Estramasson. (Voyez *Scrammasaxos*.)

Estran. Couverture de paille, ou restouble. Ovide ms. parlant d'une cabane, dit :

> L'*estran* dont elle fu couverte.

Estrays.

> Si s'en est fouy tout *estrays*.　　　(*Ovide*.)

Estre. C'est-à-dire, le lieu où quelque chose a accoustusmé d'estre. C'est aussi un chemin, selon Huon de Villeneuve ; et vient de *strada*. Villon, en ses Repues Franches, dit :

> D'apporter après luy courant,
> Le pain chappelé en son *estre*.

Estrée (s'). C'est-à-dire, s'accouple, ou bien se met en voye. (Fauchet, citant Huon de Villeneuve.)

Estreper. Briser, en la Coustume d'Anjou ; car elle parle en ces termes : « On doit les maisons ardoir, et les « vignes *estreper* », de *extirpare*. En Languedoc on dit *estripa* ; mais on l'employe plus pour éventrer. L'*estrapade* vient aussi de-là.

Estres.

> Li Roys Artus estoit as *estres*,
> Appoyez à unes fenestres.　　　(*Perceval*.)

Estreu. Merlin se sert de ce mot ; mais je ne le comprends pas.

Estrez. C'est-à-dire, une croix de gueules.

Estrif. Étrif, débat, noise de paroles. (Monet. Nicot.)

Estriver. Rioter, contester, contrarier, débattre de paroles. (Monet.) Marot, dans ses Pseaumes, dit :

> Avec ton serviteur n'*estrive*,
> Et en plein jugement n'arrive.

Ce mot est encore en usage dans la Flandre Valone.

Estriveur. Un lutteur.

Estriviere. Vient de *astrapa*, qui estoit la planchette qu'on mettoit pour reposer les pieds. De-là vient aussi un *estrieu*. (Voyez Ménage.)

A Estros. C'est-à dire, à coup.

> Ie fusse mort tout *à estros,*
> Se il ne m'eût dépendu.   *(Perceval.)*

En Languedoc, on dit *tout bel estrous,* de ce qui est rompu net.

Estudie. Soin, étude, application.

> Mais par sus tout, il mit son *estudie*
> A réparer son pays d'Arcadie.   *(Marot.)*

Estuert (s'). Se courbe. (Perceval.)

Estuet. Convient.

> Aller *m'estuet* en une affere.   *(Perceval.)*

Estuide. Estude.

Estvier (s') ou Esvier (s'). S'escarter et dévoyer.

Estuire. Exprès.

> Et sa bouche n'est pas vilaine,
> Ains semble estre fait à *estuire,*
> Pour solacier, et pour déduire.   *(R. de la Rose,)*

Esturent. C'est à-dire, demeurerent debout : ce qui vient du Latin *steterunt.* Le *tournoyement de l'Ante-Christ,* dit :

> Cil iugleor en piez *esturent.*

De-là vient *estour,* c'est-à-dire, l'Arrest qu'on fait en quelque lieu.

Estuyer (s'). S'estudier. (Codicille de Jean de Mehun.) Ou bien se cacher et retirer, comme qui diroit se mettre dans un estuy. On dit encore en Languedoc *sestuya,* c'est-à-dire, rentrer en sa maison. Marot, au 1er liv. de sa Métamorphose, employe ce mot pour renfermer :

> Semblablement en ses fosses *estuye*
> Tous ventz chassants la nuë apportant pluye.

Esus. [Nom d'une des plus terribles divinités gauloises ; ce mot vient du sanscrit *Asu,* Dieu.]

Esve. (Voyez *Eve.*)

Esvigorer. Renforcer.

Esvolée. Estourdie, inquiette.

> Contre raison fortune l'*esvollée*,
> Trop lourdement devers moy est vollée.   (*Marot.*)

Ethin. Pasturages.

Etic. [Mot gaulois qui avait le sens de protéger, abriter.]

Evanouisson. Pasmoison.

*****Eubages.** C'estoient des rechercheurs de secrets, c'est-à-dire, des Naturalistes, parmy les anciens Gaulois. (Estats et Empires du Monde.) — Eubages. [Membres de l'une des trois corporations savantes de la Gaule, chargés de l'observation des grands phénomènes de la nature.]

Eve ou **Esve.** C'est-à-dire, de l'eau. (Perceval.)

> Descendoit l'*esve* claire et roide.   (*R. de la Rose.*)

Everdumer. Tirer le suc d'une herbe.

Evertir. Renverser, ruiner ; du Latin *evertere*.

*****Eugubie** où **Usubis.** C'est l'herbe dite *Chamœ Daphne Apuleij*.

Eurice. [Mot gaulois, signifie heureux.]

Eurs. Bonheur. (Nicot.) (Voyez *Saner.*)

Ex. Les yeux. (Voyez *Engrouter.*)

Exacon. [Mot gaulois ; c'est la centaurée très amère.]

Exceps. Excès.

Exciper. Excepter ; de *excipere*. (Nicot.)

Exercite. Armée ; de *exercitus*. (Marot.)

Exercité. Domination. (Songe du Vergier.)

Exiguer. Faire partage des bestes. D'où vient le mot de Languedoc *issaga*, ou *eissagua*. (Ragueau.)

Exoine ou **Essoine**, et **Exoiner.** C'est-à-dire, empeschement et empescher. Ce qui vient du mot Allemand *sunnis*, qui signifie la mesme chose.

Exoiné. Excusé.

Exoniateur. C'est celuy qui donne excuse pour absence.

Exonier. Estre absent; de ἐξόμνυται. (Perionius.) — Exonier. Excuser par serment celuy qui ne peut comparoir, à cause de sa grande indisposition.

Extreme. Dernier.

Exulter. Tressaillir de joye ; de *exsultare.*

F

Fable ou **Fabliau**, et **Flabe.** C'est-à-dire, discours feint, fable, Romant en Vers. (Fauchet.)

Fabel. C'est la mesme chose. Huespiancelles, au Fabel de sire Hains, et de Dame avieuse, dit :

> Huespiancelles qui trouva,
> Cil *fabel* par raison prouva, etc.

Facque ou **Facquiere.** C'est-à-dire, une boëte ou estuy ; de l'Allemand *fach*, qui signifie la mesme chose. (Le Duchat, dans ses notes sur Rabelais.)

Factiste. Poëte comique. (Nicot.)

Fade. Allangoury, triste.

> En faisant une mine *fade.*   (*Pathelin.*)

Faerie. Enchantement. (Coquillard.) Ce mot vient de Fée, Nymphe ou Devineresse parmy les Payens. De-là vient le *R. des Champs faez*, c'est-à-dire, ensorcelez ou magiques.

***Fagasmon.** C'est l'herbe appellée *aparine.*

Fagot. Ce mot vient ou de *fagus*, ou à *fascijs*.

Faida. Inimitié, de *fewd* Anglois : d'où vient *fier* et *whed*, Allemand.

Sans **Faille,** sans faillir. Fontaine des Amoureux dit :

> Vint contre sept convient sans *faille.*

Fain ou **Faine.** Le fruit de l'arbre, dit *fagus.* — FAIN. Du foin.

Fantis. Trompeur.

Fais, Faiture. Façon et artifice, facture.

Faisance. Corvée. (Ragueau.) D'où vient le mot de Languedoc de *fasendes.*

Faisselle. Vaisseau à faire les fromages.

Faitard. Paresseux, oisif. (Nicot.)

Faitardise. Paresse, oisiveté, léthargie. (Nicot.)

Faitement. Parfaitement. (Voyez *Liée.*)

Faitis. (Voyez *Fetis*, c'est-à-dire, gentil.)

> . . . . . branches charnuës
> Esleves, propres, et *faictisses.*   (*Villon.*)

Ce mot vient de *factitius*, comme qui diroit *fait exprès.* Ainsi le Drapier dit dans Pathelin :

> Ie l'ay fait faire tout *faictis*
> Ainsi des laines de mes bestes.

Falleré. Harnaché ; de *phaleratus.* (L'Amour. Transi.)

Faloise. Une levée au bord de la mer. On dit aussi *falaise* et *falise.*

> Li Chateaux sur une *faloise,*
> Fu ferme par si grand richesse.   (*Perceval.*)

C'est aussi une roche couverte de mousse. En Picard ce sont les costeaux maritimes, et vient de *fales*, c'est-à-dire, roche en Allemand. Ce sont aussi des monceaux de neige, selon Ménage.

Falour. Sot ; et vient possible, de *faillir.*

Falourdes. Faisseaux de bois pour combler les fossez des ennemis. (Froissard.)

Fame. Renommée ; de *fama.* Font. des Amour. dit :

> Comme maint homme, et mainte femme,
> Qui ont bon los et bonne *fame.*

Famis. Affamé. Marot, dans son Enfer, dit :

> Par nos grands Loups ravissans et *famis.*

***Fan.** Temple : d'où vient *fanum* et *faniaux*, c'est-à-dire, *fanum jovis.* C'est une Ville de Languedoc, c'est-à-dire, aussi un petit de Diche, et vient de *infans.*

Fandesteuf. Chaire ou Siège Royal. Cronique de Flandres. D'où vient *fautuel.* (Nicot.)

Fanfelus. Moqueries. (R. de la Rose.)

Fanfreluches. Bagatelles. Ce qui vient du Grec ωομφόλυξ, *aquæ bulla.* (Trip. de Bard. en son Dictionnaire.)

Fanon. (Voyez *Banniere* et *Gontfanon.*)

Fanon et Gontfanon. Jadis estoient Enseignes Royales comme les Pennons, et puis furent de mesme prises des particuliers. J'estime que ce mot vient de φαίνω, *appareo ;* parce qu'on le voit de loin, à cause qu'il est au bout d'une pique. On appelle aussi *Fanon aux bœufs*, ce que les Latins appellent *paleare*, qui est ce qui leur pend au col, possible parce qu'il se rapporte à une Banniere ancienne.

Fantasier. Chagriner, inquiéter. Marot, dans ses Opuscules, Temple de Cupidon, dit :

> Lors l'un se taist qui me *fantasia*,
> L'autre me dit, mille ans ou plus y a.

Fantasieux. Chimérique.

Fantesque. Servante qui lave la vaisselle ; mot Italien, qui signifie la mesme chose, et non pas une putain, comme le prétend Nicot. Brantome l'a employé dans le premier sens, au Ier Tome des Dames Galantes, page 338. La vieille Courtisanne parmi les Jeux Rustiques de Joachim du Bellay :

> A cet effet, ie tenois pour *fantesque*
> Une rusée et vieille Romanesque.

Farcer. Se moquer.

> L'une *farsoit,* l'autre lardoit.   (*Ovide.*)

Fardeler. Lier ensemble, faire un paquet. (Monet.)

Fardelet. Petit fardeau. (Monet.)

Fardelier. Crocheteur.

Fardet. Fard. Guiart, en l'Art d'Amours, dit :

> Au matin va la voir, ains qu'elle soit levée,
> Ne que de son *fardet,* soit ointe ne fardée.

Fargier. Forger.

Faribole. Parabole.

Farot ou **Pharot.** Falot, fanal. (Nicot.)

Farre ou **Foarre.** La longue paille du bled. (Nicot.)
— FRARE. Farine. (Villon.) (Voyez *Glouons.*)

Fat. Destin, selon le Miroir d'éternité de Robert le Rocquez : « Qui eut en soy le *fat* et destinée, etc. »

Fatiste. Bâteleur ; de φατίζω, *fingo ;* d'où vient le mot de *fat.*

Fatras. Sorte de Vers anciens, où on répète souvent un Vers, comme au Chants Royaux. Et *fatriser,* c'est faire de ces Vers, selon un vieux Livre intitulé l'Art de Rhétorique. En voici un exemple pris d'un ms. ancien des Mémoires de Paris : « Le prisonnier Qui n'a argent, Est en « danger Le prisonnier ; Pendre ou noyer Le fait la gent, « Le prisonnier Qui n'a argent. »

Fatrouiller ou **Fatrouilleur.** Qui s'amuse, qui s'occupe à des niaiseries. (Nicot.)

Fatrouler. Manier, ou s'occuper à choses de néant. (Dict. Nicot.)

Faubloyer. Parler, dire, réciter ; de *fabulari.* (Roman de la Rose.)

Fauchon ou **Brance.** Sorte d'espée courbe ; ainsi dite à cause qu'elle estoit en forme de faucille, ou comme le cimeterre des Turcs, le herpé et acinacis des Persans.

(Fauchet.) Ou parce qu'on en fauchoit les hommes. L'Autheur du Pélerinage de la vie dit :

> Ou le *fauchon* ie te ceindray,
> Ou ie ta vie faucheray.

Faucre. C'est l'Arrest de la lance. Ce mot vient du Latin *fulcrum*, c'est-à-dire, appui.

> Et met la lance el *faucre* et point.   (*Perceval.*)
> Escu au col, lance sor *faucre*.   (*Item.*)

Faude. Giron. *Faudiere* et *faudal*, c'est-à-dire, tablier de femme. *Fauder*, c'est-à-dire, enfoncer à guise de giron. *Faude*, est aussi le creux d'une Chaire : on se sert de ce mot encore en Languedoc, pour dire le giron. La Comédie des Chambrieres de Beziers dit :

> Aquo es be tu la grosse caude,
> Que lou portes dejoust la *faude*,
> Ieu m'aimi mai l'avé détras,
> Qu'on pas d'avan comme tu l'as.

Faudetueil ou **Fautenil.** C'est-à-dire, chaire à bras, Siège Royal. R. de Merlin dit : « D'autre part estoit « assise sur un *faudestueil* une noble Dame. » Il s'appelloit en Latin *faldistorium* et *faltisterium*, selon Fauchet. Et il vient de *fald*, c'est-à-dire, en Saxon, *claustrum*.

Favele. Mensonge ; de *fabula*. (Perceval.)

Faufelues. Fanfreluches, sotises.

Faulcet. Fosset de tonneau. (Gratian du Pont.) Comme aussi la voix aiguë.

Fauls. Faux.

Fax. Faux. (Voyez *Voisine*.)

Fe. Juron ancien : *Par la fe Dieu*. Il vient de *fides*, *la foy* : on s'en sert en Languedoc.

Feage. [C'est l'héritage tenu en fief. (Cout. de Bret.)]

Feal. Fidèle. C'est pourquoi le Roy met en ses Lettres : « A nos amez et *féaux*. »

Fealté. Hommage, fidélité. (Villehardoüin.)

Feaulte. Feutre. (Voyez *Ternes,* et *Cornete.*) Il vient de *filtrum*. C'est une estoffe de poils colez ensemble : on dit aussi *feautre*.

Fec. Du feu, en Quercy. *Fioc* et *foc*, en Languedoc.

Fée ou **Faée.** Sorciere ou Sybille, et Devineresse. (*R. des Champs faez.*) Il vient de φημὶ, et φατὸς *fateor* et *fatus* ; d'où vient prophéte.

Feé. Enchanté. (Gauvain.)

Féel. Fidèle, amy.

> Les Commandemens de la Loy,
> Quel tramet au peuple d'Israël,
> Par Moyse son grand *féel*.   (*Ovide.*)

Feer. Enchanter.

Fegit. Se fige, et congele. (Perceval.)

Feiture. La forme, ou figure de quelque chose.

> Et voit-on sans couverture,
> Leurs semblances, et leurs *faitures*.   (*R. de la Rose.*)

Feivre et **Fevre.** Faiseurs d'espées, ou Marechal.

Fel, Felle et **Felon.** C'est-à-dire, cruel, colere ; de *fel*, fiel, réceptacle de la colere ou bile.

> Car s'ils sont *fel* et orgueilleux,
> Dépiteux et mal semilleux.   (*R. de la Rose.*)

Felon. Traistre, méchant.

> Une maniere il y a de serpens,
> Qui de petits viennent grands, et *felons*,
> Non point vollans, etc.   (*Marot, Enfer.*)

Felonese terre. C'est-à-dire, stérile.

Felonesse. Cruelle.

Felonessement. Cruellement.

Felonie. Colere, ou crime de rébellion contre son Roy ou Seigneur.

Femme de corps. [Qui est de condition serve. (Laurière, Gloss. Droit français.)]

Femme Franche. [C'est une femme qui possède un fief qu'elle a acquis avant son mariage. (Laur. Gl. Dr. F.)]

Fendaces. Fentes.

> La terre fend et parmy ses *fendaces*,
> La grand'lueur iusqu'aux régions basses
> A pénétré, etc.   (*Marot, Métamorphose, liv. 2.*)

Fendure. Fente. *Fendesse,* fente : d'où vient *fendasse*, en Languedoc.

Fene. Fane, desséche. Marot, liv. 2. Métaphorse, dit :

> L'herbe se *fene*, arbre et feuille périt.

Feni. Fini. (Perceval.)

Fenil. Lieu où on tient le foin.

Fenoys. C'est-à-dire , fenoüil ; dans un ms. des Mémoires de Paris on lit :

> Dé ces chevriers de Bourbonois,
> Farcis d'oisons et de *fenoys*.

Ferant. Frappant.

Un **Fer-Armé.** Un homme armé à crud.

> Ainçois en y morront dix mille *fer-armé*.   (*R. de Doon.*)

Fere. Beste sauvage : Il vient de *fera*. (Ronsard.)

Ferer. Piquer un cheval.

> S'en vient *ferant* des esperons.   (*Perceval.*)

Feries. Festes et vacations ; de *feriæ*.

Ferir. Frapper, blesser, et heurter la porte.

> Et pour les *férir* droit aux yeux,
> Ton trait sera couché,
> Et sur eux descoché.   (*Marot, Psaumes.*)

Ferit. C'est-à-dire, il précéda.

Fermal, Fermail et **Farmail.** Crochet, boucle, agraphe, et mesme un carquant, ou autre attifet de femme. Corsages ; de *thorax*, pourpoint, fermaillets, chaînes, anneaux, poches, ou bources, bandeaux, etc. Ce mot vient de fermer, et celuy-ci de *firmare*.

Fermax, cains, aniax, aumones,
Guimples, filandres, et tuiriax. (*Ovide.*)

Fermée. Assurée, confirmée. Marot, chant 19, dit :

Et pour garder ce que tu as acquis,
Aucune force y tenir n'est requis,
Mais seulement une paix bien *fermée*,
Par alliance en amour confirmée.

Fermeillet. Chaîne, ou carquant d'or. (Amadis.)

Feromes. C'est-à-dire, nous ferons.

Ferrant. C'est un cheval de guerre paillé. Il vient de *Varenio*, ou *Waranio*. On voit ce mot en la Loy Salique ; d'où vient *guaragnon*, c'est-à-dire, un estalon en langage Provençal. *Auferrant* est la mesme chose.

Petite **Ferrare.** L'agrimoine, herbe. (Jardin de Santé.)

Ferrein. Cruel, sauvage.

Ferreis. Chaplis, coups d'espées.

Ie fais faire le chapleis,
Les guerres et les *fereis*. (*Ovide.*)

Ferrete. Espée.

Ferri. C'est-à-dire, Fréderic.

Et de l'Empereur *Ferri*,
Vos puis bien dire que ie vi,
Qu'il tint une Cort à Mayence. (*Bible Guyot.*)

Ferté. Forteresse : il vient de fermeté. (Pasquier.)

Ferue. Frappée, blessée. Marot, liv. I. de la Métamorphose, dit :

La terre aussi non froissée et *féruë*,
Par aucun homme, de soc de la charruë,
Donnoit de soy tous bien à grand planté.

Fesierres. Faiseur, artisan.

Mes donc que ie n'en suis *fesierres*,
I'en puis bien estre recetieres. (*R. de la Rose.*)

Fessele. (Voyez *Faissele.*)

Fessin.

Spécialement sur les Dames,

> Qui font le sucre et le *fessin,*
> Quand els font en leur hautes games.   (*L'Espleigney.*)

Fest. Le faîte, le dessus, le comble.

> Toutesfois l'eau plus haute
> Cœuvre le *fest* et par dessus lui saute.   (*Marot.*)

Fester. Célébrer une feste.

Festiemens. Festoyemens, bon accuëil.

Festier. Festiner. Le Livre de la Diablerie dit :

> Ils mourroient plustost de faim,
> Qu'en cent ans ils les conviassent
> Une fois, et les *festiassent.*

Festive. Jour de feste, férie.

Festoyer quelqu'un. Le banqueter. (Monet.)

Fetage. Droit sur les festins.

Fetard. Un ignorant.

> Car de lire ie suis *fétard.*   (*Villon, Testament.*)

Fetement. Follement.

Fetie. Trahison.

Fetier. Festiner.

Fetis. Fait exprès, ou depuis peu. (Voyez *Faitis.*)

> Ie l'ay fait faire tout *fétis,*
> Ainsi des laines de mes bestes.   (*Pathelin.*)

Feuchere. Fougere. (R. de la Rose.)

Feuillar. Bouchon de vin.

Feuillet. (Idem.)

Feuillir. Jetter des feüilles.

Feultre ou **Feutre.** Drap de laine sans tissure, façonné par l'eau, le feu et le cuivre, comme sont les chapeaux.

Feur et **For.** Prix : *à feur,* c'est-à-dire, à raison de. Il vient de *forum.* Pathelin, parlant des estoffes, dit :

« Pensez que i'en ay à tous *feur*. » C'est aussi le lieu à exercer le Jugement. Ainsi est le Fort l'Evesque à Paris. Décliner feur, c'est-à-dire, *forum excipere*.

Au Feur l'amplage, c'est-à-dire, à proportion, au *prorata* de ce dont il s'agit.

Fevre. Forgeron, mareschal. (Perceval.) De *faber*, d'où vient Orfèvre. Alain Chartier dit :

> Est-il avenant que le marteau se rébelle à son *fèvre* ?

Feurre. Chaume, fourrage ; de *foderagium*. D'où vient *de foulré*, mot de Languedoc.

Feutrait. Chassé de son pays ; de *foretrach*, c'est-à-dire, tiré dehors, en Languedoc, ou reproché.

Feutré. Revêtu, garni, couvert.

> Là sur un lieu *feutré* d'herbe et de mousse,
> Va despouiller de l'espaule sa trousse.   (*Marot*.)

Feutrier. Faiseur de feutres.

Fiance. Confiance.

> Dont je perdrai la totale *fiance*.   (*Marot, Elégie 2*.)

Fiancer. Promettre, donner sa foy : d'où vient qu'on appelle *fiancer* une femme, quand on lui a donné la foy.

> Et promets, et *fiance*, et iure.   (*R. de la Rose*.)

Fiancer prison. Se rendre prisonnier.

> Si n'y aura nul Chevalier,
> Que la nous fasse *fiancer*.   (*Perceval*.)

Ficher. Appliquer, fixer, arrester.

> Lors lui répond de Venus le fils cher,
> *Fiche* ton art, ce qu'il pourra *ficher* :
> O Dieu Phébus ! le mien te *fichera*.   (*Marot*.)

Fidelion. (Voyez Pasquier, chap. 33 liv. 8 de ses Recherches de France.)

Fie. Fief.

Fieble. Foible. (Perceval.)

Fiebleche. Foiblesse ; (ancien réceptaire ms.)

Fiée. Une fois. Mehun, au Codicile, dit :

Certes, i'ay en mon cœur pensé mainte *fiée*.

Fiefel. Tenant Fief.

Fief-abregé. [C'est un fief par lequel il est dû des services qui ont été limités et diminués. (Laur. Gl. D. F.)]

Fief-chevel. En chef et dominant, en ayant d'autres sous soy.

Fief de corps. [C'est un fief lige dont le possesseur, entre autres devoirs personnels, est obligé d'aller luy-même à la guerre ou de s'acquiter en personne des services militaires dus au seigneur féodal. (L. G. D. F.)]

Fief de danger. [L'héritier ou seigneur ne doit y entrer ou en prendre possession qu'après avoir fait foi et hommage à son seigneur feudal, sous peine de confiscation. (Laur., Gloss. D. F.)]

Fief de hautbert. [Ce fief a été ainsi nommé, parce qu'à vingt et un ans, le possesseur était obligé de se faire chevalier ou de vêtir le *hautbert*. (Laur., Gloss. D. F.)]

Fief jurable, et readable. [Etoit celui que le vassal est obligé, par serment, de livrer à son seigneur pour s'en servir dans ses guerres. (Laur., Gloss. D. F.)]

Fief-noble. [C'est celui qui ennoblit le possesseur, ou celui qui est concédé par le souverain. (Laur., G. D. F.)]

Fief de paisse. [C'est un fief chargé tous les ans d'un ou de plusieurs repas envers une communauté ecclesiastique. (Laur., Gloss. D. F.)]

Fiefs. Il y en avoit anciennement de trois sortes, sçavoir, ceux qu'on appelloit des terriens, de revenus, et des Maistres, c'est-à-dire, des Offices ; d'où vient qu'on appelle encore Maistres, les Officiers. Fauchet, parle de ces Fiefs sans terre, et Offices fiesvez. Il y a aussi des Fiefs, dits de *nuesse*, ou de *nud* à *nud*, sans moyen, c'est-à-dire, tenu du Prince immédiatement. Ce mot de *Fief*, c'est-à-dire, Domaine, vient de *fides*, parce qu'il faut donner sa foy et estre fidéle, et se dire homme et vassal du Seigneur de qui on le tient. (Bodin, en sa Répub. ch. 10.)

Fiefs-francs ou **Francs-fiefs.** [C'est ainsi que tous les fiefs étoient autrefois appellez, à cause de la franchise ou des prérogatives qui y étoient annexées. Anciennement les fiefs n'ennoblissoient point les roturiers ou les vilains, mais les fiefs leur communiquoient leur franchise seulement pendant qu'ils y résidoient. (Laur., Gl. D. F.)]

Fiefs de revenu. [Ce sont des fiefs sans terres ou sans titres d'offices. (Laur., Gloss. D. F.)]

Fiegards. Places communes, comme rivieres.

Fiere et **Fiert.** Je frappe, et il frappe.

> Qui me tient que ie ne *fiere.*   (*Villon.*)

Fiers. Sorte de raisins, qu'on appelle *figers*, en Poitou, parce qu'ils ont la douceur des figues. On les appelle à Montauban, *de raisin goust de figue.* Rabelais nomme tous les raisins suivants, *fiers, pineaux, muscadeaux, bicane,* et *foirards.*

Fierte. Châsse, biere pour les morts ; de *feretrum.*

> Ayans souvent la larme à l'œil,
> En regardant la biere, et *fierte.*   (*Martial d'Auvergne.*)

Fiertre. Biere, ou châsse ; de *feretrum ;* d'où vient le *fiertre de Saint Romain de Rouen.* (Pasquier.)

Fieus et **Fiex.** Fils.

Filandres. Maladie des Faucons.

Filete. Mesure de vin ; à Montpellier *fouillete.*

Filii. Beaucoup.

Filou. Un voleur. (Voyez *Guille-Ville.*)

Fin. Borne d'un champ.

Finablement. Enfin.

Finage. Un droit sur les bornes ; de *fines.*

Finement. Fin. (Voyez *Romant.*)

> Au *finement* de cet escrit,
> Me nommeray par remembrance,
> Marie ay nom, si suy de France.   (*Marie de France.*)

Finer. Obtenir. Marot, Epistre 8, dit :

Car en *finer*, ie ne m'attends d'ailleurs.

Finer. Bailler par force, comme la fin de labourer. — Finer. Finir, mourir. On lit dans le Pélerinage de l'Ame :

Cy *fine* ly Romans du Moine,
Des Pélerins de vie humaine, etc.

Se terminer. Rabelais, liv. 1 chap. 53, dit : « Et montoit « jusqu'au dessus la couverture, et là *finoit* en pavillon. »

Le même verbe *finer* a signifié aussi *financer.*

Car le rachat de leur ame est trop cher
Pour en *finer*.   (*Beze, Pseaume 49.*)

Finstarnissen. Ténébres. (Pontanus.)

Fitagit. [Mot gaulois, signifie garde-forestier.]

Fius. Fils ; de *filius.*

Flabe. Fable.

Flac. Lâche. (Monet.) Enervé de travail.

Flacargne. Brocard.

Male bouche, qui riens n'espargne,
Sur chacun trouve sa *flacargne*.   (*R. de la Rose.*)

Flache et Flasque. Lasche. C'est aussi un fourniment à poudre, et un flacon.

Flael. Fleau. C'est un baston à battre le bled des gerbes. On l'appelle un *flagel*, en Languedoc. *Flayel.* Idem. C'est aussi le traversier d'une balance.

Fourche ou *flael*, ou pic ou mare.   (*Ovide.*)

Flageol. Flageolet, petite flute.

Ne du *flageol* sonner chant bucolique.   (*Marot.*)

Flagorner. Chercher de franches lipées, faire métier de parasite, ou de délateur. (Monet.)

Flagornerie. Quête de franches lipées, délation. (M.)

Flagorneur. Parasite, délateur. (Monet.)

Flajoleux. Conteur de sornettes et de bagatelles.

Flammeroles. Le feu Saint Elme.

Flanbars. Idem. Comme aussi *furoles.*

Flandrelets. (Voyez *Flans.*)

Flanets. Sorte de gasteaux.

> Tartes, *flans*, et œufs pochez.　　(*Cretin.*)

Flanges. Gasteaux au lait.

> Attisent au four chevantons,
> Pour cuirs flancs, *flanges*, flamusses. (*Sat. Chrest.*)

Flans. (Villon.) Ce sont des petites tartes, dites aussi *flandrelets* (ou plustost *flans de lait*), pour avoir esté inventées en Flandres, où le lait abonde. Or elles sont faites de lait et d'œufs meslez ensemble, et mis en paste : on les cuit aussi sous le mesme nom entre deux plats. J'estime qu'on appelloit ces gasteaux anciennement des *flaons*, et on l'a prononcé *flans*, comme on dit pour *faons*, fans, *taon*, tan, *paon*, pan, *Laon*, Lan. Et ce qui le confirme est qu'on les appelle en Languedoc des *flaones*, *flounes*, *flausous*, et *flausones*. On appelle aussi un *flausou*, un homme fort délicat et mignard. — FLANS, sont aussi des quarreaux de métal, ou autre matiere, ou monnoye non marquée ; à *flando*.

Flareur. Odeur. (Aldobrandin.) De *fragrantia* ; d'où vient *flairer*, pour odorer ou sentir.

Flascones. Une bouteille. (Reginon.)

Flatir. Flatrir, fleutrier, flestrir, c'est-à-dire, marquer d'un fer chaud, comme on fait à un criminel.

> ————— Maint en sont hors *flati*,
> Pour l'onde et li fleu maint en assorbissent,
> Que si tres en par sot *flatissent.*　　(*R. de la Rose.*)

Flavelage. Fables, sornettes.

Flaveles. Ce sont certains oiseaux, selon le R. de la Rose. Ce sont ceux que les Latins appellent *rebeculæ.*

Flayel. (Voyez *Flaël.*)

Flebe. Foible. (Ovide.)

Fleche. De l'Allemand *flits*, c'est-à-dire, fléche. Les Anciens s'en servoient avant les arquebuses et fondes ; et estoient si experts à cela, que l'Escriture Sainte dit qu'ils auroient touché un cheveu. Et on lit qu'aux Isles Baléares, ainsi dites de βάλλω, d'où vient *baliste*, et une *bale*, ils ne donnoient point de pain à leurs enfans, qu'ils ne l'eussent abattu d'un coup de fonde du lieu où ils le leur mettoient : à cause de quoy un Poëte a dit : « Balearis « verbera fundæ. »

Flegard. Lieu public. (Coustumes du Boulonois.)

Fleon. *Fleuvon ;* ruisseau, de *fluviolus*.

> Glorieux *Fléon*, glorieuse Eve,
> Qui l'avas ce qu'Adam et Eve
> Ont par leur péchié ordoyé.   (*Mehun, Testament.*)

Fleschissable. Souple, ployable.

Flestri. Fleurdelisé ; et de-là vient nostre mot de *flestrir :* et *flestri* vient, selon Pasquier, du mot fleur-delisé corrompu : mais je le croy venir de *flatir*. (V. *Flatir*.)

Flete. Petit bateau ; d'où vient une *fleute*.

Fleureter. Toucher délicatement, comme avec le bout d'un fleuret, de peur d'offenser la partie malade. Rabelais, liv. 2 chap. 33, dit : « Aprés en bastonnant et « *fleuretant* approcherent de la matiere fécale. »

Flic ou Flis. C'est-à-dire, fléche. (Nicot.)

Flin. Pierre de foudre. (Nicot.)

Floche. Fléche, ou chose veluë ; morceaux de haillons, selon le *Catholicum parvum ;* d'où vient un *floc,* ou *houpe*.

Flon. Flus de ventre. (Monet et Nicot.)

Florence. Fleurdelisé. (Voyez *Rides*.)

Floretée. Peinte de fleurs.

Florin. (Voyez *Flourin*.)

Floriture. Moyen de fleurir. (Art de Rhétorique.

> Quand vous verrez rire les Cieux,
> Et la Terre en sa *floriture,* etc.   (*Marot.*)

Flotes. Troupes d'hommes. (Perceval.) C'est aussi une Armée navale, et des chevelures ou perruques, ainsi dites parce qu'elles ondoyent comme les flots de la mer; de *fluctus*.

Floup. Flouet, à mon advis. Villon s'en sert.

Flour. Fleur. (Perceval.) On s'en sert encore en Languedoc. Goudouli s'en sert, parlant des fleurs d'or qu'on donne tous les ans à Tolose, aux Poetes qui emportent le prix, ce Jeu ayant esté institué par Dame Clémence. On y donne l'églantine, et autres fleurs.

Flourin ou **Florin.** De *florenus*, petite monnoye qui avoit diverse valeur; car le florin d'or valoit vingt-un sols, et celuy d'argent quinze sols. Monet les met en France, l'un à vingt sols, et l'autre à douze. Il y en avoit en Allemagne de trente-cinq et quarante sols. Ils ont leur nom, ou à cause de la fleur peinte sur iceux, ou à cause de la Ville de Florence, où on les battit premierement.

Fluin et **Flum.** Riviere; de *flumen*.

Fluste à jouër. Je crois que ce mot vient non de *fistula*, comme on tient, mais de *flutta*, c'est-à-dire, une lamproye, ainsi dite, à *fluitando in fluvijs*, parce que la fluste est longue comme la lamproye, et a plusieurs trous comme ce poisson, qui en a le col garny de part et d'autre.

Fœu. Du feu.

Fœulx. Fau, arbre; en Latin *fagus.*

Fœurre. Fourrage; à *farre.*

Foiée ou **Foies.** Une fois.

> Par trois *foiées* li criat.　　(*Gauvain.*)

Foigner ou **Fogner.** Grommeler. (Monet.)

Foillu. Touffu, plein de feüilles. (Perceval.)

Foissele. L'instrument où on fait les fromages.

> Li saut à grans gors la cervele,
> Si comme fait de la *foissele*,
> Le lait quand on fait le fromage.　　(*Ovide.*)

Foleur et **Folour**. Cuison, ardeur. On s'en sert encore en Languedoc. Bruniaux de Tours dit :

> D'un biaux desir qui vient de ma *folour*.

C'est aussi folie, ou mensonge. (Villon.)

> Et si sçay bien que le plusour
> Tenront mes sermons à *folour*.   (R. de Bercy.)

Foller et **Folier**. Faire le fol, passer le temps. (Voyez *Frigaler*.) Blason des fausses Amours dit :

> Mais *défoler*,
> Chanter, railler, c'est peu de fait.

Foloyance. Folie.

> Si se retraist de *foloyance*.
> Et vint à vraye repentance.   (*Ovide.*)

Foloyer. S'esgarer. (Verger d'honneur.)

Folz de séjour. Expression du Dauphiné et du Languedoc, pour dire oiseux, ou de loisir, comme font les Soldats pendant les séjours qu'on leur donne pour se refaire des fatigues d'une longue marche. De-là séjourné, pour reposé. « Frere Thibaut *séjourné* gros et gras », dit Marot.

> Il est ung droit *fol de séjour*,
> Et est plaisant ou ne l'est point.   (*Villon.*)

Fonde ou **Fronde**. Les Anciens en avoient de fort grandes, avec lesquelles on laschoit de grandes pierres par une machine que l'on destendoit ; ce qui enfonçoit les toicts des maisons. Ce mot vient de σφενδὸνη, *funda*.

Fondeis ou **Fondeisse**. De fonte.

Fondelfes ou **Frondes**. (Idem.) Les frondes à main s'appelloient des bricoles.

Fondes anciennes. De cuir, à jetter bales de plomb, et pierres. (Monet.)

Fondre. Destruire, ruiner.

Fonges. Potirons, en Latin *boleti ;* d'où vient qu'on les appelle ès montagnes de Languedoc, de *boulets*.

Fonthiu. De, ce.

For. Marché; d'où vient *forum*, et celuy-cy de *foras*, parce que les gens de dehors s'y assemblent. (V. *Feur*.)

Forage. Impost sur le vin venant de dehors. De-là vient *la forane*.

Forban. Exil; de *foras*.

Forbani. Bany dehors. (Mehun, au Codicille.)

Forbeu. Fourvoye; de *foras*, et de *via*, c'est-à-dire, hors de voye : d'où vient *fourbe*. C'est aussi celuy qui a bû tout chaud, et qui s'en trouve mal.

Forbours. Faux-bourgs, comme qui diroit *fore bourg*, c'est-à-dire, hors du bourg.

Forcapi ou **Foriscapium**. Sorte de rente, ou lais.

Forcele. L'estomach. (Aldrobrandin.) « Le lait de « chevre ne se cuit pas si bien en la *forcele*, que celuy « de brebis. »

Forcener. Estre hors de sens; de *fors* et *sens*. (Voyez *Forsen*.)

Forche. Force. (Perceval.)

Forclore. Chasser, exclurre. (Nicot.)

Forcoier. S'efforcer, exercer sa force.

Forconseiller. Mal conseiller. (Nicot.)

La Fore. Je croy que c'est le marché. [C'est un droit de fourrage pour les chevaux. (Laurière, Gloss. Droit fr.)]

Forer. Fourrager. *Aller forer*, c'est-à-dire, aller à la petite guerre, ou desrober; de *furari*.

Forfaire; de *foris facere*, selon Ménage. Je croy pourtant qu'il vient de faire force ou effort sur soy, ou se faire violence : d'où vient *forfait*, selon le Livre dit les Lunettes des Princes.

Forgierre. Forgeron. Ainsi on disoit *enginierre*, pour ingénieur, *recetierre*, pour receleur, etc.

Forhu. Cry des Chasseurs avec le cor.

Forjurer son héritage. [C'est le vendre et l'aliéner. (Laurière, Gloss. Droit français.)]

Forliez. Quitta.

Formariage. [C'est l'amende que l'homme de serve condition doit à son seigneur quand, sans licence de luy, il s'est marié à femme franche. Le bâtard peut se marier librement. (Laurière, Gloss. Droit français.)]

Formener. Fourrager. (Charron, en son Histoire.)

Formens, Formant et **Forment**. Grandement; comme qui diroit fortement, par abréviation. (V. *Courcer*.)

> Si qu'il y ert si *forment* haïs. (*R. de la Rose*.)

Il signifie aussi presque, en certains sens: « Le malade « est *forment* guéry. » (Monet.)

Fornicatoire. Paillard; de *fornicari*: d'où vient le mot Espagnol *fornicar*.

Forois. Le pays de Forests en France.

Fors. Excepté, à l'exception.

> Car que me vaut voir de près et cognoistre
> Tant de beauté, *fors* d'attiser et croistre
> Mon nouveau feu? (*Marot, Elégie 13*.)

Là Fors. Là dehors. On dit *la forc*, au Lauraguais.

Forsen. Forcenerie; de *fors* et *sens*.

> Plein de *forsen*, et de folie. (*Ovide*.)

Forsenage. Folie, extravagance.

Forte-monnoye. Ce qu'on appelloit anciennemont *sols à forte-monnoye*, valoit plus que les autres, selon Frodoard et Ragueau. Car les vingt cinq *sols forts* en valent quarante des nostres.

Fortraire. Oster par voye indirecte une chose.

Fou. Fouteau, faîne, feine, faux, fau, et hestre, c'est l'arbre *fagus*.

Fouage. Droit sur chaque feu; de *focus*, feu: d'où vient *fouasse, gasteau*; de *focatia*.

Foudrier. Foudroyer.

Foueur. Fossoyeur.

Foul. Fol.

Fouque ou **Foulque.** Canard d'Estang ; de *fulica*.

Fourager. Amasser fourrage. (Froissard.)

Fourc. Toute chose qui fait un angle aigu : ainsi l'on dit le *fourc* d'un chemin, d'une ruë : d'où vient ce mot *carrefour*. Et de-là sont dérivés ces mots, *fourche, fourchu,* etc. (Nicot.)

Fourcele. C'est la poitrine, dite aussi *brechet* et *brichet*, parce que le haut d'icelle est un peu fourchu.

> Le fiert u pis sous la mamelle,
> Le fer li met en la *fourcele,*
> Le cuer li trenche, mort l'abat.   (*Perceval.*)

Fourches. Gibets ou justices.

> Et furent pendus à hautes *fourches.*   (*Ch. Saint-Denis.*)

Fourdime. Prunelle, fruit de l'épine noire. (Nicot.)

Fournéer. Enfourner, et au figuré commencer. Rabelais, liv. 1. chap. 14, dit: « A la lecture desquels il « devint aussi saige, qu'oncques puis ne *fournéasmes* « nous. »

Fourra. Foussoyera, fouyra la terre.

> Celle qui parfont me *fourra,*
> Tous vos lignages enfourra.   (*R. de la Rose.*)

Foutovers et CARCAMOUSSES. Machines de guerre anciennes, ou haches.

Fouyer. Casanier, cendrier, qui garde le foyer.

Fox. Fol. Christien de Troye dit :

> Car moult est *fox* qui se démore,
> De son prou faire une sole hore.

Foyne. (Voyez *Guenchier.*)

Fraite. Rompuë ; de *fracta*.

> Li ot l'eile, et la iointe *freite.*   (*Ovide.*)

***Frames.** Javelines. [Ce mot est d'origine gauloise.]

Framgigiengum. C'est-à dire, ils eussent continué. (Tatianus.)

Franc. Noble, et qui ne paye Taille : d'où vient le nom des François ; de *frank*, c'est-à-dire, en Allemand, libre. D'autres les dérivent de *Françion*, ou des *Francons*, ou de *Francus*.

Franc. Monnoye.

> Dix escus
> Et neuf *frans* font dix-huit frans.   (*Pathelin*.)

Il y avoit *franc à cheval*, où estoit un cavalier, et *franc simple*. Je croy que le nom de cette monnoye vient de ce qu'il y avoit un François à cheval, ou à pied, représenté en icelle.

Franc-alleud. Terre de Franc-alleu, c'est-à-dire, qui ne paye Taille, ny, etc. (Voyez *Galland*, au livre du Franc-alleu.)

Franc-archers. Soldats anciens, dits ainsi pour estre François, parce que leur solde estoit certain nombre de francs, selon aucuns : mais c'est parce qu'ils estoient exceptez des Charges.

France. Franche. (Perceval.)

Francesque. C'est, selon Pontan, une sorte de pique ancienne des Gaulois : et parlant de Clovis, il dit : « Tunc « projecit in directum a se bipennen suam, quod est « *franscescam* ».

Francisque. C'estoit une longue hache, selon Procope, et Fauchet. La *francisque* ou *ançon*, de *uncus forsan*. C'est une façon de hache longuette, qu'on lançoit contre l'escu ; et de la pesanteur du coup, elle le faisoit tomber, ou bien le brisoit, ou faisoit pancher.

Frans. C'est-à-dire, François, et franc. (Perceval.)

Frantaupins. Humbles paysans, selon aucuns : mais c'est-à-dire, François des Alpes, ou Taupes, parce qu'ils fossoyent la terre. (Ménage.)

Frapon. Coup.

> El pis li donne tel *frapon*.   (*Ovide*.)

Frarechage. Communauté de freres. (Monet.)

Frarecheur, Frarcheux, Frareux. Cohéritier avec ses freres. (Monet.)

Frarie. Fraternité ; de frere. (Fauchet.)

Frazée. Potelée : vient de *fraise*. (Coquillard.)

***Frea** ou **Friggo,** est Venus ; d'où est venu le nom de *Aphrodisiace*, que les Grecs luy ont donné à cause qu'ils disoient qu'elle estoit née de l'escume de la mer, appelée ἀφϱὸς.

Fredaines. Mocqueries.

> Puis qu'amours est pleine de tels *fredaines,*
> Bien cognoissez, etc.　　　　(*Blason des F. Amours*)

Freint. Il rompt ; de *frango*.

> Que son escu luy perce et *freint.*　　(*Perceval.*)

Frelampier. Charlatan.

Frelaté. Transvasé. Se prend pour *falsifié*.

Freler. Plier, destendre.

Frelore. Gasté. (Pathelin.)

Freluque. Un floquet de cheveux.

> Car auiourd'huy de deux *freluques*
> De cheveux, d'un petit monceau.　　(*Coquillard.*)

Fremail et **Fremaillet** ou **Fermail.** Agraffe.

Freour. Frayeur.

Frés. Orfrés. (Voyez *Orfrois.*)

Fresange. Droit de port dû au Maistre des Eaux et Forests.

Fresaye. Oiseau ; ainsi dit du mot Latin *præsaga*, parce qu'il estoit de mauvaise augure, selon Ménage, ou de ce qu'il a comme une frese de plumes au col.

Fresiaux. Je croy que cela veut dire fraiches.

> Des Damoiselles sont *fresiaux.*　　(*Gauvain.*)

Frestel et **Frestiaux**. C'est l'instrument dè Pan, où il y a sept tuyaux ensemble coupez en orgue. Ovide ms. page 247, se sert de ces mots. (Voyez *Dux.*)

Fresteler et **Refresteler**. C'est-à-dire, jouer du flageolet, fluster. (Perceval.)

Fret. Rompu ; de *fractus*. De-là vient peut-estre le terme de *freter*, és armoiries.

> A mainte forte lance *frete*.   (*Perceval.*)

Freté. Rompu. Rabelais, (nouveau Prologue du quatrième livre), employe cè mot au figuré, pour signifier un homme rompu à toutes sortes de ruses et de malices: « L'ung vous comparez à un chien aboyant, « l'autre à un fin *freté* regnard. »

Fretelé. Rompu, réduit en lambeaux.

> Toutes *fretelées* de crottes,
> Houseaulx, froncis et larges bottes.   (*R. de la Rose.*)

Ce mot vient de *fractellum*, d'où frestel, celte flute à sept tuyaux inégaux, qui semblent avoir été rompus d'un seul roseau.

Freter un Navire, c'est-à-dire, le poisser et apprester à aller. Il vient de *fretum*, la mer.

Fretiller. Se remuer fort : ce qui vient de *fritellum*, un eschiquier.

Friander. Manger friandement.

Frigaler. Se gratter, ou frotter.

> Qui pour galer et *frigaler*,
> Vient galeux, n'est-il pas bien fol ? (*Blas. des F. Amours.*)

Frigefier. Refroidir : ce mot vient du Latin.

Friquenelle ou **Friquette**. Jeune coquette qui suivoit la Cour. Beze, liv. 3, de son Histoire Ecclésiastique, sur l'an 1560, dit : « Le Prevost cependant s'estant enquis « des Soldats de Richelieu, et de quelques *friquenelles* « de Cour, en fit son rapport au Roy. » Rabelais, liv. 4, chap. 36, employe ce mot pour menu fretin de jeunes andouilles.

Friquet. Un galant, un amoureux.

Friquets. Ce sont certains instruments mentionnez dans Gratian du Pont.

Frisque. Gentil, ou gentille.

> Le *frisque* arroy de la Comtesse.   (*Froissart.*)

Frit. Panchement de muraille en dedans.

Froc. Habit de Moine, vient de *floccus*, ou *flocellus*.

Frois. Frais. — Or Frois ou Orfrés. Broderies des paremens d'Autels, Croix, et Chapes. Ce qui vient de *aurum phrygium*. (Ménage.)

> *D'or frés* samit estoit vestuë,
> Qui fu à lymceaux tiessuë.   (*Perceval.*)

Fronc. Le front.

Fronse. Ride; et vient de *frons*.

Frots, Frocs et **Flos.** Lieux rompus: d'où vient *froqueurs*, c'est-à-dire, ceux qui réparent les chemins.

Fruictage. Fruit. Marot, chant 10, dit :

> Car le premier qui porte bon *fruictage*,
> Vaut mieux que cil qui ne porte que fleurs.

Fruition. Joüissance.

> Sans point avoir d'amour *fruition*.   (*Marot.*)

Fuec. Feu. (Villehard.) On dit *fec* en Quercy.

Fueillete. Mesure de vin de Montpellier. On dit aussi *fillete*. Il vient de *phiala*.

Fuer ou **For.** C'est-à-dire, prix. Pathelin, parlant des draps, dit : « l'en ay à tous *fueur*. » (V. *Feur*, et *For*.)

Fuerre. Fourreau. (Perceval.) (Voyez *Enherdure*.) C'est aussi du fourrage, ou choses de petite valeur ; à cause de quoy on dit *de foulré*, en Languedoc, pour dire un tas de vieilles hardes, etc.

Fugere et **Feuchiere.** Fougere, herbe.

> Voirre ne fut mie *fugere*,
> Ni fugere ne fu pas voirre.   (*R. de la Rose.*)

Fuie. Fuite, et un lieu à tenir pigeons.

Fuils. Fils.

Fuisique. Médecine ; et *Fuisicien*, Médecin.

Fumele. Femelle.

Funebreux. Espleigney dit : « Chasse les esprits « *funébreux*. »

Furga et **Furgailla.** Fouiller. Ces mots, usitez en Languedoc, viennent de *furca* : de-là vient un *furgou*, c'est un instrument dont les fourniers se servent.

Furole. Feu Saint Elme.

Fust, Fus et **Fut.** Bois, manche de lance, ou autre chose. (Perceval.) Guyot de Nantueil dit : « Ils lor mettent « el cors et les fers et les *fus*. » — Fust ferré. Un baston ferré : ce qui vient du Latin *fustis*. On appelle de *fuste*, en Languedoc, du bois. — Le Fust, veut aussi dire par fois la charpente d'un bâtiment. Et dans la Bible Historiaux, ès Croniques, liv. 2 des *fusts*, c'est-à-dire, des poutres : de-là vient qu'on dit, un bois de haute fustaye.

Fustaille et **Futaille.** Tonneaux.

Fustaine. Estoffe qu'on fait d'un bois, c'est-à-dire, d'un arbre.

Fuste. Sorte de vaisseau de mer.

Fusté. Bois fusté, c'est-à-dire, dégradé.

Fuster. Ravager, emporter par rapine. (Nicot.) — Fuster. Battre à coups de baston. (Voyez *Bouler*.) De-là vient *fustiger*, parce qu'on fouéttoit à coups de verges, ou petits baston : et peut-estre que *fouet* en vient aussi, ayant esté écrit autrefois *fouest*, et la lettre *o* y ayant esté adjoustée par les Nations qui prononcent l'*u* en *ou*.

Futerne. Herbe, selon un ancien receptaire. C'est, à mon avis, la fumeterre.

G

Gaagnerie. Pasturage. (Perceval.)

Gaaiez. Gain.

Gaaignages. Prés fauchez, regain.

> Vignes y eut et *gaaignages*,
> Grands rivieres, et grands boscages.　　(*Perceval.*)

Gaans, Gaaing et **Gasan.** Gain.

Gabales. Les Sévenes, pays de France.

Gaban. Manteau de feutre contre la pluye.

> A son col tourne sa cornette
> Sur son col met un grand *gaban*.　　(*Satyres Chrest.*)

Gabarre. Bateau ; de *καμάρα*. D'où vient un *garrabot*, uné nasselle, en Albigeois.

Gabeler ou **Guabeler.** Plaisanter, se moquer : de *gaber*, qui signifie la mesme chose. Rabelais, liv. 1ᵉʳ chap. 34, dit : « Ce Gaultier ici se *gabele* de nous. »

Gabelle. Impost sur le sel. Ce mot vient de *garbelle*, c'est-à-dire, javelle, dont on en prenoit une de chaque tas et denrées, selon Ragueau. De-là vient, par abus, qu'on dit faire *barbe de foarre à Dieu* ; au lieu de dire, *garbe de feurre*, c'est-à-dire, faire la gerbe de Dieu de mauvaise paille. On appelle en Languedoc un *gabel*, un fagot de sarment. De-là vient aussi une *gerbe*.

Gaber. Se mocquer, railler. (Perceval.) Le Livre intitulé le Cœur des secrets dit :

> Vous vous estes *gabez* de moy, par derrisions.

Au contraire, ce mot signifie louer, dans les montagnes du haut Languedoc.

Gabes, Gaberies ou **Gabs.** Mocqueries. Guyot de Provins dit : « Sur moy cherra trestous li *gabs*. » De-là vient *bailler la gabatine* à quelqu'un. (Voyez *Gap*.)

Gabeur. Railleur, gausseur. (Monet.)

Gache. Un quartier de Ville ; et *gachou*, c'est-à-dire, en Languedoc, le regard d'une borne. — GACHE. Aviron ; d'où vient *gacher*, c'est-à-dire, ramer. C'est aussi la lame qui reçoit le péne des serrures ; comme aussi *broyer*.

Gacquieres. Sillons qui ne sont pas semez.

*****Gæsum, Gesum** et **Gessum.** Une pique.

Gaf. Impair ; et non pas *caf*, comme a crû Ménage.

Gagui. Une femme fort grosse et grasse.

Gaieng et **Gaiens.** Gain.

Terre **Gaignable.** C'est-à-dire, fertile, riche en fruit. (Monet.)

Gaignage. Profit. (L'An des sept Dames.) Mais cela s'entend principalement du fruit des terres labourables.

Gaigneries. Coustumes de Poitou disent : « Encore « est à sçavoir que se en celuy fié (c'est-à-dire, fief) « n'avoit que *gaigneries*, li Sires prendroit en telle partie « comme la terre porroit estre baillée. »

Gaignier. Laboureur. (Monet.)

Gaignon. Les petits des bestes.

> Là sont les dolentes femelles,
> Qui le lait ont en leurs mamelles,
> Dont elles paissent les *gaignons*.   (*Ovide.*)

Galant. Arrogant, méchant, garnement. (Monet.)

*****Galates ou Celtes.** Hommes chevelus ; à cause de quoy leur païs fut appellé *Gallia comata*.

Galatine. Gelée à manger. (Voyez *Lescheur.*)

*****Galba.** Gros et gras. (Suétone. Bochart.)

Gale. Réjouissance.

> Soit l'aventure bonne ou male,
> Rire, plorer, courroux, ou *gale*.   (*A. Chartier.*)

De-là les noms *Galier, Galand, Galiard* et *Galiardise* ;

de *Gallare, idest, bacari,* boire d'autant et mener grande joye, à la mode des Prestres de Cybele appellez *Galli :* ou plustost de *galeolis,* qui estoient certaines coupes ou tasses à boire, faites en forme de *Galées* (Navires.)

Galea. Navire : d'où vient *Galée, Galere,* et *Galion :* d'où quelques-uns veulent dire *Gallia,* la France, à cause que ses premiers habitans y vinrent par mer, soit des fils de Noé, ou autres. De-là vient aussi *galerus,* c'est-à-dire, un chapeau, à cause de sa figure de bateau.

***Galearii.** Soldats des anciens Gaulois. (Bochart.)

Galendée. Ajustée, entortillée.

> Belle fu et bien atornée,
> D'un fil d'or estoit *galendée.*   (*R. de la Rose.*)

Galer. Se réjoüir. Quelques-uns en veulent faire venir régaler ; mais il vient de *Rex.*

> Ie plains le temps de ma jeunesse,
> Auquel ay plus qu'en autre temps *galé.*   (*Villon.*)

Galerne. Le vent Boréas, ou vent de bise.

Gales. *Estre en gales,* c'est-à-dire, bonne humeur. (Coquillard.) De-là vient un *galand,* un *enjoué ;* et vient de γελάω, *rideo.*

Galesche. Perceval parle des *loges galesches.* Je ne sçay s'il entend gentilles, ou quoy ?

Galets. Ce sont des pierres plates dont il y a grande quantité à Calais, au lieu dit *la Galetiere ;* d'où quelques-uns tirent le nom de *Calais.* De-là vient aussi une *galete,* c'est-à-dire, un petit gasteau plat. D'autres tirent *galete,* de *gatelet,* diminutif de *gasteau ;* et encore ceux-cy de *paste,* mais je n'estime pas ces origines. Je les tirerois plustost de γάλα *lait,* parce qu'en certains païs on pestrit les gasteaux avec du lait.

Galeures. Galans, damerets : d'où un *gallureau.*

> *Galeures* portent escrevices,
> Et velours pour estre mignons.   (*Coquillard.*)

Galice. Un Calice. (Perceval.)

Galies ou **Galées.** Galeres ou Navires.

> Plus voile au vent ne fera la *galée.*   (*Marot.*)

Galifre.

> De voir ainsi ce grand *galifre*,
> Danser aux orgues et au pifre.   (*Satyres Chrestiennes.*)

Galimart. (Voyez *Calemar.*)

Galiot. Rameur, forçat condamné aux Galeres. (Mon.)

Gallée. (Voyez *Galea.*)

Gallefreté. Calfeutré. Rabelais, liv. 2 chap. i, dit : « Mais la réponse vous contentera, ou j'ay le sens mal « *gallefreté* (éventé, mal calfeutré.) »

Galler. Battre, étriller. (Monet.)

Gallez. Terme burlesque pour dire battu.

> Mais si plus advient meselle,
> Vos reins en seront bien *gallez*.   (*Marot*, rondeau.)

***Gallicæ.** Galoches, souliers des Gaulois.

Galocher. Tracasser çà et là, courir, errer sans jugement. (Monet.)

Galois et **Galant.** Gentil. On lit dans le Livre des Pardons de Saint Trotet :

> Et puis s'en vont pour faire les *galoises*,
> Lors que devroient vaquer en Oraison.

C'est aussi une réjouissance. Vénus dit à Pâris :

> J'aim' toute bourde et tout *galois*,
> Tout déduit, toute druërie,
> Tout déport, toute cointerie.   (*Ovide.*)

Il se prend aussi pour un homme du païs de Gales :

> Un valet *Galois*, ou de Gales.   (*Perceval.*)

Galon et **Waler.** C'est-à-dire, Gilles. (Voy. *Banniere.*)

Galonner. Friser.

> Qui ses cheveux pigne et *galone*.   (*Ovide.*)

GALONNER SA BARBE. C'est-à-dire, y mettre de petits galands au bout de chaque floquet, comme font les Dames de leurs cheveux.

Galoper. Travailler, vexer. (Monet.)

Galvardine. Une jaquette de païsan, selon Oudin. D'autres prétendent avec plus d'apparence que c'est proprement une cape de Béarn ; de l'Espagnol *gavardana*, qui a la même signification. Rabelais, liv. 5 chap. 43, dit : « Puis le vestit d'une *galvardine*, l'encapitonna d'un beau « et blanc beguin. »

Galus ou **Gaignages**. Fruit de terre labourable.

Gamache. Sorte de bas, comme bottes de toile, qu'on met pour conserver les bas de la crotte.

Gambage. C'est le droit que payent les Brasseurs de biere, qui a pris nom de *Camba*, qui est le lieu où on fait la biere, ou de *cam* Allemand. *Cambun* le vaisseau où on fait la biere. *Cambarius*, c'est-à-dire, un Brasseur. On appelloit aussi ce droit *Bicheria* et *Bercaria*.

Gamboison. Un cabasset.

> Du septiesme article plein d'ire,
> Dont tout pécheur maulvais homs,
> Parmy autres dix *gamboisons*,
> Doit trembler, et perdre le rire.　　(*Mehun, Testament.*)

Gambre. Menuë estoffe de lin, foullée en guise de drap de laine, et mise en couleur. (Monet.)

Ganasse ou **Ganache**. Machoire de cheval. Ce mot vient de *gena*, la jouë ; comme qui diroit *grande jouë* : car c'est un mot agranditif dont le François moderne a manqué. Le Haut-Languedoc a cela de plus en sa Langue que le François, qu'il a presque autant d'agranditifs que de diminutifs, et qu'il les pousse plus avant que luy de cinq ou six fois. Car il dit, par exemple, pour diminuer, un *effan*, c'est-à-dire, un enfant, un *effantou*, un *effantonnel*, un *effantonnelou* : et diroit un *effantounelounel*. Et au contraire, pour agrandir, il dit un *homé*, un *homenaz*, un *homenassas* : Ce qui ne se peut exprimer en une autre Langue.

Ganches. Détours pour échaper, c'est-à-dire, des gauchissemens.

> Tant faites de tours et de *ganches*
> De bras, de trumeaux, et de hanches,
> Et tant vous allez détuertant.　　(*R. de la Rose.*)

Ganchiere. Sorte de terroir.

> Par prés, par vignes, par *ganchieres*,
> Par montagnes, et par rivieres.　*(Mehun, Testament.*

Gancons. Bordeliers. (Satyres Chrestiennes.)

Ganes. C'estoit quelque insigne traistre, qui depuis est passé en Proverbe. « Vous estes plus traistres que « *ganes.* » (Pathelin.) Je ne sçay si ce mot vient d'un certain Ganelon. J'estime que de-là vient *engana*, c'est-à-dire, tromper, en Languedoc ; ou de l'Italien *ingannare*. (Voyez *Enguenné*.)

Gangenti. Cheminant.

Gangnerres. Un artisan, un ouvrier.

> Et devenir *gangnierre*, et labourer.　(*Ovide.*)

Gante. Cigogne. (Perceval.)

Gap. Loüange, et par fois blasme ; et vient de *gaber*. Il semble aussi estre employé en autre sens, par Perceval, lors qu'il dit : « Ne le tint à *gap* ne à fils. » S'il n'entend un parent, je ne l'entends point.

***Gara.** *Vel* garau, rapide ; d'où vient la riviere de *Garumna* ; de *Garaph*, qui en Hébrieu signifie rapide : d'où vient *loup-garou* ; et *garre*, c'est-à-dire, la jambe ; et qu'on crie *gare, gare*, pour *ostez-vous*.

Garanter. Promettre. (Merlin.)

***Garau.** (Voyez *Gara*.)

Garbe. Bonne grace. (Pasquier.) M. de Saint-Amant s'en est aussi servy, lors qu'il dit : « Le sot *garbe* de ces « Zerbins, » parlant de la mauvaise mine des Italiens, qui croyent estre bien ajustez.

Garbin. Sud-Oüest, vent du couchant brumal. (Mon.)

Garboz. Sorte de poisson.

> Dards, gardons, *garboz*, goujons,
> Ables, loches, et verrons.　(*De la Diablerie.*)

Garce. Fille ; et *garchon* ou *garçon*, c'est à-dire, fils. Ces mots viennent de *gars*, et ceux de γὰσαυρα, et de γράσων, *fatuus*. Anciennement le mot de gars ne signifioit que majeur. (Voyez *Bassier.*) Montfaucon, Tolosain, en ses Dits Moraux, s'exprime ainsi :

> Le masle est gars à quatorze ans,
> Et la femelle est *garce* à douze.

D'autres le dérivent de *varo*, c'est-à-dire, homme en Espagnol ; et d'autres de *garrio*, c'est-à-dire, je caquette ; et Lipse le tire de *Garsonostasium*, c'est-à-dire, le lieu des enfans à Constantinople, où on les tient pour les faire Eunuches ; ainsi dit de *Carsamatius*, c'est-à-dire, Eunuque. Le mot de *garce* semble aussi avoir été pris anciennement pour une putain, comme il est à présent, quoy qu'il n'y a pas beaucoup d'années qu'on le prenoit pour une fille de chambre. Ovide, ms. où Junon parlant contre Vénus, dit : « Or cette *garce* me despit. » Perceval semble l'employer de mesme.

Garcete. Sorte de coëffure de femme.

Garçon. Signifie aussi un fripon.

> Et qui fait œuvre de *garçon*,
> Gars est par droit et par raison.   (*Perceval.*)

Garçonerie. Friponerie. (Voyez *Gars.*)

> Vous avez fait *garçonnerie*,
> Ma sœur par force avez honie.   (*Perceval.*)

Gardenapes. Destin. Selon le livre de la Diablerie, c'est quelque meuble :

> *Gardenapes* destin, salieres,
> Tenailles (pailles) cremaillieres.

Garé. Labouré depuis longtemps. (Monet.)

Garentissement. Sauveté.

Gargaillol ou *gargante*, en langage de Tolose. Le gosier. On l'appelle à Montauban *lou gouladou* ; et en Gascogne, *lou garganuila :* et ailleurs on dit *gargamele.*

> Iantis Pastourelets, que dejoust las ombretes,
> Sentets apasima lou calimas del iour,
> Mentre que lous ausels per saluda l'amour,
> Uston le *gargaillol* de mille cansonetes.   (*Goudouli.*)

Gargete. C'est le gosier.

Gargoisses ou **Gargousses.** Grosses bouteilles.

> De gros jambons, de verres et de *gargouilles*.   (*Marot.*)

Gargoules. Des réceptacles d'eau des toits.

> Et puis les délivre à trois goules,
> Qui l'ont plustost pris que *gargoules*. (*F. des Amour.*)

Gargueton. C'est un insecte qui ronge les légumages, appellé en Latin *gurgullio*.

Gariment. Garentie. (Coustume de Poitou.)

Garite. Lieu de refuge en route. Prendre la *garite*, fuir en lieu de sureté. (Monet.) — Garite. Guérite, donjon d'un château, d'une place. (Monet.)

Garnement. Equipage. R. de Siperis de Vineaux dit : « Hardement ne vient mie de noble *garnement*. » C'est-à-dire, garniture. On appelloit aussi un *garniment de lit*, les rideaux. C'est aussi une armure ancienne.

Garny. Assisté. Offices de France, de Ioli, ès Additions, liv. I. où est cité Martial d'Auvergne, ès Vigiles de Charles VII, où racontant la pompe funebre d'un enterrement Royal, il dit :

> Puis vint Monsieur le Chancelier,
> *Garny* de Maistres de Requestes.

Garoniens. Ancien peuple d'Aquitaine, dit ainsi de la riviere de Garone.

Garra. Guérira. (Perceval.)

Garraux ou *carreaux*. C'est une sorte de sajetes ou javelots des anciens, propres à darder et non à tirer avec l'arc. (Fauchet.)

Garray, et *gerray*. Coucheray. (Merlin.)

Garre. Vache pie.

Garreau. Taureau pie. Ces deux mots sont encore en usage en plusieurs lieux de la France. (Le Duchat, notes sur Rabelais.)

Garrer un vaisseau. Le calfeutrer, oindre, poisser. (M.)

Garrics. Chesnes. [Terme languedocien.]

Garrigues. Des landes ou brossailles, de *garric*, c'est-à-dire, chesne. On en voit quantité au bas Languedoc, où on les appelle ainsi. Elles sont pleines de chesne verd, ou ilex. C'est aussi le nom d'une noble famille de Castres en Languedoc, descendue conjointement avec celle des Messieurs de Madiane, de Noble Bouffard, Seigneur de la Grange.

Garrot. (Voyez *Carreau.*)

Garrots. Traits d'arbaleste. (Fauchet.) On le dérive de *quarreaux ;* car on disoit aussi des *quarreaux* d'arbaleste. C'est aussi une sorte de fusée, et l'os qui reléve aux chevaux vers l'espaule.

Gars. (Voyez *Bassier*), c'est-à-dire, pupile.

Garse. Fille. (Voyez *Garce.*)

Garson. Jeune homme ; c'est un diminutif de *varo,* en Espagnol homme, un petit homme.

> Allons luy livrer la bataille,
> En sa maison de toutes pars ;
> Et qu'à tuer on ne le faille,
> S'il ne baille les petits *gars.*   (*Vieux Testam. en vers.*)

Il parle des Sodomites contre Loth. Il se prend aussi pour fol.

> Fols, *gars* et mal-avantureux,
> Fox mescheans, fox doleureux.   (*Ovide.*)

Garwen. Préparer.

Gas, Gabs et **Gaps.** Moqueries.

> Sus moy cherra trestous li *gas,*
> Porce que ie port les noirs dras.   (*Bible Guyot.*)

Gas se prend aussi pour faux dans Perceval.

Gasche, Gascher, et **Gaschis.** Rame, ramer, et un lieu trop arrousé d'eau : ce qui vient de *vasser*, qui en Alleman signifie de l'eau.

Gaser, et **Jaser.** Parler fort ; d'où *gazouiller.*

Gast, et **Garnison.** Gens commis par la Justice pour faire du dégast et de la dépense ; d'où vient *gastadours,* gens qui font le dégast des bleds et vignes, en temps de guerre.

Gastadour. Pionnier. (Monet.)

Gaste. « Terre *gaste* et désertée. » (Perceval.)

Gastier. Garde de vignes et fruits. (Ragueau.)

Gastos. Sage ou savant ; d'où viennent les noms des anciens Gaulois Wisogastus, Husegastus, Salegastus et Losogastus, qui écrivoient la Loi Salique.

***Gastum,** et *glastrum.* Pastel ; d'où vient *glas,* c'est-à-dire, bluastre, parce qu'il teint en bleu. (Grand Atlas.)

Gatha, et *Escurgatha.* Sorte de guettes ou sentinelles, dans les Statuts d'Aigues-Mortes, de l'an 1246.

Gaubeson, Goubisson et **Gambeson.** Harnois.

> Et tout ainsi comme fait est,
> De pontures le *goubisson.*   (*Pélerinage de l'âme.*)

C'est proprement un hoqueton ou juste-au-corps. Ce mot est resté parmy les paysans de Languedoc.

Gaudebillaux. Selon Rabelais, sont grosses tripes de bœufs gras ; d'où vient *godiveaux.*

Gaudi. Moqué. (Gratian du Pont.)

> Et du lion pour vray ne s'est *gaudy.*   (*Marot.*)

Gaudine. Une lande. (Perceval.)

> Et Messire Idier qui estoit,
> Outre le bois en la *gaudine.*   (*Gauvain.*)

Gaudir. Se réjouir ; de *gaudeo.* Par fois il signifie *gauchir,* comme dans la dispute du Poëte Sordel, qui se voit dans Vigenere, sur César. — Gaudir quelqu'un, s'en moquer, se railler de lui. (Monet.) — Gaudir. Faire bonne chere. (Idem.)

Gaudisserie. Gausserie, raillerie. (Monet.)

Gaudisseur. Gausseur, railleur, faiseur de bonne chere. (Monet.)

Gavelé. Desseiché.

Gauliens. Gaulois. (Cronique de Hainault, page 45.)

Gaulois. François ; et *Gaule,* France ; venant de *Walon* et *Wallia.* Les uns le tirent de γάλα, lac, ou *candor,*

à cause de la blancheur du corps : les autres du Roy
Galates, disans qu'ils secouerent le joug de l'Empereur.
Et après cela voulans estre francs, furent appellez
François ; ce qui commença à Pharamond. Mais d'autres
les font venir de Franconie, et les autres de *Francus*.
M. Bochart a remarqué que l'ancien langage Gaulois
s'accorde fort avec le Phénicien, qu'il tient estre la
premiere langue du monde. Or le reste de cet ancien
Gaulois est parmy le Breton, auquel j'adjousterois le
Languedocien, du moins en partie. *Gesner*, *Beatus
Rhenanus*, *Ottomannus*, et *Cambdenus*, sont de cet advis,
avec Bochart, et ils le prouvent par beaucoup d'étymologies. (Voyez *Roman*.)

Gault. Bois ou forest ; d'où vient une *gaule ;* et mesme,
selon plusieurs, *le païs de Gaule*, qui est la France : et
Gaule vient de *caulis*. Le R. de Renaud de Montauban dit :

> Ains Charpentier en bos ne sot si charpenter,
> Ne mena telle noise en parfont *gaut* ramé.

Gaulter. Tromper. Villon dit :

> Tousiours trompeur à autruy en *gaultre*.

Gaultiers. Paysans qui se souleverent l'an 1589.

*Gaunacum.** Habit des anciens Gaulois. (Bochart.)
D'où est resté en Languedoc le mot de *gannache*, et
ganachou.

Gaupinet. Flateur. Les Satyres Chrestiennes disent :
« Truandeaux , *gaupinets* flateurs. » De-là vient *une
gaupe*, injure de femme, en Languedoc, c.-à-d. fainéante.

*Gausapa.** Ancien habit des Gaulois.

Gausser. Railler ; et vient de *gavisus*, c'est-à-dire,
réjoui. (Voyez *Gobisson*.) Le Pelerinage de l'Ame, ancien
livre de Poësie, dit :

> Et sa compagne au *gaubeson*,
> Chantoit une telle chanson.

Gautrer, et errer par la mer. (Boëce ms.)

Gayer. Abreuver. « De l'eau, pour *gayer* les chevaux. »
(Coquillard).

Gayetier. Joueur de cornemuse ; de l'Espagnol *gayetro*, de *gayta*, cornemuse. (Le Duchat, note sur Rab.)

Gazon. Ce mot vient de *gazen* ; en Persan, richesse.

Gebecier. Codicile de Mehun dit :

> Il se lairroit ainçois par membre detrencher,
> Qu'il osast au peril de peché *gebecier*.

Gehine. Gehenne.

Gehir. Gehener, faire dire quelque chose par force.

> Pour li faire *gehir*,
> La destreignent forment.   (*R. de Pepin.*)

Geindre. Gémir ; de *gemere*. Mehun au Codicille dit : « L'en n'y oit que cuer braire, et gemeir et *geindre*. »

Gelasins. Fossettes des jouës.

***Gelasomin**. L'herbe, *gnaphalium*. (Bochart.)

***Gelasone**. Herbe, *gnaphalium* de Dioscoride.

Geloser. Désirer. (Perceval.) Comme aussi estre jaloux ; d'où vient l'Italien *gelozia*, c'est-à-dire, jalousie. Pétrarque dit : « Di quella rabia detta *gelozia*. »

Gemé. Couvert de pierreries ; et *geme*, c'est-à-dire, pierre précieuse, selon Perceval ; du Latin *gemma*.

Genaux. Faiseurs d'Horoscopes ; de *genethliaci*.

***Genea**. Entrée ; d'où vient *Geneve*, c'est-à-dire, entrée du Lac ; et *tregenie*, c.-à-d. aisle de l'embouchure.

Genet. Cheval d'Espagne.

Genetaires. Ce sont des soldats anciens, selon Philippes de Comines ; dits ainsi possible pour estre montez sur des Genets d'Espagne, ou des Janissaires de Turquie. Et *Genet* vient de *Ginette*, qui en Espagne signifie un Cavalier.

Gengleour. Violon, ou Menestrier.

Gengler. Mespriser. (Perceval.)

Genglercement. Opiniastrement.

Gengleresse. Menestriere, comme aussi qui crie fort ; d'où vient *iangoula*, qui en Languedoc signifie crier et clabauder outre mesure, qui vient à mon advis de *canis* et *gula*, étant corrompu de *changoula*.

Genice ou **Genisse.** Une jeune vache ; de *juvenca*, ou *junix*.

Genitures. Génération, extraction de race. (Monet.)

Genoches. Sorcieres ; *ex Glossario in legem Salicam*.

Genoufriere. Un œillet de gyroflée.

A Genouillon. A genoux. (Villon.)

Gens et **Gent.** Gentil, aimable, agréable.

> Puis vers les cieux, dont as le titre *gent*
> D'aigle moderne, à suivre difficile. (*Marot*.)

Le mot *gent* se prend aussi pour peuple.

Gens. DE CORPS. [Ce sont les hommes ou femmes de servile condition. (Laurière, Gloss. Droit français.)]

Gente. Gentille, jolie. (Marot, Epître 2, dit :

> Car bien pensoit la Poësie *gente*,
> Si bien, et los on n'en veut attirer.

Gentieu FAME. [Demoiselle. (Laurière, Gloss. Droit fr.)]

Gentillastre. Gentil-homme. (Coquillard.)

Gentille. Noble. (M.) De-là gentillesse, pour noblesse.

> Hero jadis pleine de bonne grace,
> Née de riche et de *gentille* race,
> Estoit nonain à Vénus dédiée. (*Leandre et Hero*.)

Gentishoms. (R. de Tristan de Leonois). C'est le petit fils d'un qui s'est acquis le titre de Noble, comme Ulysse se vante d'estre, en disant :

> Nam mihi laërtes pater est, Acrisius illi,
> Iupiter huic.

Geole. Prison ; de *gabiola*, cage. On dit à cause de cela mettre en cage, pour mettre en prison : de-là vient *geolier*. Elle s'appelle *gabio* en Languedoc ; de *cavea* : d'où vient *gabion*.

Ger. Petit d'oye, jar. (Perionius.)

*Ger. Ou *guerra*, la guerre.

Gerfaut. Oiseau de rapine ; dit ainsi du Latin *Gyro-falco*, c.-à-d. Faucon, qui vole en se tournant. (Ménage.)

Gergoner. Jargoner. (Voyez *Jargon*.)

Germani. [Mot gaulois signifiant habitant des forêts, poussant des hurlements.]

Gcrnlihbo. Diligemment.

Gerre. Genre.

Gesegge ou **Gesage.** Nous pouvons dire.

*Gesi ou **Gessi.** Vaillans hommes. (Servius.)

Gesir. Estre gisant comme aussi se coucher. — Gesir. Consister. « La controverse *git* en cet article. » (Monet.)

*Gessa.** Dard Gaulois. (Servius.) Où un espieu. (Grand Atlas.) Venant du mot Alleman *egissor*, c'est-à-dire, peur et horreur. (Lipse.)

*Gessatæ.** Hommes à solde. (Polybe.)

*Gessates.** Avanturiers ; soldats armez des dards appellez *gessi*.

*Gesum** ou **Gessum.** Sorte de dard. (Varron.) C'est ce que nous appellons halebarde, selon aucuns ; mais j'en doute.

Gets ou **Giez.** Des liens ou attaches.

> . . . . . . ie suls liée
> Des *giez* d'amour et alliée.   (*A. Chartier.*)

Gètte. Une jatte ; en Languedoc une *gadde* ; et *gaddou* en est le diminutif.

Getteis. Un assaut par coups de pierres qu'on jettoit avec les frondes, pierrieres et mangonaux.

> Lors commence li *getteis.*   (*Gauvain.*)

Gettoers. Jettons. (Le Duchat, notes sur Rabelais.)

> La boure pleine de *gettoers*,
> Pour dire qu'ils ont de l'argent.   (*Coquillard.*)

Geune. Jeusne, abstinence.

Geut. Il coucha. Il avoit geu, c'est-à-dire, couché ; d'où vient le Languedocien *aiagut, iagut ;* du latin *jacuit :* mais le premier ne se dit que des femmes accouchées.

Geux. Des gueux, des misérables. On a aussi appellé ainsi les Albigeois et les Vaudois.

Gez. Je les.

> De vil mort ; car *gez* vi meurdrir.　　(*Bible Guyot.*)

Gibbar. C'est une baleine en Xaintongeois ; du Latin *gibbus*, parce qu'elles sont comme bossues.

Gibecer. Chasser. Ce mot vient de *gibier*. Et de-là vient une *gibessiere*, où on le met ; quoique d'autres le dérivent de *gibbus*, bossu, parce qu'elle enfle d'un costé plus que d'autre.

> Tant que un soul Chevalier vit,
> Qui *gibeçoit* d'un espervier,
> El pre devant le Chevalier.　　(*Gauvain.*)

Gibier. Chasse ; et vient de *cibarium*. (Ménage.)

Giblet. Foret, espèce de vrille tout d'une venue, sans vis, déliée, perçant en piquant comme une aleine. (Nicot.)

Giboer. Chasser. Mehun, au Testament, dit : « Ne « *giboër*, ne fureter. »

Giboulée. Pluye soudaine ; venant de γεβòλη, *jaculatio subita.*

Giboyeur, ou *giboyer.* Chasseur ; d'où vient qu'on dit, une arquebuse à *giboyer.* (Voyez *Valet.*)

Gie. Je. (Voyez *Il*, et *Chalonge.*)

Gies, et *gieux.* Un jeu. Perceval dit : « Sa bataille n'est « mie *gieux.* »

Gieu. Un Juif.

Giez. (Perceval.) (Voyez *Gets.*)

Gifah. Il se réjouit. (Tatianus.)

Gifehen ou Ingifehen. Joye. (Pontanus.)

Gifeho. Joye.

Gifulta. Accomplie.

Gigue. La cuisse ; de *ischium :* d'où *gigot.*

Gilarus. [Mot d'origine gauloise qui signifie le serpolet.]

Gimahaltero. Epousée.

Gimaril. *Vulgabantur.*

Gimuntigonno, ou *rigimuntigonne.* En mémoire.

***Gin.** Ellébore.

Ginghes. C'est un nom d'homme, Gilles.

Ginguet. Du vin verd.

Gipon. Pourpoint. (Villon.) Ce mot vient de l'Italien ; il est resté en Languedoc, où on dit *gipou.* Goudouli parlant de sa vieillesse, et comme il approche de la mort, dit :

> Auzi lou Menusié que tusto,
> Per me fairé un *gipon* dé fusto.

Giroyer. Tournoyer. (Voyez *Valet.*)

Gisarmes, ou *guisarmes.* Sorte d'armes anciennes.

Gitruobit. Trouble.

Giwideron. *Adversari.* (Pontanus.)

Giwiznessi. Du Testament.

Glacoir. Aisances, privós, bâtis contre une muraille. (Monet.)

Glacoyer. Glisser. (Gauvain.) Ce mot vient de glace, parce qu'on y glisse dessus.

> Le coup cheut ius en *glacoyant,*
> Si ne luy greva de noyant.   (*R. de la Rose.*)

Gladiatoire. Meurtriere, ou qui tient une épée.

> Frappez donc tant de main *gladiatoire,*
> Qu'après leur mort et défaicte totale,
> Vous rapportiez la palme de victoire
> Sur les climats de France Occidentale.   (*Marot.*)

Glai. Graveleux, gros sable. (Monet.)

***Glanoventa.** Ville du rivage.

Glas, « *glay, clas* et *classés.* » Le son des cloches pour les morts. — Glas. Glai, bruit, cririe : « Tu menes grand *glas.* » (Nicot.)

Glason. Motte de terre, gazon. (Nicot.)

***Glastum** ou *voide,* et *guesde.* Pastel, qui teint en bleu ; et *glas,* c'est-à-dire, bleu.

Glat, et *glés.* Son des cloches pour les morts.

Glatir. Glapir, crier comme font les chiens. (Monet.)

Glatissement. Glapissement. (Idem.)

Glau, et *glay.* Glayeul ; ou *acorus,* herbe.

> La feuille li *glau,* de doulour,
> Et li ram perdent lor coulour.   (*Ovide.*)

***Glau.** De l'eau. (Charron.)

Glic. C'est un jeu des anciens.

> Gaigne au barlanc, ou *glic,* aux quilles.   (*Villon.*)

Gliceau. Une peloton de filet. (Voyez *Englinceler.*)

Glicyde. L'herbe pivoine. (Lespleigney.)

***Glisco.** Blanc ; d'où vient *gluys,* luisant, en Breton ; et *gleyse,* en Languedoc, le blanc d'un œuf.

Glise. Eglise. (Joinville, page 354.)

Glouons. C'est quelque mesure.

> Parmy trois *glouons* de farre.   (*Villon.*)

Glouper. En langue de Cahors, dégouter.

> Que tousiour nou me *gloupé.*

Glous, et *glout.* Glouton ; et *gloute,* c'est-à-dire, gloutonne. J'estime que tous ces mots viennent de *gula.*

Gloutte. (Voyez *Glous.*)

Glui. Faisceau de chaume, ou le chaume même de blé, droit et entier, pour couvrir les maisons. (Monet.)

Gnabat. [Mot d'origine gauloise; fils, enfantement.]

Gnac. Une Ville ou Bourg, selon Garron en son Histoire Universelle; d'où viennent les mots de Polignac, Marignac, et Romagnac, c'est-à-dire, Bourg d'Apollon, marescageux, et Romain. Gabriel Simeon, en sa Limagne d'Auvergne.

Gobe. Vaine.

> Lors devient la terre si *gobe*,
> Que veut avoir nouvelle robe.　　(*R. de la Rose.*)

Gobeau, et **Gobelet.** Coupe. Ils viennent de *cupella*, coupe; parce qu'on disoit une *cope*, et un *copelet*.

Gobisson. Contrepointe, ou vestement long, descendant jusques aux cuisses. (Fauchet.) On l'appelloit aussi *gaubeson* et *gambeson* (possible pource qu'il alloit jusqu'aux jambes). C'est, à mon advis, un grand juste-au-corps. Il en est parlé dans le Pelerinage de l'âme, ancien Livre de Poësie :

> Et tout ainsi comme fait est
> De pontures le *gambeson;*
> Pourquoy pourpoint le appelle-t'on.

Gocés, et *goucet.* Je ne sçay ce que c'est.

> Le lit fu sor gocés assis,
> Et li *gocet* sur quatre rouës.　　(*Perceval.*)

Peut estre il entend des petits chiens; car anciennement on en mettoit la figure sous les landiers ou chenets (qui en ont pris leur nom) sous les lits, et autres choses. Or on appelle en Languedoc *gous*, et un *gousset*, un chien.

*Gocés et *gocet.* C'est une espèce de pulpitre.

*God. Dieu; d'où vient *Sidus Codanus*, c'est-à-dire, Dieu qui est vers la Gothie.

Godale. Vin verd ou ginguet. Ce mot dans son origine, qui est Angloise, signifie proprement une biere douce, autant bonne qu'on la peut faire sans houblon. *Godale* dans les Pays-Bas s'entend de la même sorte de biere. Froissard, vol. i, chap. 59, dit : « Et leur disoient « les Bidaux (à ceux de Valenciennes) : Allez boire vostre « *Godale.* » De-là *godailler*, boire avec excès, s'enyvrer.

Gode. Brebis qui ne vaut plus rien, à cause de sa vieillesse. Il s'employe aussi en Languedoc, pour un fainéant.

Godemare. Gros ventre ; de *gogue*, pris pour ventre ; et de *mare major*. Ce mot se prend quelquefois pour cochemare.

Godet. C'est un vaisseau de terre, selon Nicot ; et quelque instrument, selon Gratian du Pont. Mais c'est proprement une aiguiere ; et vient de *guttus*. Les Satyres Chrestiennes le prennent aussi pour un *gobelet*.

Godinete, Godine, et *gondine*. Une putain, ou fainéante, et vaurien. Ce mot vient de *gode*.

Gof. Mouillé ; et *gouffa*, mouiller.

Goffe. Grossier, enflé, lourdaut. (Nicot.) Comme aussi un habit gros et velu. (Isidore.) De-là vient *goffer*, ou *goffrer les cheveux*.

Goffre. Maussade, chose absurde, inepte, mal en ordre. (Monet.) — GOFFRE, ou *gaufre*. Sorte de gâteaux, ainsi dits, parce qu'ils sont marquetez de cellules, comme un rayon de miel, qu'on appelle un *gauffre* en Picardie.

Gogue. Sorte de boudins.

Goignon. Cochon.

Golfarin. C'est une injure. (Satyres Chrestiennes.)

Golous. (Voyez *Goulous*.)

Gombete ou *Combete*. (Loy des Bourguignons) ; dite ainsi de *Gundebada*.

Gomene, ou *gumene*. La corde d'un ancre.

Gommannere. A un homme.

Gommannes. « Wanta ils *gommanes* wis mi bin, » qui a connu homme ; ou, je n'ai pas connoissance d'homme.

Gonelle, et *gone*. Une casaque. (Perceval.) Et un *cotillon*, de *guna*. Et celui-ci de γυνή, *mulier*. Ainsi on appelloit Geoffroi *Grise-gonelle*, fils de Foulques le Bon, Grand Seneschal de France, dit *Dapifer*. Ce sont cottes

longues jusqu'au gras des jambes, sans manches, faites
de soye, et blasonnées des armes des Chevaliers. Ainsi il
y a des armes dites losanges, et à fuseaux, à cause que
les estoffes estoient ainsi. *Gonelle* est aussi un terme
d'injure.

Gonfalonnier, et *gonfanonier*. Porte-Enseigne.
(Sirmond, Vossius.) Froissard, 2. vol. chap. 135, dit :
« Faisoit l'Evesque de Nordvich devant lui porter les
« armes de l'Eglise, la Banniere de S. Pierre, comme
« *Gonfalonier* du Pape : et en son pennon estoient ses
« armes. »

Gonfanon, *gontfanon*, et *gouffenon*. Banniere.

> A Roulant, un vassal, son *gonfanon* livra. (*Rou.*)

C'estoit au commencement un Estendard Royal, comme
les Pennons ; mais les uns et les autres passerent aux
Particuliers. Les Roys les portoient par fois eux-mesmes
au bout de leurs lances près du fer. R. de Guiteclin dit :
« Li Roys tint une lance, à un vermeil *pennon*. » On lit
en des Histoires, que le *gontfanon* demeuroit par fois
dans le corps des blessés.

Gontfanon en ancien langage, signifie un linge ou
drapeau ; d'où vient qu'on appelle encore une Enseigne,
un Drapeau, parce qu'au commencement on les faisoit
de drap, comme j'ai dit sur les Bannieres et sur
l'Oriflamme.

Fanon estoit la moindre Banniere ou Estendard ; ainsi
dit, parce qu'on les portoit estendu.

Comme l'investiture des petites choses se faisoit par un
baston, un gand, un couteau, un morceau de manteau,
de bois, de courroye, de ceinture, par la piqueure du
pouce, par des clefs, par une broche, par une coupe, par
un anneau, un gazon, une branche, une paille, et autres
choses ; ainsi celle des Royaumes se faisoit par un estendard, comme en cet exemple où le pape investit Guillaume
le Conquérant du Royaume d'Angleterre : autant en fit le
Pape Clément IV. quand il investit Charles frere de
S. Louis, du Royaume de Sicile.

Il y avoit des *fanons* et *gonfanons*, à trois queues.
(Froissard, Villehardouin, et la Cronique de Flandres.)
R. de Guyot de Nanteuil dit : « Desormais porterez mon
« Royal *gonfanon*. » On escrivoit aussi *confanon*. Satyres
Chrestiennes disent :

> Le *confanon* est mis au vent,
> Pour défense aux assauts.

Goovret. Une boule en Lorrain ; non de *guro*, comme ont dit quelques-uns, mais de *curro*.

Goret. Un cochon ; de χοῖρος. D'où vient *gorret*, *gorre*, *gorron*, et *gourri*, c'est-à-dire, coquin. « *Rime en gorret* », estoit une rime non riche, selon un ancien livre intitulé, L'Art de Rhétorique. La médisante chanson qui est citée dans le livre intitulé, la vie de Catherine de Medecis, se sert de ce mot de *gorret*.

Gorgerain, et *gorgerin*, un hausse-cou.

Gorgeres, et *gorgeretes*. Ce sont des linges pour mettre devant la gorge. Lespleigney dit :

> Que d'empoiser elles s'amusent
> Leurs *gorgeres* et colleretes.

Gorgeron. Gosier.

Gorgias. Vain, luxurieux. (Blason des fausses Amours.) — Gorgias. Gorgerette, tour de gorge de femme. (Marot.)

Gorgiase, ou *gorgiaise*. Chose plaisante et bouffonne. — La Gorgiase. C'est une sorte de danse ancienne.

Gorgiaseté. Vanité, luxe.

Gorgiasse. Au Rosier Amoureux, on lit :

> Hélas ! amy, et penses-tu pourtant,
> Se ne suis belle et *gorgiasse* autant,
> Que ceste-là que maintenant cheris.

Gorgics. De γοργίαιον.

Gorgiere. Hausse-cou. (Fauchet.)

Goriers, et *gorrieres*. Gens glorieux, mignons et bien vestus à la mode, et couverts de galans, ou galons. (Villon en ses Repuës Franches.) Car *gorres*, sont des rubans, ou livrées.

> *Gorriers*, mignons, hantans banquets,
> Gentils, fringans et dorelos.   (*Coquillard.*)

Et la Chanson ancienne, qui est ès Chansons spirituelles, qui dit : « Moy essem tant *gorriere*. »

Gorin, et *gorret*, cochon ; de χοῖρος, d'où vient possible *gourri*, c.-à-d. gueux, et qu'on crie aux cochons *gourou*.

Gorre. Pompe. Jean Marot, pere de Clément, dit : « Estre *gorrière* et faire la poupine. » Il signifie aussi un glorieux, et bien ajusté ; de γαῦρος, *superbus*. (V. *Goriers*.)

Gorrer. Se louer, et vanter.

> Ia longuement ne te *gorras*
> A gleive et à duel en morras.   (*Ovide*.)

Gort. Flux.

> Quand le sang commence à grand *gort*
> Issir par les playes au mort.   (*Ovide*.)

Gosse, Gousse. Bourse de grains, de légumes. (M.)

Got, ou **Gote**. Dieu, en tous les pays Septentrionaux. D'autre l'escrive *Goth*, avec quatre lettres : sur quoy est notable qu'il y a plus de vingt noms de Dieu en diverses Langues, qui sont tous de quatre lettres, comme Θεοσ, *Deus, Jova*. De *Got*, viennent les mots de *bigot*, et *cagot*, selon Pasquier.

Goubissons. Pourpoints.

> Et tout ainsi comme fait est,
> De pontures le *goubisson ;*
> Pourquoi pourpoint l'appelle-t-on.   (*Pèlerinage de l'âme.*)

Goudesque. Gothique. Ainsi *la seuve Goudesque*, forest près de S. Gilles en Languedoc, est appellée en Latin *sylva Gothica*.

Goudine. Injure de femme, prostituée. Gouine qu'on dit encore aujourd'huy en vient.

Fa la **Goudoufi**. Faire le glorieux, en langage de Languedoc. (Goudouli.)

Gouets. En Poitou et dans les lieux voisins on appelle *gouets*, de méchans petits couteaux camus qui ne ferment point, et que pour cette raison on pend à la ceinture des enfans, qui dans la saison se servent de ces *gouets* à cerner des noix. (Le Duchat, notes sur Rabelais.)

Goufanon. (Voyez *Gonfanon*.)

Goufi. Plein, renflé, replet, en termes de poissons de mer. (Monet.)

Gouge. Femme ou fille. (Voyez *Vœuge*.)

> Tellement que sur toutes *gouges*,
> Elle semblera la plus franche. (*Coquillard.*)

En Languedoc du costé de Tolose et de Montauban, *gouge* est une servante. Il se prenoit aussi anciennement pour cela.

> Payer la *gouge* tout content. (*Coquillard.*)

C'est aussi un instrument de Menuisier.

De-là vient aussi un *goujar*, ou *goujat*, c'est-à-dire, un garçon ; sur-tout, pour servir les soldats : et le mot de *goujon*, qu'on employe en Bearn, pour dire fils.

Gougier, Gouier ou **Goier.** L'amant d'une *gouge*. Ce mot *gouge*, dans le sens le plus commun, se prend pour une fille ou une femme de mauvaise vie. (Le Duchat, notes sur Rabelais.)

Gouhourde. Courge, gourde. (Nicot.)

Goulée. Ris démesuré.

Goulous. Gourmand. Au Livre de la Diablerie, on lit :

> Plusieurs humains comme *golouz*,
> Sont en manger fort dissolus.

Possible il entend l'animal *Gulo*, qui mange outre mesure ; et pour pouvoir manger de nouveau, se presse le ventre entre deux arbres, pour vomir.

Goulouser. Je ne sçay si c'est désirer, ou baiser.

> Eurichus quand vit l'espousée
> Tant belle, si la *goulousée*. (*Ovide.*)

Goulpete. C'est en Languedoc faire l'escole buissonniere ; dit ainsi de *vulpes*, renard, comme qui diroit faire un tour de renard. Et le mot de *buissonniere*, vient de ce qu'on la fréquente si peu, que les ronces et buissons y naissent.

Gouluda. Se rouler et vautrer sur terre ; de *volutari*.

Goupil. Un renard. L'Autheur du Bestiaire dit : « Le « *Goupil* est molt artillos. » C'est-à-dire, ingénieux. Il vient de *vulpes*, et celuy-cy de ἀλώπηξ. De-là vient qu'on appelle *Goupillieres*, une terre qu'il y a en Poictou.

Goupil. Renard ; d'où vient *gouspiller* ; de ἀλώπηξ, *vulpes*.
(Aldobrandin. Verger d'honneur.)

Gourdes. Courges. (Aldobrandin.)

Gourri, et *gourrina*. Ce sont mots de Languedoc, qui
signifient *un gus*, et *guser*. (Voyez *Bésiat*.)

Gourt. Gré. « L'hostesse fut bien à son *gourt*. »
(Pathelin.) Il semble aussi signifier un homme bien mis.

> Pour entretenir les plus *gourds*,
> Les plus frisques, les plus peignez. (*Pathelin.*)

Ménage l'explique pour *fat*, le tirant de *gurdus*. Il
pourroit venir de *cougourde*, c'est-à-dire, une courge.
Aussi appelle-t-on du mot de *courge*, les hébétés ou fous,
en Languedoc. J'estime aussi que *gourd* signifie pesant,
et endormi.

Gous. Chien. (Voyez *Briarda*.)

Gousset. Sorte de pulpitre.

Gouver. Mot dont quelques-uns se servent pour
gouvernement. (Nicot.)

Gouvernor. Gouverneur.

Goy. Dieu, mot corrompu de *Got* ; à cause de quoy on
lit *Ostrogois*, pour *Ostrogots*, dans les Annales de Hainaut.
De-là viennent aussi les jurons *vertugoy*, etc.

*Goy. Du bois. (Charron.)

Goye. Espée.

Goyere. Sorte de tartes.

> Faisans tartes, flans et *goyeres*. (*Villon.*)

Graal, ou *greal*. Un vaisseau de terre, une terrine.
On l'appelle encore une *grasal*, et un *grasal*, à Tolose,
Montauban et Castres. Et ce mot vient de *grais*, parce
que ces vaisseaux sont faits de grais cuit. Il y a un Roman
ancien, intitulé *La Conqueste du Saingreal*, c'est-à-dire,
du S. Vaisseau où estoit le sang de Jesus-Christ, qu'il
appelle aussi le *sang real*, c'est-à-dire, le sang royal. Et
ainsi ces deux choses sont confondues tellement, qu'on
ne connoist qu'avec peine quand les anciens Romans qui

en parlent fort souvent, entendent le Vaisseau et le Sang. Perceval l'explique bien en ces vers :

> Senefioit que li *greaus*,
> Qui tant est beaux et précieux,
> Que le S. sang glorieux
> Du Roy des Rois y fu receus.

Grabat. Un lit de camp, ou qu'on met seulement à terre, une paillasse. (Saint-Amant.)

Grabeler un procès. C'est proprement en éplucher toutes les piéces les unes après les autres, aussi exactement qu'on tireroit grain après grain, tout le grevier d'un tas de sable. (Le Duchat, notes sur Rabelais.)

Grabeleur. Critique impitoyable qui épluche syllabe après syllabe toutes les paroles d'un Auteur. (Le Duchat, notes sur Rabelais.)

Gracier. Remercier.

Graduels. Ce sont certains Pseaumes. (Ménage.) Dits à *gradibus*, parce qu'ils vont en montant de ton.

Graff. Grave.

Graffions. Sorte de guine ; appellée aussi *bigarreau.* C'est aussi *regia exacta.*

Graie. Graille, grole, freus, corneille au bec et piés rouges. (Monet.)

Graillement. Son de trompe rauc et enroué. (Monet.)

Grailler. Tirer de la trompe des sons raucs et enroués. (Monet, Nicot.)

Graindre. Plus grande ; de *grandior*.

> Tort avoit qui le voudroit plaindre,
> Qu'ar il n'est nulle force *graindre*.   (*Rose.*)

Gramment. Grandement. (Froissard.)

> Mais certes il se deult *gramment*
> De t'ouyr irréveramment
> Parler d'une telle Princesse.   (*Marot.*)

Grams. Marry. Jean le Nivelois dit :

> Et quand il la oy, s'en fu *grams* et iriez.

Grance. Une grange ; ainsi dite des grains qui s'y recueillent. R. des sept Sages dit :

> Mesons et *grances* et estables,
> Molt riches et molt Conestables,

Grandesse. Grandeur.

Grands jours de Troye et Poitiers. C'est-à-dire, quand on tient les grands Plaids. (Pithou, Dupleix, Ménage.)

Grannus. [Mot gaulois ; surnom du Soleil.]

Grap. C'est quelque outil d'artisan. (Cratian du Pont.)

Graper ou **Grapeler**. Grapiller. (Monet.)

Graphigner. Se grater. Ce mot vient de l'Hébrieu *garaph*, c'est-à-dire, prendre à force.

Grapir. Gravir. (Monet. Voyez *Gravir*.)

Graseler. Carresser, et remercier quelqu'un. (Voyez *Valet*.)

Gravele. Sablon : « Le peuple d'Israël estoit aussi « grand nombre comme de *gravele* de mer. » (*Bible Hist.*)

Gravir. Monter avec peine, grimper.

> En lui faisant *gravir* roc, ou montagne,
> Autant m'estoit que gravir en campagne.　　(*Marot*.)

Greanter. Remercier. (Perceval.)

Greaux. (Voyez *Seneschal*.)

Gredillé. Gresillé, retiré, ridé, en conséquence d'une trop grande chaleur, comme la peau, etc. (Monet.)

Grediller. Ouper, friser les cheveux avec un fer chaud. (Monet.) Poil *gredillé*, poil frisé.

Grée. Accord. (Ragueau.) Et *gréer*, promettre.

Greigneur, *grigneur*, *grineor*, et *greignor*. Meilleur, plus grand ; et vient du Latin *grandior*. (Nicot.)

> Par mon serment, c'est le *greigneur*,
> Trompeur, etc.　　(*Pathelin*.)

Greillets. Pendans d'oreilles. Ce sont aussi de petits boutons, des sonnettes, et des grelots. (Monet.)

Greins. Grandement. (Le R. de Garrin.)

Grelé de pierrerie. C'est-à-dire, couvert de pierrerie, comme par abregé de *granulatus*.

Grenon. Moustache.

> Et n'avoit barbe ne *grenon*,
> Se petits peux folages non. (*R. de la Rose.*)

C'est-à-dire, sinon quelque petit poil folet.

Gresillons. Des menotes, à mon advis. Ms. des Mémoires de Paris, l'an 1344, dit : « Henry de Malhetet « fut mené par le Bourreau, les *gresillons* ès mains, et « les fers ès piés. »

Gresle.

> Misire Rex a fait sonner
> Un *gresle* pour leve donner. (*Perceval.*)

Il semble entendre un valet, pour donner à laver les mains.

Gresset ou **Graisset.** Raine verte, grenouille de buisson. (Monet.)

Gretz, *greu*, et *grieu*. Grec. (Villehardouin.)

Grevaines. Fâcheuses. Le Songe du Verger dit :

> Ta despartie m'a esté trop *grevaine*.

Grevance. Tort, fâcherie, chagrin, peine.

> C'est à bon droict puisque ton labourage
> Je voy perdu par ce cruel orage,
> Qui seulement ne nous porte *grevance*,
> Mais (qui plus est) il destruit ta semence. (*Marot.*)

Greve. Péril. *Catholicum parvum*. C'est aussi une parure de cheveux ancienne, et un lieu plein de sable et pierreux au bord de la riviere ; d'où vient *la Grève*, Place de Paris.

Grever. Nuire, maltraiter ; d'où vient *grief*, du Latin *gravis*. Marot, dans son Enfer, dit :

> Ce vieil serpent sera tantost crevé,
> Combien qu'il ait maint lignage *grevé*.

Grever. Creuser avec les ongles. (Monet.)

Greveuse. Fâcheuse.

> Quand il aura cette nouvelle,
> Qui moult li devra estre belle,
> Et à nos anemis *greveuse.*   (*R. de la Rose.*)

Greveux. Fâcheux, et pesant.

> Car molt y a *greveux* affaire,
> Com il en porront à chef traire.   (*Ovide.*)

Greuge. Dommage, en Beauvaisis.

Gribouille. Vendeur de petits meubles. Il vient de γρυταπώλης: d'où vient des *fariboles,* et *frivole.*

Grief. Triste, fâcheux, malheureux.

> Et vous ses sœurs, dont maint beau tableau sort
> Paindre vous faut pleurantes son *grief* sort
> Près de la tumbe en laquelle on l'inhume
>   En grand regret.   (*Marot.*)

Griefve ou **Grefve.** Afflige, accable. Marot, dans sa pièce intitulée le Riche en pauvreté, dit :

> Quant est à nous, ne soit si forte peine,
> Ne si dur mal qui nous *griefve* ou moleste.

Gries. Fâcheux.

> Lors te viendront les avantures,
> Qui aux Amans sont *gries* et dures.   (*R. de la Rose.*)

Griesche. Grecque ; d'où vient qu'on dit une *pie-griesche,* et de l'*ortie griesche.* Quelquefois il veut dire *sauvage,* de ἀγρία.

Griet. Grevé, fâché. (Perceval.)

Grieve. La Grece, ou une femme de Grèce ; et *Grieu,* c'est-à-dire, un Grec. (Villehardouin.)

Grifaigne. (Voyez *Engraigner.*)

Grifent. Un Griffon. (Ovide ms.) Il vient de γρύψ: d'où vient aussi *griper.*

Grifons. Ce mot est de Villehardouin ; Vigenere le traduit, des Grecs : mais je crois qu'il se trompe : comme aussi Verdier, qui cite la Bible Guyot :

> Tout li siecle porquoy ne vet,
> Sor auxains que sor les *griffons.*

Grillons. (Voyez *Gresillons*.)

Grillot. (Voyez *Greillets*.)

Gringalet. Perceval employe ce mot ; mais je ne l'ai pas entendu. Il signifie en Franche-Comté un petit cheval.

Grip. Rapine. (Monet.)

Gris. Froid, et noirastre ; de χϱύος, *frigus*. On l'employe aussi pour une couleur composée de blanc et de noir. Et on dit, *il fait un temps gris*, pour dire *froid*, parce que l'air est ainsi un peu obscur l'hyver. (Voyez *Vair*.) Anciennement il y avoit des étoffes appellées de ce nom, selon ce que dit le Drapier :

> J'ay du *gris* de Prince,
> En voulez-vous ? ou *gris* d'aumur.　　(*Pathelin.*)

Grisard. Un blaireau, ou taisson. (Nicot.)

Grisler. Par contraction pour gresiller, pétiller, trépigner ; mot fort commun dans le haut Languedoc, où d'un homme avare et convoiteux, on dit qu'il *grisle* d'avoir le bien d'autrui. Rabelais liv. 3, chap. 33, dit : « La défense ne feut sitost faicte, qu'elles *grisloient* en « leurs entendemens d'ardeur de veoir qu'estoient « dedans. »

Grivelé. Bigarré, et marqueté de gris ; d'où vient une *grive*, oiseau : il signifie aussi *grislé*.

> Cuisses ne sont plus, mais cuissettes,
> *Grivelées* comme saulcisses.　　(*Villon.*)

Grobis. Seigneur.

> Pour seindre millours et *grobis*.　　(*Coquillard.*)

D'où vient qu'on dit, *faire le raminagrobis*, mot corrompu de *domine grobis*.

Grocer. Gronder.

> Et se géns encontrent moy *grocent*,
> Qui se tormentent et corrocent.　　(*R. de la Rose.*)

***Groffes**. Sorte de dard ancien.

Groigner. Gronder, ou grongner comme les pourceaux. « Le feu, à qui en *grongne*. » (Antitheses de l'Antechrist, avec Jesus-Christ.) C'est-à-dire qu'on brûle celui qui en murmurera.

Avoir **Groing**. Visage courroucé.

Groingnettes. (Voyez *Pannes.*)

Grolle. Une Corneille. On dit aussi une *graule*, *graille*, et *agraille*; ce qui vient de *garrula*. *Groule*, en Languedoc, signifie une vieille savate, possible, parce qu'on fait du bruit en les traînant; de *garrio*.

Gron. Ciron; et vient do *gremium*.

Groncier. Gronder quelqu'un.

Gronnet. Coquillard dit: « Un corps fectis, sade, *gronnet.* »

Gros. Une monnoye ancienne, et un petit poids. La monnoye valoit six blancs, et le poids vaut la dragme ou huichau, c'est-à-dire, la huitiéme partie de l'once, qui sont trois deniers, ou scrupules. Je ne sçais si de-là ne viendroit pas un Marchand grossier, qui vend en détail et comme par gros.

Grosbois. Lances grosses, et fortes piques.

> Tous leurs devis ce sont haches, *grosbois*,
> Lances, harnois, estandars, gonfanons,
> Salpestre, feu, bombardes et canons.   (*Marot.*)

Grouer les pommes. C'est-à-dire, tomber par le vent.

Grous. Je gronde. (Gauvain.) — GROUS. Grand. « Che- « veux *grous* et lons et nielez. » (Merlin.)

Grousser. Courroucer, et gronder.

> Ie retourneray, qui qu'en *grousse*.
> Par foi di res, ie n'en grous mie,
> Mes amés la tant que i'en grons.   (*Pathelin.*)

Grous. Gros.

Gru. Fruit des forests.

Gruel. *Du gruau*, et *de gruts*, c'est-à-dire, de l'avenat, comme aussi tout autre chose pilée grossierement, c'est-à-dire, réduite en grain; de *grutum*, sorte de légumage. (Ménage.) Ce qui vient du Grec λρύ, c'est-à-dire, très-petit.

Or c'estoit une sorte de petite monnoye : d'où est venue la coustume d'en exprimer toutes les choses de petites conséquences ; et que pour mespriser quelque chose, on disoit qu'on ne l'estimoit pas, *ne gry quidem.*

Gruerie. Un droit sur les forests ; ainsi dit pour la mesme raison.

Gruiers. Sergens, et Gardes-bois, ou Forestiers, par corruption de Druides ; de δρὺς, chesne.

Guaragnon. (Voyez *Ferrant.*)

Guarder. Regarder. « Lors *guarda* devant luy et vit « ses armes. » (Merlin.)

Guarites. Grilles.

> Parle aux *guarites* de la porte.   (*Perceforest.*)

Guateno *Goëde.* Bon.

Guedde. Pastel. (Nicot.)

Guelles, ou *gueulles.* En terme d'armoiries, la couleur rouge, dite ainsi de la gueule des animaux. (S. Bern.)

> D'encien *guelles* et d'argent,
> Qui contre le Soleil resplent,
> Une bande y ot ouvrée,
> De fin azur, d'or fleuretée.   (*P. Gentien.*)

Guemanter. Se quemanter, se douloir, se plaindre. (Monet.)

Guencher. Se destourner, éviter. (Fauchet.) D'où est venu *gauchir,* et *gauche.* C'est aussi tourner.

> Et quand li peres la oi,
> Le chief du cheval a *guenchi.*   (*Perceval.*)

Guenches. Des destours.

> Li onziesme qui plus savoit,
> De *guenches* et de tresteours,
> D'assaus de guerre, et destours,
> Li contretint un pois de tems.   (*Ovide.*)

Guepillon. Goupillon, aspersoir. (Nicot.

Guerdonner et **Guerdoner,** Récompenser ; et *guerredon,* récompense : d'où vient *guerdonner,* et *guer-*

don. (Boëce ms.) Il vient de *verdung*, c'est-à-dire, pris, en Alleman. Marot, dans son Enfer, dit :

> Bien me cogneust et bien me *guerdonna*,
> Lorsqu'à sa sœur Pallas il me donna.

Gueret. C'est un champ labouré une fois seulement ; dit de *vere actum*, ou de *veteretum*.

Guerite. Une retraite sur l'espaisseur des murailles, pour se sauver, et comme guérir des poursuites des ennemis, selon Fauchet. Ou plustost comme qui diroit *garantite :* car on dit aussi une *garite*. « Parler aux « *garites* de la porte, » comme qui diroit aux regardoirs. (R. de Perceforest.)

Guermenter, et Guementer. Se contrister, se lamenter. Alain Chartier dit :

> . . . . et se *guermentassent*
> Des maux que nos deux cœurs entassent.

> Forment me pris à *guermenter*,
> Par quel art et par quel engin,
> Ie peusse entrer en ce iardin.   (*R. de la Rose.*)

Guernon. La moustache.

> Li autre barbe, ne *guernon*,
> N'avoient.   (*Perceval.*)

Guerons. (Voyez *Pessons.*)

Guerpir, et *déguerpir*, ou *dégrepir*. Quitter, délaisser. Cela se dit principalement d'une terre qu'on laisse, pour n'en pouvoir payer la rente ; de *verpire*, c'est-à-dire, laisser. Huon de Mery dit :

> Si qu'après eux n'ont rien *gueripi*,
> Si i'ay trouvé aucun espi,
> Ie l'ay glané moult volontiers.

Guerpison. [C'est la chose délaissée. (Laur. Gl. D. F.)]

Guerpisseur. Déserteur. (Monet.)

Guesde ou **Guede.** Pastel. (Monet.)

Guestres. Ce sont des faux bas qu'on met sur les bons, pour les garantir de la crotte en voyage. Ce qui vient de γεῖτρον, *indumentum.* On les appelle *de gairaudes,* en Albigeois.

***Guet.** Divorce ; de l'Hébrieu *guet :* d'où vient le Breton *guit.* De-là vient aussi possible nostre mot de *quitter.* — GUET-à-pens. A pensé et médité. (Pasquier.)

S'en **Guetter.** Prendre garde, se méfier.

> Celui qui tire ainsi hors sa languette,
> Destruira brief quelcun, s'il ne *s'enguette.*   (*Marot.*)

Guever ou **Guesver** une terre. La remettre entre les mains de son Seigneur duquel on la tient. Il semble que ce mot vient des Flamans, qui disent : *gueve mi water,* donne-moi de l'eau. (Nicot.)

Gueules. (Voyez *Guelle.*)

Gueux. Misérable ; de *Queux,* Cuisinier, parce qu'ils vont ès cuisines.

Guibet. Arme ancienne ; d'où vient *gibet,* et *gibelet.* (Voyez *Coterel.*)

Guichet. Loquet ; vient de *issir,* ou de *huichet.*

Guie. Guide.

Guieor. Un guide. (Voyez *Pougneor.*)

Guier. Guider. (Fauchet.)

Guige. C'estoit l'anse par laquelle on pendoit l'Escu. « Et l'Escu par la *guige* pend. » (Perceval.) On appelloit aussi cela des *énarmes.* Or c'estoient des courroyes de cuir.

Guigné. Déguisé. Ovide ms. parlant d'une femme, dit :

> Le cors ot de belle estature,
> Lonc et droit, gresle et aligné,
> Navoit pas fardé, ne *guignié.*

Guignes-rotes. Instrument de Musique. (Ovide ms.)

Guigues. Gilles, nom d'homme. (Vigenere.)

Guiledou. Courir l'aiguillette ; ou de *gildonia,* festins : de l'Alleman, *gilde.*

Courir le **Guilledin,** et *guillerine d'Angleterre.* Un cheval hongre.

Guiller. Tromper. (Pasquier.) Et *guille*, tromperie. (Voyez *Soudivant*.) R. de Garres de la Vigne dit :

> La fu li quens de Tanquaruille,
> En lui not ne barat ne *guille*.

De-là vient un proverbe d'Albigeois : *Tal penso guilla Guillot, que Guillot lou guille*. C'est-à-dire, Tel pense tromper Guillot, que Guillot le trompe.

> Qui croyent que barat, et *guilles*, etc.   (*Rose*.)
> Le frans qui oncques ne *guilla*.   (*Rose*.)

Guillon, et *villon*. Trompeur.

> Prou de *villons* à decevoir,
> Peu de *villons* en bon sçavoir.   (*Marot*.)

Le Poëte François Corbueil, fut appellé *Villon*, à cause de ses tromperies. De-là viennent les mots de *villon*, *villonerie*, *billon* : et selon d'autres mesme celui de *filou*, et tous viennent de *vilis*.

Guimaux. Ce sont prez qu'on fauche deux fois l'an en Poictou ; de *bimus*.

Guimple. C'est un bandeau ou cornette de femme.

> Une *guimple* le Mireploye.   (*Perceval*)

Ce mot vient, selon quelques-uns, de *vinculum*, parce qu'on en lie la teste ; mais j'estime qu'il vient des *tempes*, ou *temples*, parce qu'on les appelle *de timpletes*, à Tolose. (Voyez *Achesme*.)

Guindes. Atour de femmes. (R. de la Rose.)

Guipillon. Un esparsoir d'Eglise.

> Des benoistiers, et *guipillons*.   (*Villon*.)

Guisarmes. Sorte d'armes anciennes.

> Qui prennent haches et *guisarmes*.   (*Perceval*.)

Guise. Sorte, maniere. Ce mot vient de *visus*. On lit dans la Pastoral de Jacques Borel de Saint Antonin, Mathématicien et Poëte :

> . . . . . las non pas à la *guise*
> D'aquelses grans bergés, touts remplis de feintise.

Guisne. Fruit, ainsi dit de Guyenne, Province qui en abonde : car les Latins les appellent *cerasa Aquitanica*.

Guitarre. Vient de *cythara*.

Guiterne ou **Guiterre.** Guittare. (Nicot.)

Guivre et **Givre.** Couleuvre.

Guses. Tourteaux en termes d'armoiries.

***Guvia.** Chevron. (Isidore.) Et c'est aussi un outil de Menuisier, appellé *une gouge*. [En langue gauloise, *Guvia* signifie échalas, levier.]

H

Habaans. Aspirans, abayans, ou beans après quelque chose.

Habbe. Havre. (Ragueau.)

Habergé. Logé. (Voyez *Héberger*.)

Habiliter. [Un mineur, quand il est pourveu de curateur, pour estre idoine à demander ou défendre en justice.] (Laurière, Gloss. D. Fr.)

Habitage et *habitacle*. Habitation.

Habiter. Ce mot est pris *pro coitu*, dans Pathelin.

Habiteur. Un habitant.

Hable. Havre, port de mer. (Monet.)

Hableur. Un grand parleur ; de l'Espagnol, *hablar*, ou de *fabulari*.

Habouts. [Ce sont les tenans et aboutissans, les bornes et limites des fonds et héritages. (C. de Cambrai.)]

Hace. Hache ; de *ascia*.

Hacher. Voler.

Hachié. Tourment. (Mehun au Codicille.)

       N'auroye dolor ne *hachié*.   (*Perceval*.)

Hæmatitis. C'est l'herbe *heliotropium*.

Hagard. Qui a la mine effarée.

***Haggo.** Hache ou sorte de dard. (Charron, Hist. U.)

Hain, et *haim*. Un hameçon ; du Latin *hamus*.

Haire. Une chemise de poil de cheval ; dite de *biherriga* : car *harrich* ou *beharrich*, c'est-à-dire, velu en Alleman.

Hait, et *aith*. Gré, allégresse, gaillardise, bonne disposition de corps et gaité de cœur. (Monet.) Et *deshaité*, mal-agréable ; de αιτρία, *serenitas*. Il signifie aussi actif et prompt, selon Nicot. Il se prend aussi pour volonté, ou consentement. « Si j'aime et sers la belle, de son bon « *hait*. » (*Villon*.) Il se prend encore pour plaisir, contentement. Marot, Epître 5, dit :

> Si l'un s'en rit, si l'autre s'en *hait*,
> Si l'un s'esbat, si l'autre se recrée, etc.

De ce mot vient celui de souhait ; et tous deux viennent de l'Alleman *geheit,* qui signifie la mesme chose. (Mén.)

Haité. Santé.

Haiter. Avoir à gré. (Nicot.) Agréer. (Monet.)

Haitié. Sain et joyeux, encouragé. (Villehardouin.)

> Nul n'est si joyeux, et *haitié*.   (R. *de la Rose*.)

Halberge, ou *auberge*. Une hostellerie.

Halci. Haussé.

Halcret. (Voyez *Halecret*.)

Halé. Bruslé ; de *assulatus, assus,* ou de ήλιος, le Soleil.

Halebarde. Hache luisante.

Halec. Menuaille de toutes sortes de poissons salés, ou sausse et viande faite d'entrailles de poissons, et non un poisson particulier. (Monet.)

Halecret. Sorte de cuirasse, ou cotte de maille ; corrompu de *lorica*, qui vient à *loris*, c'est-à-dire, les attaches. Marot, dans sa troisième Epître, dit :

> Fort bien armez corps, testes, bras et gorges,
> Aussi dit-on de *hallecrets*, de lorges.

***Haligornes.** Bagatelles. (Satyres Chrestiennes.)

Halleboter. Grapiller ; verbe que les Angevins ont fait d'*hallebote*, nom qu'ils ont donné aux petites grappes que les Vendangeurs oublient en coupant le raisin. (Le Duchat, notes sur Rabelais.)

Hallebrené. Incapable de se soutenir, non plus que ces jeunes oiseaux de riviere, qu'on appelle halebrans aussi long-temps qu'ils ne savent voler. (Le Duchat, notes sur Rabelais.)

Halt. Haut ; de *altus*.

***Halus.** C'est l'herbe cotonea, qui, selon Pline, ressemble à la sarriette.

Hameau, *hamel*, et *hamelet*. Village ; de *ham*. c'est-à-dire, Bourg : d'où vient que plusieurs noms de Villes d'Angleterre finissent en *ham* ; ou bien de ἄμα, c'est-à-dire, ensemble, parce que ce sont plusieurs maisons assemblées. Et de-là vient une *hamelete*, de plusieurs œufs battus ensemble.

Hampe ou *hante* de hallebarde. Bois ou manche.

Hanap ou *hennap*. Coupe ; de l'Alleman *hennapi*, c'est-à-dire, une escuelle qui a une oreille.

Hanepel. Un attifet de femme. (Mehun au Codicile.)

Hanicroche. Espèce d'arme crochue. (Duchat.)

Hannuyer. Peuple du Haynaut. (Monet.)

Hanse. Association de Bourgeois, marchandise. (M.)

Hansé. Pris, secoué.

Hanser. Agreger un homme. (Nicot.)

Hanser, ou *hansor*. Herbe laiteuse. (*Hortus sanitatis*.)

Hante. Arme ancienne. C'est aussi le manche d'une hache antique, ou d'une hallebarde. (Voyez *Gonfanon*.) — Hante. Tante. (Voyez *Ande* et *Ante*.)

Hantes. Piques ou longs bastons ; de *hasta*.

Hantin. Oncle. Mehun au Codicile dit :

Pour femme ne pour mere, pour sœur ne pour *hantin*.

Hape rondelle. Cercle de fer qui se met au bout de l'essieu d'une charette pour garantir le moyeu. (Nicot.)

Hapelourde. Chose dont l'apparence est trompeuse. (Monet et Nicot.)

Haquebute. Arquebuse.

Amour a faict de mon cœur une bute,
Et guerre m'a navré de *haquebute*.　　　(*Marot*.)

Haquebutier. Arquebusier. (Idem.)

Haquet. Sorte de charette. (Nicot.) D'où vient peut-estre *haquenée*, dite aussi *hacquet*.

Et pensez le petit *hacquet*,
Et luy faites bien sa litiere.　　　(*Coquillard*.)

Har, *harcele* et *hardele*. Une riorte ou attache. D'où vient *la hard* ou *licol*, et *des hurdes*, parce qu'on les lie ensemble.

Harau, et *hari*, et *haro* ; de *harioldum inclamare*, c'est-à-dire, implorer secours. Dans le Vieux Testament en Vers, on lit : « *Harau, harau, ie me respens.* » C'est un cry qu'on fait en Normandie, pour émouvoir le peuple, qui est appellé *Clameur de haro*. Cry ou réclame de ceux qui sont oppressez d'excès criminel, implorans la Justice, selon Aimon le Moine, liv. 4. chap. 110. Et le seul Duc de Normandie avoit autrefois cette Justice. D'autres dérivent ce mot de *Harold* Roy de Danemarc, qui l'an 826. fut fait à Mayence grand Conservateur de la Justice. D'autres de *aa rau*, c'est-à-dire, aide-moi, en Danois, depuis qu'un Roy de Danemarc se fit Duc de Normandie. On disoit aussi *hary*, selon le R. de la Rose :

En tous les lieux où vous venez,
Vous rapportez hary, *hary*,
C'est pour l'amour de mon mary.

Harceler. Quéreller ; vient de ἐϱλαζειν, *cavillari*.

Harde. Troupe de bestes sauvages. (Nicot.)

Hardeau. Vaurien, méchant garnement. Rabelais,

liv. 3. chap. 30, s'en sert ironiquement à l'imitation de Marot Epît. 28, où celui-ci fait le portrait de son Valet :

> Pipeur, larron, jureur, blasphemateur,
> Sentant *la hart* de cent pas à la ronde,
> Au demeurant le meilleur fils du monde.

On appelle *hardeau* ou *hart*, des petites branches vertes, qu'on tortille pour en faire des liens de fagots.

Hardelle. Jeune fille. (Monet.) — Hardelle. Troupe de bêtes sauvages : par métaphore, une quantité de personnes, comme une *hardelle de Caimands*. (Nicot.)

Hardement. Une entreprise hardie. (Gauvain.)

> Me donnoit cœur, et *hardement*.   (*R. de la Rose.*)

Harder. Trocquer, changer ; vient *des hardes*.

Hardy. Monnoye dite un liard. (Voyez *Liard*.) En Gascon on l'appelle un *ardit* : de Philippes le Hardy, qui les fit battre.

Se **Hardier**. S'enhardir.

Hardoier. Charger de coups, attaquer.

Harelle. C'est une sédition qui se fit anciennement à Rouen, sous Charles VI, selon le Rosier de France.

Harrer les chiens après le loup. Les exciter, les agacer. (Monet.)

Haribourras. Du fatras.

Harier. Arriver. Villon dit : « Rien ne m'eust sceu de « ce lors *harier*. » Ce mot signifie aussi importuner, chagriner, harceler, fâcher. (Froissard.)

Harnas. Bagage. (Charron.)

Harne. Hergne, riote ; de *hernia*, maladie, ou descente des intestins, ou rupture, parce qu'elle rend un homme de mauvaise humeur. D'où vient *hergneux*.

Harnois. De ἄρναξις, *pellis agni*, parce qu'on couvroit les boucliers de peau de moutons et de bœufs, comme on le lit de celui d'Ajax.

Harpail. (Voyez *Hardes* et *Herpail*.)

Harpailleur. Caimans, Mendians, qui du tems de Nicot s'attroupoient pour voler les gens de la campagne. (Le Duchat, notes sur Rabelais.) Ce mot signifie aussi un homme qui travaille aux mines. (Monet.)

Se Harper. Se prendre à quelque chose. (Michel de Montagne.) D'où vient qu'on dit en Languedoc *arrapa*, pour prendre ; et *arpe*, pour *griffe* ; de ἁρπάζω, *rapio*. — HARPER. Est aussi jouer de la harpe. Marot, Ps. 137, dit :

> Or toutesfois puisse oublier ma dextre
> L'art de *harper*, etc.

Hars. Un arc.

Hart. La corde.

Harto. Grandement.

Hase. La femelle d'un liévre, de l'Alleman. (Ménage.)

Hast. Fust, hante des armes emmanchées de longs bois. (Monet.)

Haste. Une broche. Livre de la Diablerie dit :

> Rostissent tout dedans beau *haste*.

Haste et Hastille. Ce sont les entrailles de porc. A Metz on distingue la *haste* d'avec la *hastille*. On appelle *haste* le foie dont on fait les *hastereaux*. (Voyez *Hastereaux*.) Et *hastille* ou *menue hate*, le poumon, les rognons, le cœur et la rate. (Le Duch. dans ses N. sur R.)

Hastereaux. C'est quelque petite piece de four.

> *Hastereaux* et salmigondins,
> Saulsisses, cervelats, boudins.　　(*Satyres Chrestiennes.*)

Le Duchat, dans ses Notes sur Rabelais, dit que les *hastereaux* se font avec le foie qu'on découpe en autant de tranches, qu'en peut couvrir la toile du mézenterre dans laquelle on les enveloppe : avant que de les couvrir de la sorte, on les assaisonne, et on les met sur le gril à un bon brasier.

Hasterel. (Voyez *Haterel*.) Rebours de Picardie dit :

> Et fait aller le masterel (mast d'un Navire),
> Iusques au col ou *hasterel*.

Hastille. (Voyez *haste*.)

Hastireau. Nom d'un raisin précoce et plus hatif que les autres. Le Duchat, dans ses Notes sur le 1er livre de Rabelais chap. 43 où ce mot dénote un étourdi qui se hate trop pour donner ou pour prendre conseil.

Haterel. La nuque du col. (Aldobrandin.)

> Ses belles treces blondes, chieres,
> Et tout le *haterel* derrieres.　　　(*R. de la Rose.*)

Hatier. Porte-broche. (Monet.)

Hatutes. Allèchement, à ce qu'il me semble.

> Et pour la propagation
> Des hommes et des bestes brutes :
> Et entre les autres *hatutes*,
> Y mit le délit pour mieux plaire.　　　(*Mathiolus.*)

Hauber, *Hauberg,* et *haubert.* (Voyez *Aubert.*) Le diminutif est *haubergeon*, ou *haubreion.* C'est, selon Fauchet, une chemise ou cotte de maille. « Et son *haubert* « a endossé. » (Perceval.) Le *Catholicum parvum* tire ce mot de *haubergon*, c'est-à-dire, *macula.* D'autres de *albus*, c'est-à-dire. blanc : d'où vient aussi l'aube d'un Prestre. Cette chemise se mettoit sur le gaubeson, et avoit chausses et capuçon. (Voyez *Brugne.*) Or qu'ils fussent de maille de filet d'archal, cela appert par Guillaume Cretin qui dit :

> Plusieurs raisins procedent d'un bourjon,
> Et maille à maille fait-on le hauberion, ou *hobergeon.*

Selon Fauchet c'estoit une cotte à manches et gorgerin (et j'en ai veu de semblables). On l'a aussi pris pour le seul armet, ou coëffe de maille. C'est aussi une sorte de fief, venant de *haut*, et de *ber*, c'est-à-dire, Baron, ou Seigneur Justicier.

Haubergerie. (Voyez *Oriflamme.*)

Haubin et **Aulbin.** Sorte de chevaux d'Ecosse. — Haubin. Sorte d'habillement. Marot, complainte 3, dit :

> D'un *haubin* noire de pareure tanée,
> Montée estoit la plus triste tennée,
> Qui fut alors sous la hauteur celique.

Have. Affreux.

Havée. Topin, morceau qu'on emporte d'un coup. (M.)

Haver. (Voyez *Eschecs.*)

Haves et *havets.* Crochets, hameçon. (Mon.) (V. *Hain.*)

Haulsage. Arrogance, oppression par puissance. (N.)

Haulsaire. Hautain, superbe.

> Me recourut des Puissans
>   Et *haulsairez,*
> Et plus que moi renforcez
>   Renforcez adversaires.   (*Marot.*)

Haulsebec. Geste de mépris ou de moquerie, qui se fait en haussant le menton. (Nicot.) (Voyez *Niquet.*)

Haunet. Arme antique. (Voyez *Coterel.*)

Haus. Maison. (Pontanus.)

Haussaire. Orgueilleux. La mort est dite *haussaire* dans une Epitaphe de Saint Innocent à Paris.

Hauste. Bois de lance. (Perceval.) De *hasta.*

Hautaineté. Atrocité, férocité, fierté. (Monet.)

Hautisme. Très-haut ; de *altissimus.* (Mehun.)

Hautondeau ou **Hutaudaulx.** Chaponneau gras et bien conditionné. Mais à Metz où le patois a conservé la pluspart de nos anciens mots, ce mot signifie un grand poulet, auquel on a laissé les lombes, quoiqu'on lui ait coupé la crête et les ergots, pour le faire paroistre chapon. Et on les appelle ainsi, parce que ne valant pas la peine d'être nourri de bon blé comme les vrais chapons qu'on veut engraisser, on ne lui donne que des *hotons* ou *haulons,* c'est-à-dire, de ces petites gousses qu'on ôte du bled. (Le Duchat, Notes sur Rabelais.)

Hayneux. Rempli de haine. Marot, dans sa Piece intitulée Le Riche en pauvreté, dit :

> Que sa pensée au Seigneur soit ravie,
> Qui de tous maux seul la soulagera,
> De ses *hayneux* aussi la vengera
> En certains tems : etc.

Hear. Héritier (comme aussi *hoir.*) (Perceval.)

Heaume. Cœur ; cerise heaumée ; espece de cerise

semblable quant au fruit et quant au noyau, à un heaume, ou à cœur humain. (Monet.)

Heaumerie. Forge et fourbisserie , d'heaumes. (M.)

Heaumes, ou *elmes*. Sorte de casques pesans, comme le *clibanus* des anciens Persans ; ainsi dits, parce qu'ils ressemblent à un fourneau ; et mesmes ils y sont si propres, que les Potiers à estein s'en servent à cet effet. On en voit de diverses figures, de fort anciens en bronze, ou métal de Corinthe ; et d'autres ayant des inscriptions Arabes, Gothiques, et Moscovites, qui sont d'argent appliqué sur le bronze. J'en ai de cette sorte. En après il est notable, touchant les Heaumes, que comme on crie maintenant aux armes, ainsi anciennement on crioit, « *as Heaumes* », selon Merlin, qui dit : « Et li garçon et « li heraut, sitot comme se furent ordené, s'escrierent « *as Heaumes ;* tantost veissiez descendre d'une part et « d'autre Chevaliers. » Puis on changea de nom aux Heaumes, les ayant mieux formez, et on les appella des *Bourguignotes*, à cause que les Bourguignons les avoient inventées : et encore des *armets*, et *salades* ou *celates*, à cause de leurs graveures et ciseleures ; de *cælatus*, c'est-à-dire, gravé. Car on y mettoit les figures des testes, et dépouilles des animaux qu'on avoit vaincus. Comme avant leur invention on se revestoit de ces peaux, ainsi qu'on peint Hercule affeublé de celle d'un Lion.

Heaumier. Ouvrier qui fait les heaumes. — Heaumier. Cerisier portant cerises heaumées. (Monet.)

Heberge et *auberge*. Un logis, ou hostellerie.

Heberger. (Voyez *Erbegier*,) c'est-à-dire, loger. Ce mot vient de *burgus*, bourg ; et celui-ci de πυργος, c'est-à-dire, un clocher, ou tour. (Voyez *Herberger*.)

Heberiage. C'est la mesme chose.

> Usages est en Normandie,
> Que qui *hebergiez* est qu'il die,
> Fable ou chanson à l'hostesse.   (J. Chapelain.)

Hedart. Vif, actif, leger en parlant d'un cheval. Ce n'est point une sorte de chevaux comme le marque le Dictionnaire de Trevoux, mais une qualité propre à tout bon cheval de selle. Marot, Epitaphe XI, dit : « Grison fuz « *hedart*, qui Garrot et dart passay de vitesse. »

Heili. Salut.

Heiligmonet. Décembre.

Heilizinnes. De la salutation.

Heilizita. Il salua.

Helizunga. Salutation.

Hel. Une poignée, ou pomeau d'espée.

> Du brant d'acier au *helt* d'argent.   (*Perceval.*)

Helenum. Promontoire de Cornouaille ; dit de *clin*, c'est-à-dire, coude en Breton, comme *ancone*, de ἄγκων, coude. (Ptol. lib. 13.)

Helluon. Gourmand. (Satyres Chrestiennes.)

Helme, Un Heaume.

Hemin. Arménien.

Henas et *hennap*. Un hanap, ou coupe.

Hendeux. Enragez ; d'où vient endevés.

> Qui pour foux, et *en deux* les tiennent.   (*Rose.*)

Henepée. Une poignée. Huon de Villeneuve dit :

> Ne de buens parisis une grande *hepenée*.

C'est l'explication que du Verdier lui donne en sa Bibliotheque Françoise. Mais j'estime qu'il se trompe, et que le Poëte entend une pleine tasse, ce mot venant de *henap*, ou *hanap*, c'est-à-dire, tasse.

Henner. Incommoder. (Pathelin.)

Henorer. Honorer.

Hennuyers. Ceux du Hainaut. (Pasquier.) Huon de Mery, au tournoyement de l'Ante-Christ, dit :

> Si i'ay trouvé aucun espy,
> Après la main aux *Hennuyers*,
> Ic l'ay glané moult volontiers.

Heraper. (Voyez *Herper*.)

Heraut. C'est celuy qui porte la parole de la part du Prince, selon Ragueau ; et vient de *Herus*, c'est-à-dire,

Maistre ; ou de *Heros ;* ou de *Heralt ;* qui en Allemand signifie un Sergent d'arme, ou vieux Gendarme, selon Fauchet ; ou plustost de *Here.* (Voyez *Here.*) On appelloit les Herauts d'armes, Rois d'armes, parce qu'ils estoient Intendans pour diverses cérémonies de guerre. Pourtant le R. de la Charette représente les Herauts en mauvais équipage ; ce qui fait juger qu'il y en avoit de diverses sortes.

Herban. (Voyez *Heriban.*)

Herbaut. Chien basset, ou briquet. Le Duchat, Notes sur Rabelais, livre 4. chap. 52. où ce mot signifie le fardeau des corvées et autres redevances dont les Seigneurs chargent leurs serfs.

Herberge. Une loge, ou demeure. (Voyez *Héberger.*)

Herbergement. [Quand un vassal ou autre sujet, selon la nature de son tenement, doit avoir et tenir manoir et bâtimens. (Laurière, Gloss. Droit français.]

Herbergié. Logé. (Jean Chapelain.)

Herbergier. Héberger, de *hereberga,* logis ou chasteau, en ancien Allemand. (Lipse.) D'où vient l'Italien *albergar,* et *l'albergue,* sorte de rente.

Herbis. Herbes, prairies, pasturages.

> Et tes troupeaux errans par les *herbis*
> De ces bas lieux, etc.
>   (*Marot.*)

Herbsmonet. Septembre.

Hercer. (Voyez *Bouler.*)

Hercher. Harceler, ou herser la terre.

Here. Vieux mot qui signifie un Camp, ou Armée. (Fauchet.) D'où vient *heriban,* arriere-ban, et Herauts. Rabelais, liv. 1. chap. 54. prend ce mot dans une autre signification. Il appelle *heros* ou *haires,* des gens de néant, des cancres, et autres gens de cette espece. C'est aussi une sorte de jeu, qui ressemble à notre *As qui court.*

Heremitaine. Hermitage.

Herese. Doute, séparation d'opinion ; du Grec ἅιρεσις, *divisio, secta.* Mehun, au Testament, dit :

Se tu y vois parfondement,
Sans *herese* confondement.

Heresent. Désertion d'Armée. (Voyez *Here.*)

Heriban ou **Arban** : D'où vient *arriere-ban*, ou *riere-ban ;* de *heri bannus,* c'est-à-dire, cry du Seigneur.

Cil ne sont pas le *riereban,*
Si c'est Godefroy de Breban, etc.   (*G. Guiart.*)

Hericon. Machecol, ou meurtriere. Il signifie aussi basse-cour.

Herigoture. Ergoture, assortissement d'ergots, terme de Venerie. (Monet.)

Herisban. Semonce ; de *heribanus.*

Heristal. Un logis.

Herites. Heretiques et héritages. (Voyez *Tollu.*)

Herme. Ferme : d'où vient qu'une terre stérile est dite *herme,* c'est-à-dire, battue et foulée aux pieds, et ne portant rien ; de ἔρμης, *firmus.*

Hermines. Armenien. Villehardouin dit : « Le Sire « des *Hermines* » (c'est-à-dire, le Roy d'Armenie.)

Hermsul. Le Louvre de Mercure.

Hernois. Harnois. (Merlin ms.)

Armé à bec-**Heron.** C'est-à-dire, contre le bec du Heron, afin de luy pouvoir résister. Parce que le Heron cache son bec sous l'aisle ; et les Faucons venans de roideur sur luy se tuent, s'ils ne sont armez de la poitrine. Au R. de Melingeris, on lit :

Et d'un Faucon armé,
Armé du pis *à bec-Heron.*

Heroide. Femme qui a de la vertu, du courage, une héroïne. (Monet.)

Heronniere. Sèche, menue, maigre, décharnée.

Et si m'a faict la cuisse *heronniere,*
L'estomac sec, le ventre plat et vague.   (*Marot.*)

Herpail, Herpaille, ou **Harpaille**. C'est une troupe de gueux qui se souleverent anciennement (Nicot.)

> Ilecques et à sainte Ermine,
> Appartenant à feu Tremouille,
> Avoit grand *herpaille* et vermine,
> Qui n'y laissoit ne coq, ne poule. (*Vig. de Charles VII.*)

J'estimerois plustost que c'estoient des Soldats du pays de Hurepoix. (Voyez *Harpailleur*.)

Herpe. Une harpe.

Herper ou **Heruper**. C'est-à-dire, hérisser les cheveux : de *horripilare :* comme il arrive dans les frayeurs. Ce mot signifie aussi jouer de la harpe.

Herse. (Voyez *Hercher*.) C'est le *cratis occatoria*, ou *herpices* des anciens Agriculteurs, pour briser les motes de terre qui empeschent le bled de naistre ; c'est aussi une porte-coulisse.

Hersoir. Hier soir. (Voyez *Arsoir*.)

***Hertha.** Déesse des Gaulois. C'est Isis et la Terre.

Heruper. Se hérisser, se dresser, en parlant des cheveux. (Nicot.) (Voyez *Herper*.)

Hese. Closture, barriere des cours des métairies.

***Hesius, Heus** ou **Hesus.** Dieu des anciens Gaulois, qui représentoit le Dieu Mars. Car *hesus*, c'est-à-dire fort, comme *hizzus* en Hebrieu, venant du Phénicien, parce qu'ils ont eu mesme Dieu. *Mercator* le tire de *hund*, c'est-à-dire, un chien en Anglois, parce que ce Dieu avoit une teste de chien, comme le Canope des Egyptiens, où les Cynocephales.

Hestoudeau. (Voyez *Hautondeau*.)

***Hesus.** Dieu des Gaulois ; peut-estre de ζεύς.

Hetaux. Des estaux ; venant de *stalli*, lieux à estaller des marchandises.

Heter. Louer. Comme aussi festoyer, caresser.

Hetoudeau. (Voyez *Hautondeau*.)

Heudrer. Laisser pourrir un linge, un drap dans l'ordure, dans la graisse, et autre chose semblable. (Nic.)

Heudri. Linge sale, pourri dans la graisse. (Monet.)

Heumonet. Le mois de Juillet.

Heure. La dent ou hure d'un sanglier, c'est-à-dire la défense qui luy sort à costé de la gueule. On prend aussi ce mot pour toute la teste. (Voyez *Loup.*)

Heurées. Heureuses. Marot, Epître 3, dit :

> Priant celui, qui les ames *heurées,*
> Fait triumpher aux maisons sydérées,
> Que son vouloir, etc.

Heurt. Choc, rocher élevé sur la côte de la mer, mauvaise rencontre, inconvénient. (Monet.)

Heurtes. Sortes de tourteaux, en terme d'armoiries.

Heus. Sorte de Navire.

Heuse. Houseau, sorte de chaussure. (V. *Houseaux.*)

Heusse ou **Aisser.** Cheville qui se met au bout de l'essieu pour retenir la roue, et qu'on nomme aujourd'hui *esse.* (Monet.)

Hialme. Heaume.

Hideur. Chose estrange et horrible. (Pathelin.)

Hierre. Du lierre, venant de *hedera.* (Ronsard.) D'où vient le nom de l'Abbaye d'Hyere.

Hieu. D'icelle. On lit dans la Bible Historiaux : « Si « envoya un messager à l'encontre *hieu* (de illius), qui « luy dit, etc. » Or il parle de la ville de Ramoth. Et plus bas il dit : « Donc envoyerent-ils à *hieu,* les plus gras de « la Cité. »

Hilliers. Les flancs, de *ilia.*

> Les os par les *hilliers* li saillent.   (R. de la Rose.)

On disoit aussi l'*ilé,* pour dire la mesme chose.

Hillot. Valet, esclave. Marot, Epître 28, dit :

> Ce venerable *Hillot* fut adverti
> De quelque argent que m'aviez départi,
> Et que ma bourse avoit grosse aposthume

Ce terme est tiré du nom que les Lacédémoniens donnoient à leurs esclaves, qu'ils appelloient *hillotes*.

***Hilperic.** « Id est, potens adjutor, seu auxiliis « potens, vel dives ex fortunato. »

Hinard. Qui porte la tête basse. (Monet.)

Hiraverie, ou **Hiraudie**. Meschant habit, haillon. (Fauchet.)

Hireté. Hérédité, ou héritage. (Pasquier.)

Hisnel. (Voyez *Isnel.*)

Hlouis. C'est-à-dire Louis. De-là vient *Clovis.* (Voyez *Salique.*)

Hober. Bouger d'un lieu. (Nicot.) De σοβεῖν, *compesco.* (Voyez *Glic.*)

> Hélas ! il ne *hobe.*   (*Pathelin.*)

Hobereau. Oiseau de proie ; dit ainsi de *umberellus*, ou de *hybrida :* ou de ce qu'il ne bouge de certain temps de mesme lieu, se tenant suspendu en l'air, pour se purger de ses plumes mauvaises. (Voyez *Hober.*)

Hobin. Sorte de cheval. (Philippes de Comines.)

Hochebos. Sorte de Soldats anciens, dans Froissard. Mais c'est une sorte de barque, dans Thiebaut de Marueil. (Voyez *Hokebos.*)

Hocher. Remuer. D'où vient *hoche-queue*, oiseau qui remue sa queue perpétuellement ; à cause de quoy il est aussi appellé une *lavandiere*, ou *moüete.*

Hodé. Lassé ; de ὁδός, *via.* (Monet, Nicot.)

Hoe. Un hoyau, ou besche. (Gauvain.)

Hoguiner. Fâcher, molester, ou ennuyer, en langage Picard : de l'Hebrieu *hog.* (Vigenere. Fauchet.)

Hoigner, ou **Hoingner.** (Voyez *Hongner.*)

Hoir. Heritier.

Hoir de Quenoüille. [C'est la fille héritière. (Laurière, Gloss. D. F.)]

Hokebos. Pique. Comme qui diroit hoche-bois, c'est-à-dire, remuant la pique. (Voyez *Hochebos.*)

Hom. Un homme ; d'où vient le mot de *on*, que nous employons souvent. J'ay veu un Acte ancien, où il met les mots que le Crieur public doit dire, commençant ainsi : *Hom fait savoir telle chose.*

Homenage. Hommage.

Homenaz. Ce mot est une production de celui d'homme. Il se dit en Languedoc d'un grand fat, qui n'a ni monde, ni esprit.

Faire **Hommage.** Faire serment de service. Il vient de *hominium.*

Hommée. La journée d'un homme ; comme on dit au bas Languedoc, *une saumée*, pour la charge d'une asnesse, qu'ils appellent *une saume.*

Hommes et femmes de corps. [Ce sont les personnes serves. (Laurière, Gloss. D. F.)]

Homologuer, ou **Emologuer.** C'est un terme des Contracts, qui veut dire approuver et authoriser : ce mot vient du Grec.

Hongne. Hayne, ou plustost, grondement.

Hongner. Gronder. Rebours de Mathiolus dit :

> Et dit que la femme noiseuse,
> N'est oncques de *hongner* oiseuse.

Au bas Languedoc on dit *fougna*, c'est-à-dire bouter, et demeurer sans parler à un coin en barbotant. Ce mot vient du Grec ἀφωνία, *obmutescentia.*

Hongneux. Grondeur.

Honnir. Blasmer, deshonorer. (Perceval.)

> En terre que tout *honnissoit,*
> Et tout l'er empulentissoit.	(*Ovide.*)

Avoir le **Honon** : c'est un terme de Boulenois, qui signifie avoir un caractere magique.

Hontage. Opprobre, vilenie, honte.

Hontager et **Honter.** Deshonorer.

Hontoyer. Faire honte, ou avoir honte. « Se *hontoyer* « de son extraction », avoir honte de son extraction. (M.)

Hoqueton ou **Auqueton.** C'est une espece de chemisette courte, qu'on appelle en Languedoc *un iacouti :* et possible que de là vient une jaquette, robe d'enfant à Paris ; et tous viennent de ὁ Χίτων.

Horder. Remparer.

Hordet. Au R. de Vacce on lit :

Donc courut un homme au terrain,
A un *hordet* tendi sa main,
Plain pong prist de la comperture,
Au Duc tourna grand aleure :
Sire, dit-il, avant venez,
Cette saisine recevez ;
De cette terre vous saisis ;
Vostre est sans doute le pays.

Il parle des façons de se mettre en possession des terres, qui estoient diverses, à sçavoir, prenant des branches d'arbres, un baston, ou un anneau, ou un festu, ou un gazon, etc. D'où venoit le mot de *infestucare*, etc. (Voyez *Salique*.)

Hore. Heure.

Horée. Pluye ; dite ainsi, parce qu'elle ne dure qu'une heure, ou environ. (Nicot.)

Horion. C'est-à-dire, un coup sur la teste. (Nicot. F.) Comme aussi une *verrée*, ou *tassée* de vin.

Donnez-moy à boire un *horion ;*
Oyez-nous, maistre Aliborum.   (*Pathelin.*)

C'est aussi un casque ; et de là vient qu'on dit *un horion*, pour un coup à la teste, parce que c'est comme qui appliqueroit un casque sur la teste pour le coëffer, tant est rude le coup qu'on reçoit. Et pour la même raison on dit coëffer quelqu'un, pour le battre sur la teste. Et à Montauban, *un couffal* signifie un coup.

Horriung. Fevrier.

Hos, et **Ost.** Armes ; de *hostis :* d'où vient *ostage*.

Hosche. Villehardouin dit : « Et les *hosches* des « escus. » Possible il entend les attaches, ou lieux où on les tenoit.

Host. Camp, Armée ; de *hostis*. De-là hostage ou ostage. (Le Duchat, notes sur Rabelais.)

Hostal. (Voyez *Oblia*.)

Hostel. Maison ; de *hospitale*. (Ménage.) Et celuy-cy de *hospes*, hoste. D'où venoist le droict d'hospitalité, qui estoit pour la retraite ; car on n'avoit pas des logis anciennement, comme à présent, mais il falloit loger chez des particuliers ; et chacun sçavoit où aller en chaque ville, et se rendoient la pareille à la première rencontre. Ainsi César avoit logé autrefois chez Dejotarus, comme Ciceron l'a remarqué en la belle harangue qu'il a faite pour sa défense, envers César. Or c'estoit une chose venue des anciens, que ce droict d'hospitalité. De-là vient aussi un Hospital, lieu fait pour mettre les passans, qui n'avoient pas des connoissances ; et cela leur servoit d'hostellerie, comme on fait encore en Turquie. Mais depuis les Hospitaux en Europe ont esté laissez aux seuls pauvres.

Hostelé. Logé. Mathiolus, parlant d'Orphée, dit :

> Sa femme Euridice appellée,
> Estoit en enfer *hostelée*.

Hosteler. Loger quelqu'un. (Pasquier.)

Hostellaine. La Maistresse de l'hostel. (V. *Villaine*.)

Hostieus. Hostels.

Houe, ou **Hoyau.** Vient de *upupa*, parce qu'il ressemble à la teste d'une hupe, selon quelques-uns ; mais je n'approuve pas fort cet origine.

Houel. C'est la mesme chose.

> Houe, crible, rayel, et besche,
> Si faut aussi avoir la cresche,
> Fourche, flael, van, et *ouel*.   (*Mathiolus*.)

Houer. Bescher la terre ; et *houe*, une besche.

> La terre fouir, et *houer*.   (*La Fontaine des Amour*.)

Houguines. Armes de fer pour couvrir les bras, cuisses, et jambes.

Houpier. Baliveau, jeune chêne. (Monet.)

Hourdé. Fourré.

Hourdebiller. Secouer. R. de la Rose, parlant des femmes adonnées à la luxure, dit :

> Et en eut bien un millier,
> Toutes se font *hourdebillier.*

En Languedoc, *gourdebillia,* entortiller.

Hourdeis. Fortification ; barricade, boulevard.

> Ceux dedans qu'eurent apporté
> Trois estepes d'un roilleis,
> Si en firent un *hourdeis.*   (*Gauvain.*)

Hourder. Fâcher.

> Sçavez-vous pourquoy ie me *hourde ?*
> D'une si faite jeune sotte.   (*Art de Rhetor.*)

Hourdoyer. Renforcer. (R. de la Rose.) Ou border, et doubler quelque chose.

Housé. Botté. (Voyez *Oistre.*)

> Bottez, *housez,* com pescheurs d'oistres.   (*Villon.*)

Houseaux, ou Heuses. C'est une ancienne sorte de chaussures, et comme des surbotes. (Nicot.) Il vient de l'Allemand *hose, id est caligæ.*

> Souliers à las, aussi *houseaux,*
> Ayez souvent frez et nouveaux,
> Et qu'ils soient beaux et fetis.   (*R. de la Rose.*)

On disoit aussi en Latin *osatus,* pour chaussé. (Catholicum parvum.) D'où vient le mot de *trique-housse,* gamache, ou guestre, que les Montagnards de Languedoc appellent *de gairaudes.*

Houses. Des bottines qui se ferment avec des boucles et courroyes, à cause qu'elles sont fendues d'un bout à l'autre.

Housettes. Botes ou botines.

Cheval **Houssé.** Couvert, ou bardé d'une housse.

Houssée et **Housée.** Pluie qui ne dure qu'une heure ou environ ; de *horata,* par corruption, et par le changement de la lettre R en S. (Le Duchat.)

Houssepailler. Marmiton, souillon de cuisine, et en général tout garçon mal propre. (Le Duchat.)

Houssets. « Et chapeaux de fleurs et *houssets.* » (Coq.)

Houssu. Espais, velu. (Monet.)

> Et avoit les crains fort *houssus.*   (R. *d'Eurialus.*)

Houstil ou **Oustil.** Vieux mot qui autrefois désignoit une personne, en tant qu'elle étoit actuellement dans son hostel ou logis. (Le Duchat, Notes sur Rabelais.)

Houx. Arbrisseau, dit de ὀξὺς, c'est-à-dire, aigu, parce qu'il est espineux : d'où vient *houdin*, c'est-à-dire, de *bruscus*, sorte de buis espineux, comme qui diroit petit houx. (Monet.)

Hoz. Armée. (Voyez *Os* et *Ost.*)

Hu. Sorte de chasse. Livre de la Diablerie dit :

> Les prennent mieux qu'aux gresillons,
> Au bray, au *hu*, au trébuschet.

A un **Hu.** (Perceval.) C'est-à-dire, tous d'une voix : car *hu* signifie aussi un cry, d'où vient *une huée.*

Hu. (Voyez *Rule*.)

Hubir. Chevir, venir à bout. (Monet.) Gouverner, élever. (Nicot.)

Huche. Un couvre-chef, ou voile. Car Merlin dit : « La Véronique avoit semblance d'homme en sa *huche.* »

Hucher. Appeller.

> Les eaux appaise et *huche* sans chommer
> Le vert Triton flottant dessus la mer,   (*Marot.*)

Hucher. Huissier ; de *huis*, c'est-à-dire, porte. (Tripault, Pathelin.) C'est aussi appeller en criant, crier. Les paysans du haut Languedoc disent aussi *hucqua*, pour corner, ou crier à haute voix : d'où vient le mot Picard, *veucher*, crier.

Huchet. Un cornet. (Voyez *Huquet*.)

Hucque. Est une sorte de robe.

> Charlot a une verte *hucque.*   (*Coquillard.*)

Ce qui vient du mot *huqué*, qui en Flamand, signifie une sorte de manteau : d'où vient *hocqueton*.

Hucquet. Cornet à chiens, de *vocare*, ou de *heus*.

Huet. Un sot, dont on se moque, dont on fait des huées.

> Ce *Huet*, et Sagon se jouent,
> Par escrit l'un et l'autre se louent.   (*Marot.*)

Huguenot. Subriquet donné à ceux de la Religion réformée : dont on donne beaucoup d'étymologies, comme de *Jean Hus*, ou de *Heusquenaux*, mutins de Suisse, ou de *Huc nos* ; parce qu'on dit que quelques Allemans Protestans estans députez, firent une Harangue, commençant : *Huc nos venimus* ; et qu'ils ne sceurent l'achever. Mais je croy que les dernieres origines sont des impostures, et que la premiere est la bonne. On leur a donné aussi un autre subriquet, sçavoir de *parpaillol*, c'est-à-dire, papillon ; dont on a aussi cherché diverses origines. On tient qu'elle vient de ce qu'en la bataille de Saint Denis, il y eut un grand nombre de Cavaliers Protestans, vêtus de hoquetons blancs, qui agissoient si bien, qu'ils sembloient de loin des papillons volans. Et le Roy mesme les regardant de loin, souhaita d'avoir dans ses Armées de semblables Soldats. D'autres le font venir d'un combat donné à Clairac en Agenois.

Hui, ou **Huy**. Aujourd'huy.

Huimes. Aujourd'hui.

Huis. Porte ; de *ostium*, ou de *uscio*, ou de *hucher*.

Huisset. Diminutif de *huis*, petite porte. (Nicot.)
Huisset. Volet de fenêtre. (Monet.)

Huitier. Portier.

Huivre. Sorte de serpent, en Italien *huivara*.

> Mes Mors est plus fiere que *huivre*.   (*Rutebœuf.*)

Huldi. Grace. *Thusundi huld niet gòte*, c'est-à-dire, tu as trouvé grace devant Dieu.

Hullées. Huées. Marot, dans son Enfer, dit :

> Les Infernaux feront sauts et *hullées*.

Il signifie aussi cris de joie. Idem, Ballade 9.

> Les grands poissons faisoient sauts et *hullées*,
> Et les petits d'une voix fort seraine, etc.

Humblesse, et Humlesse. Humilité. (Pathelin.)

Humet. Brouet, bouillon. (Nicot.)

Humier. Usufructuaire. (Ragueau.) Je croy que ce mot vient de *humus*, c'est-à-dire, la terre.

Hurebec. Liset, oiseau qui ronge la vigne. (Nicot.)

Hurebez. De *hereburgium*. Glossaire sur la Loy Salique.

Hurepoix. (Voyez *Erupei*.) (Ménage.) Herissé.

> La teste *hurepée*,
> N'ert pas souvent lavée.   (*R. de la Conq. d'Outremer.*)

Hurichiez. Hérissé.

> Quar nuls viex sanglier *hurichiez*,
> Quand des chiens est bien entichez.   (*R. de la Rose.*)

Hurte. Endroit, lieu ; de l'Allemand *ort*, en Latin *locus* ; d'où le Latin barbare *ortare*.

Huterie. Terme burlesque, pour dire huée, ou même dispute de paroles. Marot, Épître 57, dit :

> Je ne pretens ne plaid, ne *huterie*,
> Avec Sagon, ne la Hueterie.

Hutin, ou **Hutain.** Choc, combat, conflit, bruit. (Ragueau.) Ce mot vient de *huëment*.

Hutiner. Harceler. (Nicot.)

Hutinet. (Voyez *Tantinet*.)

Huyer. Huer, crier. (Nicot.)

Huz. Crierie.

Hye. Mehun, au Testament, dit :

> Du S. Esperit c'est la *hye*,
> Qui tout froisse, desjoint, et aësmye.

FIN DU PREMIER VOLUME.

Niort. — Typographie de L. FAVRE.

OUVRAGES PUBLIÈS PAR L. FAVRE :

Glossaire du Poitou, de la Saintonges et de l'Aunis, par L. FAVRE. — 1 vol. grand in-8º .... 12 fr.

Supplément au Glossaire du Poitou, de la Saintonge et de l'Aunis, par L. FAVRE. — 1 brochure grand in-8º .... 3 fr.

Histoire de la ville de Niort, depuis son origine jusqu'en 1789, par L. FAVRE. — 1 vol. in-8º .... 6 fr.

DU CANGE. — *Glossaire François,* avec addition de mots anciens et une notice sur Du Cange, par L. FAVRE. — 2 vol. in-8º. 15 fr.

Dictionnaire historique de l'ancien Langage françois, ou *Glossaire de la Langue françoise,* publié par les soins de L. FAVRE, avec le concours de M. PAJOT, archiviste-paléographe. — 10 vol. in-4º... 300 fr.

LAURIÈRE. — *Glossaire du Droit françois ;* nouvelle édition, avec addition d'anciens mots, publiée par L. FAVRE. — 1 vol. in-4º. 20fr.

Parabole de l'Enfant prodigue, traduite en 88 patois de la France, avec une introduction sur la formation des patois, par L. FAVRE. — 1 vol. in-8º .... 5 fr.

SOUS PRESSE :

THRESOR DE LA LANGUE FRANÇOYSE, tant ancienne que moderne, auquel entre autres choses sont les mots propres de Marine, Venerie et Faulconnerie, cy devant ramassez par AIMAR DE RANCONNET, vivant Conseiller et Président des Enquestes au Parlement, reveu et augmenté en ceste derniere impression de plus de la moitié par JEAN NICOT, vivant Conseiller du Roy et Mᵉ des Requestes extraordinaires de son Hôtel.

Avec le *Recueil des vieux Proverbes de France* et les *Explications morales d'aucuns Proverbes communs en la langue françoyse.*

Cette édition sera réimprimée sur celle de 1606. — Elle formera 2 vol. in-4º, 60 fr.; ce prix est réduit à 40 fr. pour les souscripteurs.

www.ingramcontent.com/pod-product-compliance
Ingram Content Group UK Ltd.
Pitfield, Milton Keynes, MK11 3LW, UK
UKHW022323090726
13658UKWH00001B/48